ジャーナリズムは歴史の第一稿である。

「石橋湛山記念 早稲田ジャーナリズム大賞」
記念講座2018

瀬川至朗 編著

成文堂

目次

ジャーナリズムは歴史の第一稿である。

序章　「歴史の第一稿」が問いかけること

早稲田大学政治経済学術院教授
（本賞選考委員）
瀬川至朗

一　「権力」と「報道の自由」の狭間で

「ジャーナリズムは歴史の第一稿である。」

ジャーナリズムとは何か。先人たちはさまざまな考えを残してくれている。なかでも、この「歴史の第一稿」という言葉は、凛とした響きをもち、それを聞いたジャーナリストの多くに自らの仕事の意義を再考させる、そんな力強いメッセージ性を有している。もとは「Journalism is the first rough draft of history」という英語を和訳したものだ。

誰がジャーナリズムを「歴史の第一稿」と呼んだのであろうか。また、どのような意味で「歴史の第一稿」という表現を使ったのだろうか。

広く知らしめたのは、アメリカの主要紙であるワシントン・ポストの社主だったフィリップ・グラハム（以下、フィリップ）だといわれている。

フィリップの発言のエピソードは、二〇一八年春に日本で公開されたアメリカ映画『ペンタゴン・ペーパーズ　最高機密文書』（原題「The Post」、スティーブン・スピルバーグ監督）のなかでも触れられていた。

この映画は、史実にもとづいて脚本が書かれている。ベトナム戦争の実相を冷静に調査・分析したアメリカ国防総省の最高機密文書が、世に言うペンタゴン・ペーパーズである。報告書のタイトルは「アメリカとベトナムの関係　一九四五―一九六七（UNITED STATES - VIETNAM RELATIONS 1945-1967）」となっている。一九七一年六月、この最高機密文書のコピーをニューヨーク・タイムズが入手してスクープした。抜かれたワシントン・ポストも取材を進め、ついにペンタゴン・ペーパーズのコピーを入手し、その存在を報道した。映画は、最初にスクープをしたニューヨーク・タイムズではなく、二番目に報道したワシントン・ポストが主な舞台となっている。当時のニクソン政権が、国家機密情報の報道の差し止めを連邦裁判所に提訴し、新聞社と権力者が「報道の自由」をめぐって対立した様子が描かれている。

映画を観た人は、ペンタゴン・ペーパーズの報道から最高裁の決定へといたる緊迫した展開の最後に、次のような場面があったのを記憶されているとおもう。

一九七一年六月三〇日。ニクソン政権がニューヨーク・タイムズとワシントン・ポスト両紙に対し、記事差し止めを求めた訴訟で、連邦最高裁は、記事差し止めを違憲（修正第一条）とし新聞社勝訴の決定を言い渡した。喜びに沸くワシントン・ポストの本社では、判決を伝える翌日朝刊の紙面作りが始まった。

判決のニュース原稿の活字を拾う作業場の様子を、当時のワシントン・ポストの社主であるキャサリン・グラハム（以下、キャサリン）がのぞきに来る。そこにペンタゴン・ペーパーズの報道で指揮をとった編集主幹のベン・ブラッドリー（以下、ブラッドリー）も現れる。キャサリンは次のように、ブラッドリーに語りかける（英語の台詞を筆者が和訳した）。


「ニュースについて夫（フィリップ・グラハム＝筆者注）が何て言っていたか、知ってる？」

「こう言っていたわ。『歴史の第一稿だ』と」

「いい言葉よね」

キャサリンはほくそ笑んだ。

「もちろん、私たちがいつも正しいわけではないわ」

「いつも完全であるわけではない」

「でも、やり続けることが仕事だわ」

そう言ってキャサリンは立ち去った。

作業場に残ったブラッドリーは腕組みをしたまま、こうつぶやいた。

「そのとおりだ」

ここで「歴史の第一稿」という表現を夫のフィリップが使っていたことが明かされている（映画の日本語字幕では「歴史書の最初の草稿」となっている）。

キャサリンは自伝である『キャサリン・グラハム　わが人生』（原題「Personal History」、以下、『わが人生』）を執筆し、一九九八年のピュリツァー賞を受賞している。映画は、この『わが人生』を参考にしている。

『わが人生』から事実関係を紹介してみよう。キャサリンの夫であるフィリップ・グラハムは、かつてワシントン・ポストの社主だった。キャサリンの父が一九三三年、ワシントン・ポストを買収して経営に乗り出し、キャサリンと結婚したフィリップが一九四八年、社主に就任した。フィリップは躁鬱病に悩まされながらも経営を続けていたが、その後自死を遂げる。代わってキャサリンが一九六三年、社主を引き継ぎ、慣れないながら新聞社の経営にたずさわることになる。ペンタゴン・ペーパーズは、そうした時期の報道である。先ほどの映画の一シーンのもとになったと思われる記述が、『わが人生』のなかにある。

それによると、フィリップが社主をしていた一九六一年、ワシントン・ポストは、経営が行き詰まっていたニューズウィーク誌を買収した。一九六三年、フィリップはロンドンで、世界中のニューズウィーク誌海外特派員を集めて会議を開くことにした。そこでのフィリップのスピーチに「歴史の第一稿」というフレーズが使われたのである。『わが人生』にはフィリップのスピーチの一部が掲載されている。本稿に関わる資料なので、少し長くなるが、紹介しておきたい。

「私は、世界情勢について飽くことのない好奇心を持っています。また、話題性のある情報については常に興味をそそられます。そして、ジャーナリズムが生産する穀物である日刊あるいは週刊の新聞、雑誌を声高々と読むことに限りない喜びを感じているものです。

ただし、これらのほとんどは、ご存じのように、まったくのもみ殻のようなものであります。そして、私たちが日常行なっている内容改善の議論なども、多くは時間を浪費するだけの退屈と、重箱の隅をつつくような些細なことに終始しているかもしれません。しかしながら、もみ殻なしに穀物を生産するのは、何人にも不可能なのであります。もとより、フィデル・カストロによる冗長な空想的思想や、エブラハム・リンカーンによる超越的思想だけが歴史を創るものではありません。歴史は、その基礎の大部分が、退屈で些細な出来事や辛い日常の骨折り仕事の上に築かれているのです。

それゆえにこそ、私たちは、毎週毎週、歴史の第一稿を書くという、限りなく不可能に近い仕事に骨を折ろうではありませんか。私たちが、本当の理解に達することなど考えられない世界にあっては、その仕事が完成することは、絶対にありえないにしても……(1)」

キャサリンは、このスピーチの締めの部分をさして「ジャーナリズムは歴史の第一稿を書くという、現在でも引用される表現が含まれていた(2)」と書いている。

フィリップのスピーチが、週刊誌であるニューズウィークの海外特派員向けだったことにも注意を払う必要があるだろう。「毎週毎週、歴史の第一稿を書く」という表現は、明らかに週刊誌を意識している。また、世界各国の政治を担当し、それぞれの国の動きを伝える海外特派員には、「歴史の第一稿を書く」という表現がぴたりとあてはまる。新聞や国際週刊誌の記者が世界を飛び回り、ニュースを発信する。この言葉には、記者の自在な国際移動が可能となった時代背景を感じることができる。

なぜ、ジャーナリストは「歴史の第一稿」という言葉に魅力を感じるのだろうか。

それは、社会や世界の動きや問題を、もっとも身近な場所で目撃し、そして、その記録を広く伝えていく職能に醍醐味を感じるからではないだろうか。まだ荒削りではあるが、「歴史の第一稿」を書き、報告する。ジャーナリストをそうした現場に導くのは、人間という摩訶不思議な存在に対する、飽くことなき好奇心だと考えている。

二 「歴史の第一稿」をめぐる六つの論点

ただ、この言葉をもう少し深く分析すると、曖昧な点や議論すべき点があることに気づかされる。ここでは論点を六つにまとめ、列挙してみた。

①【ニュースと真実】＝「歴史の第一稿」の主語は、ニュースなのか、新聞なのか、ジャーナリズムなのか、という疑問である。

映画『ペンタゴン・ペーパーズ』のなかで、キャサリンは「ニュースは歴史の第一稿である」と語っており、主語はニュースになっている。一方、映画が参考にした『わが人生』のなかでキャサリンはジャーナリズムを主語にしている。本書はこちらを採用している。他のジャーナリズム関連の資料類では、ニュース、新聞、ジャーナリズムが混在している。

ニュースでもジャーナリズムでも、同じことではないか。そう考えられるかもしれない。私の理解では、ジャーナリズムという言葉は、広義の意味と狭義の意味の両面で使われることが多い。広義のジャーナリズムは、メディア（特に定期刊行物）を通じての情報発信であり、日々新しいことを伝えるニュースや報道と同じような意味で使われている。

これに対し、狭義のジャーナリズムには、「真実に対する義務」などの依拠すべき原則が加わってくる。たとえば、ジャーナリズムの教科書とも評されるビル・コヴァッチとトム・ローゼンスティールによる『ジャーナリズムの原則』（原題「The Elements of Journalism」）は、依拠すべき「一〇の原則」を掲げている。[3]そのうち第一の原則が「真実に対する義務」である。この場合、ニュースとジャーナリズムは区別して考えることになる。アメリカのジャーナリストだったウォルター・リップマンが名著『世論』（原題「Public Opinion」）で提起した「ニュースと真実」という視点が参考になる。

②【もみ殻か穀物か】＝「歴史の第一稿」という意味をどう受け取るか、という点である。第一稿、つまり最初の草稿ということは、修正や訂正、欠落を前提としたものであり、信頼に足りない資料であるという見方である。極端にいえば、たかが「歴史の第一稿」にすぎない。フィリップの言葉を借りれば「もみ殻」にすぎないということである。これに対し、「歴史の第一稿」だからこそ重要だという見方もある。第一稿に誤りや欠落があったとしても、それを起点にして、さらに精密な歴史が築かれていく。フィリップのスピーチを利用すれば、「もみ殻があって初めて穀物ができる」ということである。

③【政府か市民か】＝誰の視点で「歴史の第一稿」を描くか、という点である。政府の目線もあれば、市民の目線もある。フィリップのスピーチは、視点の問題を意識していない。それは、往々にして、政府と一体化した視点による「歴史の第一稿」になりやすい。

④【ネット時代】＝ネットが普及し、誰もがソーシャルメディアで発信できる時代になった今日、これまでの「歴史の第一稿」という考え方を見直す必要はないのか、という点である。

たしかに、世界の紛争の現場においても、そこに住む人々が、フェイスブックやツイッターなどを用い、現地の状況をいち早く発信することが可能になっている。世界史の現場の第一の目撃者としてのジャーナリストの存在感は薄れてきているようにおもう。ジャーナリストだけでなく、市民全員が「歴史の第一稿」を書くことができる時代になっているといえる。

しかし、ネットの世界はフェイクニュースや真偽が不確かな情報が飛び交い、何が「歴史の第一稿」なのか、わからない状況が生まれている。ジャーナリストの役割は、そこに確実に存在している。

⑤【最初の発言者は】=「歴史の第一稿」という表現を、誰が最初に言い出したか、という点である。ジャック・シェーファーらの調査[4]により、フィリップ・グラハムよりも早く、一九四三年にジャーナリスト（同年〜一九七二年の間、ワシントン・ポストの社説担当記者）のアラン・バースが雑誌『ニュー・リパブリック』の書評記事[5]で用いていたことがわかった。そのときの文言は「ニュースは歴史の第一稿にすぎない（News is only the first rough draft of history.）」というものだった。さらに、フィリップ本人が一九六三年より前に同様の表現を用い、さらにワシントン・ポストの紙面では、一九四〇年代からよく似た表現が使用されていたこともわかった。フィリップ・グラハムは「歴史の第一稿」という言葉を、後世に広く伝えた人として扱われることになるのかもしれない。

⑥【roughは入るのか】=些細なことだが、英語の場合、「first rough draft」というように「rough」が入る表現と、「first draft」というように「rough」が入らない表現が混在していることである。これは指摘しておくだけにとどめたい。

以上である。このうち①〜④、つまり、【ニュースと真実】【もみ殻か穀物か】【政府か市民か】そして【ネット時代】の問題はそれぞれ関連しており、これからのジャーナリズムのあり方を考えるうえで重要なので、のちほどもう一度触れさせてもらいたい。

三　政府のプロパガンダと発表報道

ペンタゴン・ペーパーズの問題に戻って考えてみる。

「来たる年に起きるべき進展について楽観している(6)」

一九六三年一二月、ベトナム戦争の戦況を視察したロバート・マクナマラ国防長官はベトナムのタンソンニャット空港で、記者を前にこうコメントした。帰国後、今度はホワイトハウスの記者たちに対し、次のような説明をした。

「一九六四年の軍事行動について、南ベトナムと米国の軍事顧問の計画を詳細に検討した。どの点からみても彼らは成功するだろう。そのことを確信している(7)」

いずれも、ベトナム戦争の先行きが、アメリカにとって明るいものであることを示していた。このマクナマラ発言は、アメリカ政府が国民を欺いた事例として知られる。『ジャーナリズムの原則』第3版（英語版）も、第2章「真実」の冒頭でこの場面を紹介している。(8)

じつは、マクナマラ長官は、戦況の悪化を視察で把握し、ジョンソン大統領には悲観的な状況を伝えていた。大統領への報告とは異なる偽りの内容をプレス発表したことになる。

この点は、太平洋戦争中の「大本営発表」と構図は同じである。日本の軍部は、戦争の状況をごまかしたり、戦果を捏造したりして、国民をあおり、だましていた。当時の日本の新聞やラジオ（日本放送協会）は、その大本営発表をそのまま報道し、政府のプロパガンダに協力していた。

日本とアメリカのこうした事例から見えてくるものは何だろうか。

まず共通していえるのは、戦争で不利な情勢になったときには、政府は国民に嘘をつく傾向がみられることだ。大本営発表報道は、なにも日本だけの問題ではない。

一方で「歴史の記録」という観点からみると、日米の違いが浮き彫りになる。日本軍は、太平洋戦争敗戦時に、軍の資料を大量に焼却処分した。「政府の記録」を消そうとしたのである。一方のアメリカは、ベトナム戦争の調査・分析報告書として、極秘にペンタゴン・ペーパーズをまとめた。「政府の記録」を作成したのである。そのままでは、国民に知らされる機会はなかったが、執筆者の一人でもあったダニエル・エルズバーグが、報告書のコピーをとり、それをもとに新聞社が報道することで、「政府の記録」が国民に知らされることになった。ペンタゴン・ペーパーズは二〇一一年にアメリカ公文書館のサイトにデジタル文書として全文公開された[9]。「政府の記録」は国民のものとなったのである。

国民の「知る権利」に応えるには、社会の出来事が記録され、それが公開されることが不可欠である。もちろん、「記録」と「公開」だけでは十分ではない。戦時中の日本の新聞は、「大本営発表報道」となり、戦況について事実とは異なる内容を読者に伝えた。「歴史の第一稿」が政府のプロパガンダになったのである。それでも、当時の新聞記事が、戦後七〇年以上が過ぎた現代においても「記録」として「公開」されていることで[10]、私たちは、当時の報道を読み、批判的に分析することができる。日本軍の文書の多くが焼却され、「記録」として残っていないことに比べると、当時の新聞記事は、大本営発表の状況を伝える「歴史の第一稿」として貴重である。

ジャーナリズムはどうあるべきなのか。

フィリップ・グラハムのように「歴史の第一稿」という役割を素朴に信じてすますことはできない。「政府の記録」が期待できない分、ジャーナリズムは、より精緻な「歴史の第一稿」を書く必要がある。そして、その第一稿をもって、政府に記録の作成と公開を迫るのである。

四　より精緻な「歴史の第一稿」を記録する使命

では、より精緻な「歴史の第一稿」とはどのようなものなのか。具体的なイメージは、フィリップのスピーチに関して提示した「ニュースと真実」、「もみ殻か穀物か」、そして「政府か市民か」「ネット時代」という問題を解くことでみえてくるだろう。まずは①の「ニュースと真実」である。

これは、リップマンが書いた『世論』のなかに手がかりがある。リップマンは、文字通り「ニュースと真実」という項目で、ニュースと真実の違いを次のように指摘している。

「ニュースと真実とは同一物ではなく、はっきりと区別されなければならない。これが私にとってもっとも実り多いと思われる仮説である。ニュースのはたらきは一つの事件の存在を合図することである。真実のはたらきはそこに隠されている諸事実に光をあて、相互に関連づけ、人びとがそれを拠りどころとして行動できるような現実の姿を描き出すことである。社会的諸条件が認知、測定可能なかたちをとるようなところにおいてのみ、真実の本体とニュースの本体が一致する。人間の関心が及ぶ全分野からすれば、それは比較的小部分でしかない(11)」

「ニュース」とは事件の第一報やストレートニュースのことである。一方の「真実のはたらき」とは、リップマン本人にしてみれば、なかなかたどり着くことができない真実そのものを意味しているようにみえる。しかし、今日においては、自らの問題意識にもとづいて能動的に調査・取材をてがけ、自らの責任で報道をしていく「調査報道」の手法がある。その意味では、「真実のはたらき」を、調査報道の手法により、事実関係をさらに深く取材し、諸事実を、根拠を持って相互に関連づけながら真実に迫ることと位置づけることができるだろう。「真実のはたらき」とは、「真実に対する義務」を原則とする狭義のジャーナリズムの機能だと考える。

「ニュースと真実」をこのように理解すると、他の論点もはっきりする。②の「もみ殻か穀物か」は、フィリップのスピーチの文脈に即してみると「ニュースと真実」のアナロジーとみることができる。

③の「政府か市民か」という問題では、コヴァッチらが提唱した、ジャーナリズムの一〇の原則（後注（3））をみてみる必要がある。原則の二つめに「市民に忠実でなければならない」というものがある。市民の視点に立った記述が求められる。

④のネット時代の「歴史の第一稿」のあり方にも、一つの方向性がみえてくる。ネットの世界を駆けめぐる真偽不明の情報も「歴史の第一稿」の一部ととらえつつ、そうしたなかから、ジャーナリストは、しっかりとした根拠のある事実群を発掘し、適切に関連づけながら、市民に伝えていく必要がある。より精緻な「歴史の第一稿」が求められるのである。

より精緻な「歴史の第一稿」は、ジャーナリズムの一〇の原則を満たすような、良質のジャーナリズムによって可能になる。市民の視点に立ちながら調査報道を進め、真実に迫る。そのようにして書かれた精緻な「歴史の第一稿」を記録として保存し、公開する。これが、市民の「知る権利」に応える真のジャーナリズムの姿だといえよう。

(1) キャサリン・グラハム（小野善邦訳）『キャサリン・グラハム　わが人生』（ティビーエス・ブリタニカ、一九九七年）三四〇頁。

(2) キャサリン・前掲注(1)三四〇頁。

(3) Bill Kovach, Tom Rosenstiel, "The Elements of Journalism : What Newspeople Should Know and the Public Should Expect" Revised and Updated 3rd Edition (Three Rivers Press, 2014).
同書には、ジャーナリストが依拠すべき一〇の原則が記されている（九頁）。和訳して箇条書きすると次のようになる。
1. ジャーナリズムは第一に真実に対する義務がある。【真実】
2. ジャーナリズムは第一に市民に忠実でなければならない。【市民】
3. ジャーナリズムの核心は検証の規律である。【検証】
4. ジャーナリズムの実践者は取材対象者からの独立を維持しなければいけない。【独立性】
5. ジャーナリズムは権力に対して独立した監視役として機能しなければいけない。【権力監視】
6. ジャーナリズムはオープンな批判と妥協を可能にするための場（フォーラム）を提供しなければいけない。【公開フォーラム】
7. ジャーナリズムは重要な出来事を面白くかつ関連性をもたせるように努力しなければいけない。【物語性】
8. ジャーナリズムはニュースについて包括的でかつ誇張のないようにしなければいけない。【包括性】

9．ジャーナリズムの実践者はそれぞれの良心にしたがう義務がある。【良心】
10．市民もまたニュースに対して権利と義務がある。【市民の権利と義務】

（なお、同書の初版の訳書として、加藤岳文・斎藤邦泰訳『ジャーナリズムの原則』〔日本経済評論社、二〇一一年〕がある）。

（4）Jack Shafer, 'Who Said It First? Journalism is the "first rough draft of history".' "SLATE", August 30, 2010.（http://www.slate.com/articles/news_and_politics/press_box/2010/08/who_said_it_first.html）〔最終閲覧二〇一八年九月一七日〕。

（5）Alan Barth, 'Synthetic Misanthrope The Autobiography of a Curmudgeon, by Harold L. Ickes' "The New Republic", May 17, 1943, pp. 676-677.

（6）Hedrick Smith, "U.S. Drops Plans for 1965 Recall of Vietnam Force," *New York Times*, December 21, 1963.

（7）Max Frankel, "McNamara Gives Report to Johnson on Vietnam" *New York Times*, December 22, 1963.

（8）Kovach, Rosenstiel, *supra* note 3, p. 49.

（9）National Archives "Pentagon Papers"（https://www.archives.gov/research/pentagon-papers）〔最終閲覧二〇一八年九月一七日〕。

（10）全国紙は五紙（朝日、日経、毎日、読売、産経）のうち、産経を除く四紙が縮刷版を発行している。また、五紙ともに有料の記事データサービスを提供している（日経と産経を除く三紙は明治の創刊から今日までの紙面を閲覧することができる）。有料という条件付きであるが、新聞としての「記録」を「公開」している。

（11）W・リップマン（掛川トミ子訳）『世論（下）』（岩波文庫、一九八七年）二一四頁。

第一部　公文書問題を問い直す

1　日報隠蔽問題の本質とは何か

NHK報道局社会部副部長
吉田好克

一　隠蔽された「手つかずの事実」

二〇一七年三月、NHKは防衛省の日報の隠蔽問題をスクープとして報道しました。(1) これから、報道にいたる過程で、取材班が何を考え、どう動いたか、その取材の舞台裏と、取材を通じて考え続けた「問題の本質はどこにあるのか」ということについてお話ししたいと思います。

日報とは、その場で記録された一次情報です。今回で言えば、南スーダンでの国連平和維持活動（以下、PKO）に派遣された陸上自衛隊（以下、陸自）の部隊が、支援活動の進捗状況のほか、周囲の治安情勢や現地政府の動きなど、現場で起きたことを日々書き記したものです。防衛省がPKOの継続や部隊の撤収を検討する際の基本情報となるもので、最新情勢を分析し、次の行動を判断するのに必要な生の情報として極めて貴重な活動記録です。

さらに、日報は後日の検証という視点からも重要な資料となります。自衛隊の活動、特に海外派遣は国内外への影響が大きいため、妥当性の検証がのちのちにわたっても必要です。日報は、その場で、そのときに見知ったまさに「手つかずの事実」を記したもので、その具体性や客観性の高さから、歴史的な史料としても価値の高いものとなります。その日報が隠蔽された今回の問題は、看過できない多くの問題をはらんでいました。

二　注目された末の隠蔽

安全保障関連法と南スーダンPKO

そもそも南スーダンPKOの日報は、私たちが報道する前から注目されていました。二〇一六年の三月二九日に施行された安全保障関連法（以下、安保関連法）が、南スーダンPKOで初めて実践される可能性が生じていたからです。

安保関連法については、「憲法上許されない」とされてきた集団的自衛権の行使を容認するかどうかをめぐり、国会に招致された憲法が専門の学識経験者三人が「憲法違反」と明言するなど(2)、法案審議の際に激しい議論になりました。結果的に自民・公明の与党が三分の二以上の議席を占める中で法律は成立しましたが、その中にはPKO協力法（国際平和維持活動協力法）の改正も含まれていました。この改正で「駆け付け警護」などが可能となり、海外派遣で自衛隊の武器使用が認められる範囲が大きく広がったのです。

戦後の日本の安全保障政策を大きく転換させる安保関連法はどのような影響を及ぼすのか。私たちはその検証が必須だと考え、最初の実践の場となる可能性がある南スーダンＰＫＯへの関心をより強めていきました。

そんな中、二〇一六年七月、自衛隊が活動している南スーダンの首都・ジュバで大規模な武力衝突が発生しました。南スーダンの大統領をトップとする政府軍と、副大統領を支持する反政府勢力とが戦車や攻撃ヘリを投入するなどして激しくぶつかり合い、住民の虐殺まで引き起こす激しい戦闘となりました。

日本がＰＫＯに参加するには、紛争当事者間の停戦合意など「ＰＫＯ参加五原則」が満たされている必要があります。衝突の状況次第では、自衛隊の部隊に安保関連法に基づく新任務を付与すること以前に、そもそも部隊の撤収を考えなくてはならない可能性が生じるため、国会で議論が活発化していきました。

私たちは、現地の治安情勢を詳しく知るため、独自の取材と並行して、二〇一六年一〇月、防衛省に対して現地の状況が記された日報の情報公開請求を行いました。現地で実際に何が起きているのかを視聴者に明らかにし、ひいては国会での幅広い議論につながってほしいという思いからでした。

組織ぐるみの隠蔽

ところが、その情報公開請求のさなか、一一月一五日に安保関連法に基づく新任務の付与が決定されます。そして、その半月後の一二月には、情報公開請求に対して日報の「不開示」を知らせる一枚紙が防衛省から届きました。

不開示の理由は、「存否を確認した結果、既に廃棄しており、保有していなかったことから、文書不存在につき不開示としました」というものでした。こうした中、自民党の国会議員が日報の不存在について疑問を提示。防衛省が再調査を行うことになり、翌年二月、陸海空の自衛隊を運用する統合幕僚監部（以下、統幕）に日報が存在していたとして、日報の内容が公表されます。ただ、このときも防衛省は陸自には存在しないという説明を繰り返していました。

ところが、その後の私たちの取材で、日報が陸自に一貫して保管されていたことが分かります。さらに防衛省の事務次官や陸自トップの陸上幕僚長など、最高幹部どうしのやりとりの結果として、陸自の日報の存在は外部に公表しないという判断がなされ、その後、陸自に残っていた日報のデータの消去まで進められていることが判明しました。「陸自には存在しない」という最初の説明とつじつまを合わせるため、組織ぐるみで隠蔽を図っていたことが明らかになったのです。つまり、日報が注目された末に防衛省でなされた判断が「隠蔽」という結論だったわけです。

政府答弁の「重み」

防衛省はなぜ「隠蔽」という判断に至ったのでしょうか。

当時の防衛省内部の状況が推測できる資料があります。NHKの報道を受けて、防衛省が約四カ月にわたって行った特別防衛監察の報告書です(3)。この中で、事務次官と陸上幕僚長の間で当時どのようなやりとりがあったかが明らかにされました。再調査で陸自の日報が確認されたことについて、二〇一七年二月一六日、事務次官は陸上幕僚長に対し、「陸自の日報は個人データだと認識されており、防衛省として(統幕の)日報を公表していることから情報公開法上は問題ない」という趣旨の発言をしたというのです。やや分かりにくいので補足すると、陸自の日報は職員個人がたまたまコンピューター上に残していた個人データで、情報公開の対象ではない。日報は統幕に残っていたものを公表しているので問題はない、という認識を示したということです。そして、陸上幕僚長もこれに異論を唱えなかったということです。論点を日報の公表の有無にすり替えた上で、「陸自に日報は存在しない」という当初の説明を訂正することだけは避けようとする思惑が透けて見えます。

最高幹部たちは何を気にしていたのでしょうか。防衛省幹部への取材から、政府の方針に波風が立つことを危惧した可能性があることが分かってきました。

話が少しさかのぼりますが、二〇一六年一〇月、安保関連法に基づく新任務を自衛隊に付与するかどうかをめぐり、国会では七月に起きたジュバでの戦闘が議論になりました。安倍晋三首相は「PKO法との関係、(PKO参加)五原則との関係も含めて、戦闘行為という定義は(原文ママ)あるものについては、それには当たらない（中略）武器を使って人を殺傷したり、あるいは物を壊す行為、我々は、それは言わば一般的な意味として衝突という表現を使っている」と答弁をし、PKO参加五原則に影響する法的な意味での「戦闘行為」ではないという考えを示しました。(4) 稲田朋美防衛相も現地の治安情勢は予断を許さないとする一方で、「ジュバ市内の状況について視察をいたしましたが、現地は比較的落ち着いているということをこの目では確認をいたしております」などと述べ、現状では治安情勢は安定しているという認識を示し続けました。(5) これに対し野党は厳しく追及しましたが、先ほどお話しした通り、一カ月後の一一月、政府は、PKO参加五原則は維持されているという考えのもと、新任務の付与を決定し、安保関連法の最初の実績がつくられる形となりました。

一方、日報には、ジュバ市内の状況について、「戦闘」の文字が複数記載されていました。PKO参加五原則に影響する法的な意味での「戦闘行為」ではなく、一般的な意味での「戦闘」という認識で記載したのかもしれませんが、いずれにしても自衛隊の部隊が現地の治安情勢を厳しく見ていたのは間違いありません。新任務の付与を検討する際に日報が公開されていれば、より議論が深まったはずです。

「今さら言えない」

私たちは今回の隠蔽をめぐり、防衛省・自衛隊の上層部がどこを見て、何を優先したのか突き止めようと取材を進め、その結果、核心に迫る発言があったことをつかみました。

防衛省が二〇一七年の二月に日報を公表する少し前、陸自の幹部が統幕の総括官という上級幹部の一人に、当初不存在としていた日報が陸自の複数の部署に保管されていたことを報告していました。このとき、応対した総括官は「今さら言えない」という判断を、陸自の幹部に伝えていたというのです。さらに、この総括官は上司である事務次官にも相談して、そう伝えたとみられることも分かりました。

「今さら言えない」というのはつまり「それが事実だとしても伏せておく」という判断であり、公職に就く人の感覚とは思えません。さらに、その方針に陸自も従ったというのは、組織としての判断であり、より問題の根が深いとも言えます。何かの間違いではないか、信じがたいという驚きがあり、取材班のメンバーで確認を繰り返しましたが、当時の状況についてさらに具体的な証言が得られ、かえって確信を深める結果となりました。

防衛省・自衛隊は、先の大戦での旧日本軍の反省から、国民の信頼を得ることを第一に取り組んできたはずでした。私自身、この組織を取材して一五年以上になりますが、記者という立場を離れて考えたとき、一人ひとりの思慮深さに尊敬の念を抱くことが少なくなかったのも事実です。

そんな組織でなぜ――。

防衛大臣に訂正の説明を強いて困らせるわけにはいかないと思ったのかもしれません。または安倍政権の最重要政策の一つである安保関連法に「みそ」を付けるわけにはいかないと思ったのかもしれません。もしくはその両方を考えて、組織や自分自身の立場を守る保身に走ったのかもしれません。

いずれにしても従来なら考えがたいことが、今現実に起きていることが分かったわけです。「今さら言えない」という判断がまかり通ったことに、この日報問題の本質が凝縮していると考え、さらに取材を徹底しました。

核心は闇の中

防衛省の特別防衛監察では、統幕の総括官はもちろん、全体像を把握している事務次官や陸上幕僚長、それに実務の担当者など合計一〇六人に聞き取りが行われました。さらに広範囲の二〇四八人を対象にアンケート調査も行われました。そして、二〇一七年七月、四カ月にわたる調査の結果が発表され、隠蔽の事実が認定されました。責任をとる形で防衛大臣が辞任、事務次官と陸上幕僚長が退職し、日報問題は防衛省・自衛隊の発足以来、かつてない帰結に至りました。

しかし、特別防衛監察では問題の核心部分は明らかになりませんでした。「今さら言えない」という発言については、関係者の証言が食い違っているとして、「報道の事実は確認できなかった」と結論づけられました。(6) また、防衛大臣の関与も取り沙汰されましたが、大臣に何らかの説明があった可能性は否定できないとしつつも、「大臣により公表の是非に関する何らかの方針の決定や了承がなされた事実もなかった」などと中途半端な印象を拭えない結論になっています。(7)

ＮＨＫの報道によって隠蔽の事実が埋もれたままになることは阻止できましたが、私たちがこだわった問題の核心は完全には明らかにできなかったことになります。

問題の核心に迫る発言があったのかどうか、それを明らかにするには当事者の善意に委ねる部分が大きくあります。同じ時期に報道が相次いだ森友、加計学園問題を見ていても、発言の事実を証明することは極めて難しいとつくづく思いました。もし当事者の善意に委ねることができないのなら、どのような取材をすべきか、私自身の大きな課題として残っています。

三 「スクープ」へのこだわり

問い返し続けた取材の目的

よく、なぜNHKだけが日報が陸自に残っていることに気づいたのか、あるいはあのタイミングを狙って報道したのかなどと聞かれることがあるのですが、正直に言って、日報の存在を疑って取材を始めたのでもなければ、何らかのタイミングを考えて報道したわけでもありませんでした。

では、どうやってスクープに至ったのか。改めて振り返ってみると、取材の目的を明確化させていたことが重要だったと思います。目的は、防衛省の隠蔽を暴くことではなく、日本の安全保障政策の転換点となる安保関連法について検証することでした。そのために、最初の実践の場になり得る南スーダンPKOの取材を徹底していたのです。

ただ、この取材がなかなか大変でした。過去のPKOやイラクへの自衛隊派遣については、自衛隊と交渉して国内や現地での密着取材をすることができました。ところが、南スーダンPKOに関しては、当初こそ現地取材ができたものの、安保関連法に基づく新任務の付与が議論に上り始めると、防衛省が取材を一切受け付けなくなったのです。唯一設定されたのは、新任務の訓練を報道各社が共同で取材する場の一日だけで、これでは検証のしようがありません。どんなに交渉してもらちが明かないので、防衛省は何らかの理由でガードを固めているなと率直に思いました。

ならば、これまでに築いた人脈をフルに活用して完全に独自の取材を進めるしかないと取材班で話し合いました。思えば、それが結果として取材の意欲をいつも以上に高めることになったのかもしれません。スクープを出すことにはこだわっていますが、今回それに至った理由は自分たちでは分かりません。ただ、目的を明確にして、そこからぶれていないか自ら問い返し続けたことは確かです。

重圧の中の「基本」

青臭く聞こえるかもしれませんが、今回は大きなスクープをものにしたいという欲からではなく、これを報道できなければジャーナリストとしての存在意義がないと思って取材をしていました。

そうした中で大切にしたのが取材班の一体感です。メンバーは、現場の記者三人とデスクが私一人という四人で、それを社会部長と社会部№2の統括が支えるという形でした。

今回は、取材班の一人が関係者から「端緒」となる情報を得たことが、日報の隠蔽という事実を明らかにするきっかけになりました。これがなければもちろん成立していないのですが、実はその情報を補強し、最終的に間違いがないことを確認する「裏取り」がさらに大変でした。防衛省内部で一連の内容を知っている人がごく僅かに限られる上、報道されれば組織のトップの辞任が避けがたいと想像できるため、証言を得るのは容易ではありません。また、取材の進め方を誤れば、裏取りを終える前に組織内に「箝口令《かんこうれい》」が敷かれ、取材が頓挫するかもしれません。

そんな条件の下でしたが、私たちが大切にしたことが三つあります。まず、情報は一つの取材源だけに頼らず複数で確認し矛盾を排除すること、次に証言のインタビューをとること、そして決定的な証拠を得ること、です。これは何も特別なことではなく、日ごろから行っている取材の基本です。ただ、取材の内容が際どくなればなるほど、この基本を満たすことは難しくなります。重圧がのしかかりましたが、だからこそ落ち着いて、目的を忘れず、基本を大切にすることを心がけました。取材の合間に打ち合わせを重ね、その結果、現場の記者三人は、一人が欠けても報道できなかったと断言できるほどの連携を見せてくれたのです。

続報を徹底する

重圧は初報を出したあとも変わらないどころか、むしろ増しました。それまでの取材の感触から、防衛省が私たちの報道を全面否定することが予想されたからです。このため私たちは続報を徹底しました。

まず二〇一七年三月一五日に「ニュース7」で最初の報道を行い、さらに新しい情報を加えながら三日連続でニュースを出し続けました。その半月後の四月六日には「クローズアップ現代+」という番組で、「新証言　自衛隊〝日報問題〟」と題して、内部の証言を複数加えて問題の全体像を報じました。そして、初報から一カ月半ほどたった五月二八日、「NHKスペシャル」で「変貌するPKO現場からの報告」と題し、自衛隊の部隊が直面した現場の実態を伝えました。

このNHKスペシャルは一連の報道の一つの節目になると捉えていました。繰り返しになりますが、私たちの今回の目的は、安保関連法の検証です。その法律に基づく新任務が付与された現場は、いったいどんな状況だったのか。現場の実態を伝えることが、政治の場で、そして私たち国民レベルで議論を深めることにつながると考えて報道を続けました。

その結果見えてきたのは、私たちの想像を超える現場の厳しい実態でした。二〇一六年七月、ジュバで起きた戦闘では、政府軍と反政府勢力が、自衛隊の宿営地がある国連施設を挟む形で攻撃し合い、複数の流れ弾が自衛隊の施設を直撃していました。そこには隊員たちが寝泊まりする宿舎も含まれていました。隊員たちは身を守るため防弾チョッキとヘルメットを身につけ、警備態勢を強化しますが、治安状況は悪化。戦車が宿営地のすぐ真横を通り、発砲の爆音と衝撃波が隊員たちにもろにあびせかかってきます。さらに、反政府勢力が避難民に紛れて宿営地に逃げ込んでくると政府軍が攻撃を加えてくる可能性があり、最悪の場合、自衛隊と政府軍が対峙するケースまで想定されたといいます。戦闘は一週間近く続き、幸い自衛隊員にけがはありませんでしたが、私たちの取材に対し、複数の隊員が「PKO参加五原則は維持されていないのではないか」とか「撤収になるのではないかと思った」と当時の心境を語ってくれました。

政府は、自衛隊が活動するジュバの治安情勢について、「現在は、比較的落ち着いているが、今後の治安情勢については、楽観できない状況にある」などと「現在は落ち着いている」ということを必ずと言っていいほど前置きし、PKO参加五原則は維持されているという認識を示し続けました(8)。しかし、約五年にわたった派遣期間の中で、遺書をしたためた隊員がいたことも取材で分かりました。ある隊員は、ジュバでの戦闘が激しさを増すそのさなかに、自分の手帳に「今日が、私の命日になるかもしれない　これも運命でしょう　家族には感謝しきれん　笑って逝く」と書き込んでいました。また派遣時期が違う別の部隊では、治安の悪化を受けて、派遣前に国内で書いた遺書をもう一度書き直す隊員が相次いだといいます。そのうちの一人は「妻へ　あとは、よろしく頼みます　息子へ　お母さんを助けて、お父さんの代わりに家の事を守ってください　勉強もガンバレ　お父さんより」とメモ紙に急ぎ書き直していました。この隊員は当時を振り返って「もうちょっと気の利いたことを書きたかったのですが、いざとなると家族を思う言葉しか出ないものですね」と静かに語っていました。

続報を徹底したのは、防衛省が日報を隠蔽した事実をうやむやにさせないことに加えて、日報の先にある「ファクト」を伝えなくてはならないという思いがあってのことです。自衛隊を海外派遣するかどうかの判断には、国民の意思が十分に反映されるよう国会などでの徹底した議論があってしかるべきです。安保関連法に基づく新任務の付与にあたって、議論の前提となる「ファクト」は十分に提示されたのか、疑問を感じています。

七三年前の「やましき沈黙」から考える

実は、一連の取材を続ける中で、ずっと頭をよぎっていたことがあります。終戦から七三年となる先の大戦のことです。

二〇〇九年八月に放送したNHKスペシャルの「日本海軍400時間の証言」という番組に取材班の一員として加わったのですが、三回シリーズの第二回で放送した「特攻　やましき沈黙」の取材で、先輩のディレクターがある言葉を聞いてきました。

特攻は、終戦前年の一九四四年一〇月、悪化する戦況を打開するためとして日本海軍が始め、後に陸軍も加わった「必死」の作戦です。兵士もろとも体当たりする特攻は、「必死」、つまり必ず死ぬことを前提とする作戦です。日本海軍は死を決意するほどの覚悟で行う「決死」の作戦は重視しましたが、「必死」の作戦は絶対にしてはならない、「統率の外道」としてきたはずでした。

ところが、その外道に手を染めてしまったのです。戦後、旧海軍の幹部たちが集まって行われた「海軍反省会」の肉声を記録した膨大な録音テープをもとに取材を進めると、幹部たちは「特攻だけは絶対にだめだと分かっていた。しかし、当時の状況下で『だめだ』とは言い出せなかった」と振り返っていたことが分かりました。悪化の一途をたどる戦況を打開するためほかに選択肢はなかったということでしょうが、頭脳明晰な旧軍の幹部たちは、当時、日本にはもはや勝機がないことを認識していたはずです。

それでも「必死」の作戦を組織的に行うことになった当時の状況について、ある幹部が戦後語ったのが「やましき沈黙」という言葉でした。特攻で亡くなった兵士は五〇〇〇人以上に上ります。間違っているとは分かっていても、それを口に出せず、周りの空気に飲み込まれた結果、失われていった命。そのことを戦後、背負い続けた幹部の告白が「やましき沈黙」という言葉だったのです。

切迫した、判断に迷う状況のときこそ「やましき沈黙」に陥ってはならない、陥ってはほしくないと、今回の取材を通じて改めて強く感じました。

四　問われるジャーナリズム、そして民主主義

速報性としてのスクープ

最後に、スクープとは何かについてお話ししたいと思います。

スクープとは何かを一言で言うことは難しいですが、あえて整理すると、まず一つ、「速報性としてのスクープ」があると思います。

これはまもなく公にされることを少しでも早く報道することですが、例えば五分後に発表されることをその五分前に報道することに何の意味があるのかと疑問に感じることがあるかもしれません。私も率直に言って、ただ早く報道するということにはあまり意義を感じません。では速報性のどこが重要かというと、それだけ当局の情報を持っているということに意味があると思っています。つまり、当局の動向を常に注視している、検証できる状況にあることを維持し続けているということです。

当局に先駆けて報道するには、それだけ内部に食い込んでいないといけませんし、その後のハレーションを考えた様々な調整も必要です。ですので、毎回苦労するのですが、検証という視点がある限り、速報性としてのスクープには大きな意味があると思っています。

掘り起こすスクープ

もう一つは、「掘り起こすスクープ」です。今回のように、報道しなかったら埋もれてしまう問題を明らかにしていくことは、スクープとして極めて重要だと思っています。

特に、権力、とりわけ国家権力による隠蔽は絶対にあってはならないことです。しかし、社会に出てよく分かりましたが、国家権力は想像以上に大きな力を持っています。問題がこじれると人の命にさえも関わることがあると思っています。

ですから、国家権力の側に嘘があったとき、それを暴くことは簡単ではありません。実現するには、内部に深く食い込むしかありません。その方法は人によって千差万別でしょうが、ネタを取るための計算だけでは限界があります。やはり試行錯誤を繰り返しながら、「個人と個人」としての信頼関係を築いていくしかないように思います。

今、ネットで多様な情報がいつでも手に入る便利な時代になりました。しかし、国家権力や巨大組織の内部の情報は別です。だからこそ、掘り起こすスクープの意味が、テレビや新聞などのジャーナリズムにとってより大きくなってきていると感じています。

付け加えると、掘り起こすという意味では、権力とは直接関係はなくとも、例えば一人では解決できず、誰にも伝えられずにもがいている人がいたとき、それに気づき、そこに潜む社会性を見つけ出して多くの人に投げかけていくことも大事な「掘り起こすスクープ」だと思っています。

「ファクト」へのこだわり

「速報性」「掘り起こす」、この二つのスクープを非常に大事にしながら取材していますが、それはやはり議論ができる社会をこのまま保っていきたいという思いがあるからです。権力の側にある人たちも、一人ひとりは懸命に国のためを思って働いていると思います。ですが、時に誤ることもあることは歴史が証明していますし、実際に日報問題でも従来では考えがたい過ちが起きたわけです。

そうした過ちが起きないようにするためには、民主主義はベストではないですが、ベターな制度だと思います。民主主義は多数決で物事を決めますから、少数派の意見が通らないという意味ではベストな方法ではないかもしれません。それでも多数派を形成する過程で、深く議論することができれば、それはベターなことだと思います。誰かが独裁で物事を決めるのではなく、広く議論をして、できるだけベストに近いベターを目指す。その意味では、民主主義はとても意義がありますし、そのために議論できる土壌をしっかりと維持していくことは大切だと思います。

今回の日報問題では、民主主義は決して当たり前ではないということを痛感しました。だからこそ、民主主義に基づく議論の前提となる「ファクト」を提示していくことにこだわっていきたいと思っています。

今、「フェイクニュース」や「炎上」という言葉に象徴されるように、偽のニュースや個人を貶めるような情報が私たちの周りに少なからずあります。しかし、これらの情報は広く「共感」を呼ぶことは決してできません。相手を全否定することや、自分の勝手な主張を強引に押し通すことが目的にあるからです。

相手の声に耳を傾けながら、一方で大切な意見は沈黙せずにはっきりと言う。そんな健全な議論につながるよう、確実な「ファクト」を掘り起こし、伝えていくという取材の基本をこれからも大切にしていこうと、思い返しています。

（1）二〇一七年度新聞協会賞を受賞。
（2）第一八九回国会　衆議院憲法審査会（二〇一五年六月四日）。
（3）防衛監察本部「特別防衛監察の結果について」（二〇一七年七月二七日）（http://www.mod.go.jp/igo/inspection/pdf/special04_report.pdf）［最終閲覧二〇一八年九月一四日］。
（4）第一九二回国会参議院予算委員会（二〇一六年一〇月一一日）。
（5）同・前掲注（4）。
（6）防衛監察本部・前掲注（3）六頁。
（7）防衛監察本部・前掲注（3）八頁。
（8）例えば、内閣官房ほか「派遣継続に関する基本的な考え方」（二〇一六年一〇月二五日）（https://www.cas.go.jp/jp/houdou/pdf/161025unmiss.pdf）［最終閲覧二〇一八年九月一四日］。

講義を終えて 「常識」の中の「良識」

今回の講義は、一連の取材を改めて振り返る機会となりました。誤解をおそれずに言えば、「よく報道にいたったな」と今でも冷や汗が出る思いです。

講義を終えたあとの質疑応答でも、学生たちの間から「組織が隠そうとしていることを取材対象の人が明らかにしようとするのは、個人の良心なのか、時間の問題なのか、お金の問題なのかと不思議に思ったのですが、教えてもらえますか？」という質問が出されました。単刀直入ですが、とても大事な点を突いていると思います。

防衛省の内部にいる側なら、今回の日報の隠蔽が表に出れば、どれほど波紋が大きくなるかは容易に想像できます。トップの辞任につながるだろう問題を易々と外部に話すことはできないでしょう。長年お世話になった人を裏切ることにならないか、組織がガタガタにならないか、自分の立場も危うくなるのではないか。当座のリスクは避けたいと思うのが、「常識」かもしれません。

では、何がその人たちの背中を押したのか。現場記者たちの取材に対して、ある幹部は、逡巡の末に、「自分たちは国民に正直であるべきだ」と自ら噛みしめるように語ったといいます。理想と現実の狭間で、その人たちは「常識」にとらわれずに「良識」を示してくれたのではないかと思います。

スクープにつながるネタをつかむと、心が弾むのが記者のさがです。しかし、今回ばかりは、端緒をつかんだ記者から報告を受けたとき、ショックと危機感しか覚えませんでした。

自衛隊は、旧日本軍の反省から、軍隊とは一線を画した実力組織として一九五四年に発足しました。幹部自衛官を輩出する防衛大学校の初代学校長を務めた槇智雄は、一期生たちに「服従の誇り」という言葉を伝えました。シビリアン・コントロール（文民統制）を逸脱しないという宣言ですが、文民とは最終的には国民を意味し、自衛隊は国民のためにあるという原則を忠実に守ると解釈できます。

自衛隊の発足当初は、「税金どろぼう」などと後ろ指を指されることがあったといいますが、これまで取材してきた歴代の自衛官たちは、それでも不平をもらさず、黙々と訓練を重ねる、その意義を静かに語っていました。そこからは謙虚さ故の「精強さ」と「清々しさ」を感じたものです。

一方、東西冷戦の崩壊、特に二〇〇一年の同時多発テロ以降、自衛隊の任務は増え続けています。ここ数年も中国の海洋進出や北朝鮮の核・ミサイル開発を受けて、自衛隊が表に出る場面がどんどん増えています。また、東日本大震災など大規模な災害で救助や救援活動にあたる自衛隊の姿は国民の共感を呼び、内閣府の世論調査で自衛隊に「良い印象を持っている」という回答が約九〇％に上っています（内閣府「自衛隊・防衛問題に関する世論調査」〔平成二九年度〕）。

しかし、幹部自衛官が取材で語った「国民に正直であるべき」という言葉のとおり、権力の側に嘘があっては絶対になりません。ましてや武器を持つ実力組織なら論をまちません。

日報問題と同じ時期に噴出した森友、加計学園の問題を見ていると、信じがたい虚偽があまりに相次ぎ、それに慣れて、マヒしてしまうのではないかと強い危機感を覚えます。

「権力の嘘」があっては、民主主義は成り立たない。戦後、大事にしてきたはずのこの基本原則を、改めて広く共有できるよう、一記者として自らに問いを投げかける日々です。

2　公文書から見た戦後日米関係の一断面

朝日新聞編集委員
奥山俊宏

一　今に通じるロッキード事件

ロッキード事件は、一九七六年二月、アメリカの議会で明るみのもとに出されました。アメリカ政府、中でも軍や情報機関と密接なつながりのある航空機メーカー、ロッキード社から日本の政治家や右翼のフィクサーに、合計で三〇億円を超える裏金が提供されたという事件です。

七六年二月の暴露当初はどの政治家に裏金が渡ったのかはすべて伏せられ、疑心暗鬼の状態が半年近く続いたのですが、日本ではその年の夏、田中角栄元首相が、ロッキード社から五億円を受け取ったという容疑で逮捕・起訴されました。現職の総理大臣として、ロッキード社の飛行機を買うように全日空に働きかけてほしいなどと協力を依頼され、その報酬、つまり賄賂として五億円を受領したというのが、田中さんが問われた罪状でした。

このロッキード事件について、私は、秘密を解かれたアメリカの当時の公文書などをもとにして二〇一〇年に朝日新聞に記事を書き[1]、さらに二〇一六年に『秘密解除　ロッキード事件[2]』という本を出版し、今も取材を継続しています。

なぜ、四〇年も昔の出来事に取り組んでいるのか、それには理由があります。事件当時は秘密とされていたことが歳月の経過とともに明らかになってきており、そこにニュースがあるはずだと考えたのが大きな理由です。アメリカ政府では、かつてはトップシークレットに指定されていた文書や情報であっても、一〇年、二五年、五〇年といった歳月の経過とともに徐々に秘密指定を解除されて、国立公文書館や大統領図書館でだれでも読むことができるようになります。その結果、かつては分からなかったこと、なぜこうなってしまったのか不思議に思われていたことの真相が明瞭に分かるようになるのです。

先ほどの書籍や、そのもとになった新聞記事は、私が書き著したものというよりも、アメリカ政府の公務員の残した文書の上に私の責任で記述を取りまとめたもの、といったほうが実態に合っているように思います。秘密指定を解除された公文書が収められた箱を一つひとつ開けていき、歴史的に重大な出来事の裏側をかいま見ること、実はその裏でこういうことがあったんだと初めて知ることは、本当にワクワクする作業です。記事や本を書くためというよりも、そのワクワクする好奇心に突き動かされて、大量の文書を読み込んでいったというのが正直なところです。

もちろん取材の理由はそれだけではありません。ロッキード事件は四〇年あまり前の出来事ではありますが、今に通じる教訓を数多く含んでいます。当時のアメリカと日本の間で何が起こり、アメリカは日本をどう見ていたか、そしてそれがアメリカや日本の意思決定にどのような影響を与えたのか、こうしたことを知れば、その知識を今に生かすことができます。

当時も今もアメリカは、日本にとって経済的にも政治的にも文化的にも最大のお付き合いのある国です。日本の安全にとってアメリカの核兵器など軍事力は欠かすことができないと考えられ、日本はアメリカに軍事基地を提供しています。そうした事情は四〇年前も同じですから、その当時の日米間の歴史的に重大な出来事の背景を知ることには今日的な意味があります。研究すればするほど、当時を知ることは今どうすべきなのかを判断するにあたっての手がかりになると感じます。

二　田中角栄はアメリカの「虎の尾」を踏んだのか?

就任前から腐敗を注視

ロッキード事件についてのアメリカの公文書を調べる中で実感したのは、外交交渉の際にアメリカ政府が「人物を見ている」ということです。

当然のことですが、外交交渉や国家意思の決定には、その交渉や決定に携わる官僚や政治家の「ひととなり、人格、考え方、思想」が色濃く影響します。だからなのだと思いますが、アメリカ政府は、田中首相の就任以前から、その人物像について深く研究していました。

例えば、一九七一年四月、田中さんの首相就任一年あまり前に在日アメリカ大使館から本国の国務省に送られた報告書には、当時の佐藤栄作首相の後任候補の一人として、田中さんのことが取り上げられています。その中に「契約ビジネスとの関係から来る微かな腐敗のオーラ」（以下、訳は筆者による）が漂っているとの大使館の観察が盛り込まれています(3)。

あるいはその翌年、一九七二年六月二八日、田中首相の誕生する九日前にアメリカ大使館から国務省に送られた公電には、岸信介元首相――アメリカ政府と長年の親密な関係にある自民党の長老政治家です――、のあけすけな田中評が残されています。岸元首相曰く、田中には「黒い霧」の疑惑があり、首相になった場合にその点を社会党などの野党から攻撃されることによって首相辞任が不可避になり、結果的に野党による連立政権が成立して日本を悲惨な方向に導くことになるのではないか――。アメリカ大使館幹部を前に岸元首相がそんな分析を内密に示してみせたと記されています(4)。

うぬぼれ、横柄、成り上がり者

田中さんは一九七二年七月七日に首相に就任します。その就任から一カ月後、八月七日にアメリカ大使館が国務省に送った報告の公電には、大使館による田中首相の人物像の分析が記されています。そこで用いられている言葉は、「vanity（虚栄心、うぬぼれ）」、「arrogance（横柄、傲慢）」、「noveau riche（成り上がり者）」といったものです。そして、そうした田中首相の性質は、ほとんどの西洋人にとっては簡単に見抜くことができるが、多くの日本人は見抜くことができない、と記されています。[5] 古き良き昭和の象徴として田中さんのキャラクターは今でも日本人にとても人気がありますが、西洋人の多くは、日本人には見えづらい別の側面を見ているということなのでしょうか。それが正しいかどうかはともかく、何かを暗示しているような、興味深い分析です。

その八月の末に、田中首相はハワイでアメリカのリチャード・ニクソン大統領との初の首脳会談に臨みます。そのハワイでの田中首相の宿泊予定のホテルについて記したホワイトハウスの文書があります。ホワイトハウスのジョン・ホルドリッジ極東部長からヘンリー・キッシンジャー国家安全保障担当補佐官に宛てた報告のメモで、そこには、田中首相が宿泊を希望しているホテルは、「田中の主要な資金支援者である小佐野氏」が所有するサーフライダーホテルであると記されています。[6] 小佐野賢治さんは田中首相の盟友とされる人物で、先ほどの「黒い霧」の疑惑にも登場します。ホワイトハウス側は、田中首相がそのホテルに泊まることに強硬に反対します。たかが、宿泊するホテルをどこにするかという些末なことで、アメリカの大統領まで巻き込んで、現場の外交官が気の毒なくらいに日米が対立しています。

このように、アメリカ政府の公文書からは、アメリカが当時の日本の首相の人物像について細かく分析し、その背景の事実関係を探っていることがうかがえます。もちろん日本の外交文書の中にも、アメリカの大統領についてその性格や嗜好を分析している文書がいくらかはありますが、新聞報道を寄せ集めたという程度の内容です。新聞に載っていない独自の情報を集めたうえでの、さらに突っ込んだ背後関係までの分析は見られません。この点、明らかにアメリカのほうが、交渉する相手の当事者個人について、その背後関係や弱点をより深く分析していることがうかがえます。

密使外交の約束を反故に

一九七二年八月三一日、ハワイのクイリマホテルで日米首脳会談が開かれました。そのときの記録は日米双方に残されていますので、今はそれぞれを読み比べることができます。そこには内容の食い違いが見られます。

例えばこの会談で、ニクソン大統領は田中首相に、密使を通じて連絡を取り合おうと提案しました。これは日米の双方の記録に出てきます。

今となってはよく知られている話ですが、佐藤栄作首相は京都産業大学教授の若泉敬さんを自らの密使にし、非公式のルートを通じてアメリカと重要な外交交渉をしていました。沖縄返還やそれに伴う核の密約については、公式のルートである日本外務省―アメリカ国務省を外して、佐藤首相―若泉教授―キッシンジャー補佐官―ニクソン大統領とつながるチャンネルで交渉が行われたのです。ニクソン大統領は、田中首相との間でもそうしたチャンネルを持ちたいと働きかけたわけです。

ここで田中首相は何と答えたか。日本側の記録には、「日米が特別の関係にあることに同感である」と答えたとあります。(7) 一方でアメリカ側の記録には、「The Prime Minister said that he agreed completely.（田中首相は「完全に同意します」と答えた）」とあります。(8)

日本側の記録によれば、田中首相が同意したとされている「特別の関係」とは、「特別の連絡のチャンネル」に関する話の直前にニクソン大統領が口にしたとされる「日米関係は特別の関係と考えており」という言い回しに対する応答であると読み取れます。ところが、肝心の「特別の連絡のチャンネルを持ちたい」というニクソン大統領の求めに対して田中首相が何と答えたかは、日本側の記録には記されていないのです。一方、アメリカ側の記録では、「完全に同意した」となっています。このように、日本側の記録とアメリカ側の記録は食い違っています。

実は、この特別の連絡チャンネルを持つことについて、ホワイトハウスはしつこく田中首相に働きかけをしています。この日米首脳会談の一二日前の八月一九日に、キッシンジャー補佐官と田中首相は軽井沢のホテルで会談をしていますが、その際のアメリカ側の記録によると、キッシンジャー補佐官と田中首相は、外務省や国務省を通さずにロバート・インガソル駐日大使を通じ直接、両首脳間で連絡を取り合おうと合意し、キッシンジャー補佐官はそれに対し「Do that as soon as possible（できるだけ早くそれをお願いしたい）」、そうすれば、田中首相が「warmly, as part of a family（家族の一員として温かく）」大統領に受け入れられることは間違いない、と発言したと記されています。(9)

しかし、結果的に田中首相が、そうした特別の連絡チャンネルを通じてアメリカと渡り合った形跡は、日本側の文書にもアメリカ側の文書にも一切出てきません。したがって、田中首相はそうしたことをしていないと考えられます。

先の日米首脳会談の記録内容に日米間で相違が見られる理由はよく分かりませんが、結果的には、記録上、アメリカ側からこれを見ると、田中首相は約束を反故にしたように見えるだろうと思います。田中首相はあいまいな返答をするのではなく、その気がないのならば、はっきりと記録に残るように「裏チャンネルは持たず、正式な外交ルートを通じて話をしたい」と言うべきでした。そうすれば少なくともウソつきとは思われなかったでしょう。

日中国交正常化と台湾問題

この一九七二年八月末、田中首相とニクソン大統領の初めての日米首脳会談で最重要の議題となったのは、日本と中華人民共和国の国交正常化、それに伴う日本と台湾の国交断絶でした。

当時は日本もアメリカも、北京の共産党政府、中華人民共和国とは国交を持っていませんでした。中国との国交とは、台湾の中華民国との国交のことでした。

そのような中で田中首相はこのころ、中華人民共和国と国交を持つ決意を既に固めており、実際この会談の一カ月後の一九七二年九月にそれを実行に移します。当時は中華人民共和国も中華民国も「ひとつの中国」の原則を唱えていましたから、中華人民共和国と国交を結ぶということは、台湾の中華民国との国交を断絶することを意味します。一方、当時のアメリカは、中華人民共和国との国交をいまだ樹立しておらず、台湾の中華民国との国交を維持していました。

ここで重要なことは、アメリカは同盟国として台湾を守る義務を負っていた、ということです。地理的関係上、もし中華人民共和国と台湾が戦争になった場合、アメリカ軍は、台湾を守り、中華人民共和国と戦うため、日本にある米軍基地、特に、すぐ近くにある沖縄の米軍基地を使うことが想定されます。そういうことで、沖縄返還を三年後に控えた一九六九年に、田中首相の前任の佐藤首相とニクソン大統領の間でとりまとめられた共同声明には「台湾地域における平和と安全の維持も日本の安全にとってきわめて重要な要素である」という条項が盛り込まれました。これは「台湾条項」と呼ばれるもので、日米安保条約と台湾防衛を関連づけたものと解釈されています。北京の中華人民共和国の攻撃から台湾を守るために、アメリカ軍が、日米安保条約に基づく在日米軍基地を使えることがこれによって確認されたわけです。

ですから、日本が中華人民共和国と国交を結んで台湾と国交を断絶した場合、対中国の関係で在日米軍基地の存在やその使用は非常に微妙な問題をはらむことになったわけです。深く追及し始めると解決不能になってしまうので、できるだけ触れないようにしておこう、というのが、当時のアメリカ政府の方針でした[10]。

日本側の記録によると、首脳会談で田中首相はニクソン大統領に対して、日中の国交回復は最終的には米国の利益につながりうると力説します。これに対しニクソン大統領は、最近、タイの首相から内密のメッセージを受け取った、その内容は、田中首相の訪中でいかなる話し合いが成立しようとも、台湾の経済的利益は保全されるべきであるというものである、と話します。これは実はアメリカ政府自身の考えでもあったのですが、遠回しに間接的な表現で伝えているのです。そして、あれこれのやりとりの末に大統領は、「うまく行くことを望む（hope for the best）」と言います[11]。

抜け落ちたニクソン大統領の真意

この「hope for the best」という言葉は、日米双方の記録に残されていますので、ニクソン大統領がその言葉を口にしたのは間違いありません。その字面だけをみればニクソン大統領は日本と中華人民共和国の国交正常化について、「うまくいってほしい」と希望し、肯定的に受け止めたと理解することも不可能ではないと思います。

しかし、アメリカ側の記録には、この「hope for the best.」の部分に、「顔をしかめて」という意味の「wryly」という副詞で場面描写が添えられています。さらに、田中首相の「日米関係を決して見失わない」という発言の後にも、「Here the President checked his watch.」、つまりニクソン大統領は田中首相の話を聞きながら時計を見たと記されているのです[12]。

日本側の記録には、「時計を見た」とも、「顔をしかめた」とも、出てきません。日本側の記録に残っているのは、「うまく行くことを望む」という言葉だけです。

これは、アメリカ側の記録や公文書を読めば分かることですが、ホワイトハウスは当時、田中首相に対しては言葉ではなく、物腰や表情によって本当の意思を伝えるべきだという方針を決めていました[13]。ですから、苦々しげに、せいぜい頑張ってくれと言い、時計を見て会談を切り上げたのだと思います。ところが、日本外務省の記録を読む限りでは、そうしたアメリカ側の「本当の意思」は抜け落ちています。

これは一例にすぎません。アメリカ側の記録には残っているのに、日本側の記録には残っていないということが多々あります。こんなことでアメリカと対等に渡り合えるのだろうかと私は心配になります。

「台湾条項拘束されぬ」

このように「うまくいくことを望む」という言葉をニクソン大統領は確かに口にしましたが、その字面はニクソン大統領の本音ではなかったわけです。ですが、そのことを日本側は記録にとどめることができませんでした。

この会談を報じた九月二日付の朝日新聞には「台湾条項拘束されぬ」という見出しが大きく躍っています。[14] 記事によると田中首相は、ハワイで日米首脳会談が終わった直後の記者会見で、三年前に日米首脳が合意した台湾条項に拘束されないと述べた、というのです。

日本側の記録を見ても、アメリカ側の記録を見ても、田中首相とニクソン大統領の日米首脳会談で台湾条項が議題に上った形跡はありません。にもかかわらず、会談が終わったあと、田中首相が記者会見で一方的に実質的な破棄を宣言した格好になっています。

アメリカ側の報道を見ると、例えば九月三日のニューヨーク・タイムズの紙面には、「Japanese Feel Nixon Accepts Their Policy of Ties with China.（中国との国交に関する日本の政策をニクソンは受け入れたと日本人は感じている）」という見出しの記事が出ています。[15] 記事には田中首相の発言として、日米安保条約は日本の防衛を第一とする条約であって、台湾の防衛についてはワシントンと台湾の問題であり、日本は関係ないという見解が記されています。当時の国務次官の回想録によると、この記事を見てニクソン大統領はとても怒ったそうです(16)。

アメリカに嫌われた田中角栄

繰り返しになりますが、アメリカは台湾に対し、中華人民共和国の攻撃や脅しから台湾を防衛する義務を負っています。そのためにアメリカは日本にある在日米軍基地を使うつもりで、台湾条項という形で日本から正式な了解を得ています。アメリカと交渉することなしに、日本が一方的に日米安保条約や台湾条項の解釈を変更することが許されるはずがありません。にもかかわらず、田中首相は、そうした内容を新聞記者に向かって話し、ニューヨーク・タイムズに記事が出ている。そのことについてニクソン大統領は怒ったのだろうと思います。

これ以降、アメリカ政府の田中首相に対する見方は非常に厳しいものになります。例えば、一九七四年九月二一日午前、田中首相との初めての会談を控えたフォード大統領に対してキッシンジャー国務長官が助言しています。その議事録には次のような言葉が残されています。「On Tanaka, anything you say they will leak.（田中については、大統領がお話しになったことはすべてリークされます）」「He is an unbelievable liar.（彼は信じられないうそつきです(17)）」

現職のアメリカ大統領としての初めての訪日を控えた一九七四年一一月一一日、ホワイトハウスで各省庁の高官が集まって対日政策について検討した際の議事録にも、キッシンジャー国務長官の次のような発言が記されています。「It has been my experience that Tanaka has never uttered a true word in his life.（私の経験では、田中は生涯、真実を口から発したことが一度もない）」[18]田中首相はこのようにアメリカ政府に見られていました。そしてその後アメリカで暴露されたロッキード事件によって一九七六年七月に逮捕されて、政治的に再起不能になるところまで追い込まれていくことになります。

ここまでのいきさつを見れば、アメリカ政府が田中首相のことを非常に嫌っていたことは明らかです。ただ、アメリカ政府が田中元首相をおとしめようと意図してロッキード事件の暴露を仕掛けたかというと、アメリカ側の公文書を見た限り、それを示すものは何も見つかりませんでした。おそらくそのようなことはなかっただろうと私は思っています。

田中首相は、その政策によってアメリカ政府の怒りを買ったというよりも、その振る舞いによってアメリカ政府の怒りを買った、ということなのでしょう。アメリカ政府の首脳たちから見たときに、日本の首相が日本の国益を追求するのは当然で、一致できなくても怒りはなく、その手際が良ければ、尊敬もできる。けれども、その国益追求にあたって、道理や信義をないがしろにしたり、ウソをついたりするような振る舞いがもしあれば、それには怒り、また、軽蔑もする、ということなのだろうと思います。

三　アメリカに弱みを握られた政治家たち

ロッキード事件に関するアメリカ政府の記録には、田中首相以外にも様々な日本の政治家の名前が登場します。

「中曽根幹事長がもみ消しを希望」

例えばロッキード事件がアメリカの議会で発覚した直後、一九七六年二月の一八日と一九日に、当時の自民党幹事長、中曽根康弘さんがアメリカ大使館の側に接触しています。このうち一九日の接触で中曽根さんがアメリカ政府に要請した内容は、英語で「HUSH UP」と記録されています。それに添えて、その言葉の直後に、ローマ字で「MOMIKESU」とも記されています[19]。つまり、その日、中曽根さんからアメリカ政府に対して、ロッキード事件をもみ消してほしいという要請があったと記録されているのです。

当時、日本国内はロッキード事件によってハチの巣をつついたような騒ぎになっていました。どの政治家にロッキード社の裏金が渡ったのか、多くの国民が真相を知りたがっていました。中曽根さんも自民党幹事長として、「臭いもの、フタせぬ[20]」との意向を明らかにし、あるいは、「政府・与党は一体となって徹底的に究明する覚悟だ[21]」とインタビューに答えています。当時、国民はみんな、ロッキード事件の真相を知りたかった。にもかかわらず、表向きの言葉とは逆に中曽根さんが裏でアメリカ政府に「もみ消し」を依頼していたということは、それそのものが大変なスキャンダルです。もし、それが表沙汰になれば、中曽根さんは大変な非難にさらされることになったはずです。おそらくその後、首相になることもできなかったと思います。ということは、つまり中曽根さんは「アメリカに弱みを握られてしまった」と見ることができます。

ロッキード事件の宿痾

日本の政治家がアメリカ側に握られていたと思われる弱みはそれだけではありません。

ロッキード事件で国会が空転する中、アメリカの情報機関、CIA（中央情報局）が、ロッキード社から日本の政治家への賄賂を承知しており、また、CIA自身も日本の政党に資金を供給していたと報道されました[22]。当時、この疑惑はうやむやになってしまいますが、その後、二〇〇六年になって、アメリカ国務省の史料集によって、アメリカ政府が一九五八年から六八年にかけて「日本の政治の方向に影響を及ぼそうとする秘密のプログラム」として「アメリカ寄りの数人の保守政治家への財政的支援」を含む四つの作戦の遂行をCIAに許可していたことが確認されました[23]。今も固有名詞は明らかにされていませんが、日本国民の知らないところでCIAに買収された保守政治家がいて、おそらく、日本の政界の枢要な立場にいたことは、今や明確です[24]。

弱みはほかにもあります。ロッキード事件の捜査を担当した当時の東京地検特捜部主任検事、吉永祐介さんが残した「取調結果の概要」という一九七六年九月七日付の特捜部資料には、一二人の政治家の名前が列挙されています。その中に、のちに中曽根さんの後任の首相になる竹下登さんや派閥の領袖として自民党総裁候補になった中川一郎さんの名前がありました。共に、全日空から闇献金を受けた経緯の詳細が記されています。ロッキード社から全日空にお金が流れ、その全日空から日本の政治家にお金が流れる、という構図になっており、アメリカ側もその流れを知っていたでしょう。

一二人のうち四人は「灰色高官」として名指しで報道されましたが、この竹下さんについても、中川さんについても、当時、東京地検特捜部の取り調べを受けて事実関係がほぼ明確になっていたにもかかわらず一切公表されませんでした。もし一九七六年にそれが公表されていれば、死ぬまで「灰色高官」の汚名がつきまとっただろうと思います。それが明らかになったのは二〇〇六年になってからのことでした(25)。

中曽根さんにせよ、竹下さんにせよ、中川さんにせよ、あるいは名前はまだ明確ではないですがCIAからお金を受け取った政治家にせよ、そうした人たちはアメリカに誰にも言えない秘密を握られていた、ということができます。それは彼らにとって弱みだった、あるいは、弱みになりえた。そうした事情が分かってきています。

もしかしたら今でも、これと同じような弱みが日本の政治家に宿痾のように残っているのではないかという懸念を抱かざるを得ません。

四　日米の公文書から見えるもの

質と量の差がもたらすもの

アメリカ側の記録と日本側の記録を読み比べて痛感するのは、アメリカの記録のほうが日本の記録より質も量も充実しているということです。質と量が充実しているということは、信頼性が高いということです。そうした記録を作成し、保存し、一〇年後、二五年後、五〇年後に公開していく。そうした営みがアメリカの力の源泉の一つになって、アメリカの外交にすごみを与えています。信頼性の高い公文書は交渉の力として作用しえます。

中曽根さんは、田中元首相について、「彼は（中略）独自の資源取得外交を展開しようとしました。これが結果として、アメリカの虎の尾を踏むことになったのではないかと思います。（中略）このことが淵源となり、間接的に影響して『ロッキード事件』が惹き起こされたのではないかと想像するところがあります」と書いています[26]。この記述は、とりもなおさず、中曽根さん自身が「虎の尾」への恐怖を心の奥底に抱えていたことを示唆します。

そのような人がアメリカに弱みを抱える一方で日本の枢要な役職を務めるということは、日本の国益を守る上で懸念を生じさせます。そのような陰謀論を信じ、そのような恐怖を心の奥底に抱えるということは、見かけ上、それだけ脅しに脆弱であることをうかがわせます。少なくとも外観上、「アメリカの虎の尾」を踏まないような行動に誘導され、方向づけられやすい脆弱な状況に置かれているように見えます。もし仮に、そのように方向づけられ、誘導された結果の行動が、日本の国益に抵触した場合、その人はジレンマに陥りかねない。日本の国益にとってそれはリスクです。

公文書改革の必要性

また、ロッキード事件を取材して改めて確認したことですが、アメリカは様々な不祥事があったときに、そこから貪欲に教訓を汲み取り、驚くほどのスピードで制度を改正しています。

ロッキード事件発覚の翌年、一九七七年に、アメリカは、外国公務員への贈賄を禁止する「海外腐敗行為防止法（The Foreign Corrupt Practices Act of 1977）」という法律を制定します。一方で、日本で外国公務員への贈賄を刑罰で禁止する法律が制定されたのは、一九九〇年代末のことでした（「平成一〇年改正不正競争防止法」）。しかも、それは構成要件が厳しすぎて実質的には機能しないような法律になっています。外国公務員への贈賄で日本の捜査当局が事件を摘発することはめったになく、国際社会で白眼視されています。一方で、アメリカの司法省は外国公務員への贈賄を次々と摘発しており、この数年、パナソニック、オリンパス、丸紅、日揮、ブリヂストンといった日本企業の子会社も摘発しています。不祥事から教訓を得て制度や法律を作るスピーディーさとその効果の充実ぶりについては、日本はもっとアメリカを見習ったほうがいいと思います。

公文書に関する重大な不祥事が相次いだのを受けて、日本でも今、制度改革の必要性が唱えられています。安倍晋三首相も「公文書の在り方を我々としても徹底的に見直し、再発防止策を講じてまいります」と口では言っています。[27]ですが、実際にそれが実現するかというと、今までの日本のふるまいを見てきた私からすると、残念ながら疑問視せざるを得ません。

アメリカでは、ウォーターゲート事件のあと、その教訓を受けて、「大統領記録法（Presidential Records Act of 1978）」という法律が一九七八年に制定され、一九八一年に施行されました。大統領とその補佐官たちが作成した文書は、彼らが退任した後、その法律によって、すべて政府の管理下、具体的には国立公文書館の所蔵の下に置かれることになりました。その結果、いろいろな記録が破棄されることなく、アメリカには残っているわけです。

ところが、残念ながら日本では今、中央官庁にある重要な文書の多くは、公の管理の下ではなく、個々の公務員の個人メモ、私的な文書という扱いとなっています。捨てる人もいれば、自宅に持ち帰って家で保管している人もいます。つまり、国としては管理していないのです。国として管理しているのは一部の行政文書のみです。

アメリカと同じように、日本でもきちんとした法律を作って、文書を公の管理の下に置くように制度化しなければ、国の方向を誤ってしまう恐れがあります。そういう教訓を一連の公文書不祥事から汲み取ることができるのですが、今の政府、安倍政権の動き方を見ていると、それに逆行しています。政権の私的・短期的な都合にとっては余計な文書など存在しないほうが良いのかもしれませんが、長い目で見たときの国益、公益を害することになるのではないかと私は心配しています。

ここまで、アメリカに比べると日本はまだまだダメだといった話をたくさん紹介しました。私としてはそんなことを言うのは残念です。ですが、結果的にそうなってしまっているところが少なからずある。ならば、足りないところは貪欲に学んでいったほうが、日本のため、つまり、私たちのためになるのではないかと思っています。

（1）奥山俊宏・村山治「検証・昭和報道　秘密解除　ロッキード事件」朝日新聞二〇一〇年三月一日朝刊一三面など。
（2）奥山俊宏『秘密解除　ロッキード事件――田中角栄はなぜアメリカに嫌われたのか』（岩波書店、二〇一六年）。第二一回司馬遼太郎賞（二〇一七年度）を受賞。
（3）National Archives at College Park, Record Group 59: General Records of the Department of State, Subject-Numeric Files, 1970-73, Folder POL JAPAN, Department of State Airgram, Tokyo A-286, From Amembassy Tokyo to Department of State, “Sato, the United States, and the Prime Ministerial Succession”, April 22, 1971.
（4）Ibid., Department of State Telegram, Tokyo 06838, From Amembassy Tokyo to SecState WashDC, “Former Prime Minister Kishi's Views of Political Scene”, June 28, 1972.
（5）Department of State Telegram, Tokyo 08394, Fm AmeEmbassy Tokyo To SecState WashDC, “Honolulu Summit Background Paper VI—Tanaka The Man”, August 7, 1972.
（6）Nixon Presidential Materials, National Security Council（NSC）Files, VIP Visits, Box 926, Folder “Tanaka Visit（Hawaii）31 Aug-1 September（1972）1 of 4”, NSC Memorandum for Mr. Kissinger from John H. Holdridge, “Honolulu Meeting: Tentative Japanese Planning”, July 31, 1972.
（7）日本外務省が情報公開法に基づき開示した外務省記録、日米首脳会談（第一回会談）、一九七二年八月三一日。
（8）Nixon Presidential Materials, National Security Council（NSC）Files, VIP visits, Box 926, Folder “Tanaka Visit（Ha-

waii) 31 Aug-1 September (1972) 1 of 4", Memorandum of Conversation, August 31, 1972, Prime Minister Tanaka's Call on President Nixon.

(9) Nixon Presidential Materials, National Security Council (NSC) Files, Box 1026, Presidential/HAK MemCons, Folder Kissinger and PM Kakuei Tanaka, August 19, 1972, Memorandum of Conversation.

(10) 詳しくは前掲注(2)三一頁及び注(44)を参照。

(11) 前掲注(7)(8)。

(12) 前掲注(8)。

(13) 詳しくは前掲注(2)三一頁及び注(45)を参照。

(14) 「安保条約下で日中正常化」朝日新聞一九七二年九月二日夕刊一面。

(15) Richard Halloran, "Japanese Feel Nixon Accepts Their Policy of Ties With China" New York Times, September 3, 1972.

(16) U・アレクシス・ジョンソン(増田弘訳)『ジョンソン米大使の日本回想——二・二六事件から沖縄返還・ニクソンショックまで』(草思社、一九八九年)二九一頁。

(17) Gerald R. Ford Library, National Security Adviser. Memoranda of Conversations, Box 6, Folder "September 21, 1974-Ford, Kissinger," (http://www.fordlibrarymuseum.gov/library/document/memcons/1552798.pdf) [last accessed September 17, 2018]

(18) Gerald R. Ford Library, NSC Institutional Files (H-Files), Box H—23, (https://history.state.gov/historicaldocuments/frus1969-76ve12/d197) [last accessed September 17, 2018]

(19) Gerald R. Ford Library, National Security Adviser. Presidential Country Files for East Asia and the Pacific, Box 8, Folder "Japan—State Department Telegrams: To SECSTATE—NO-DIS (7)", Telegram, "Lockheed Affair", February 20, 1976. (https://www.fordlibrarymuseum.gov/library/document/0324/1553724.pdf) [Last accessed September 17.

2018]

(20) 「自民『証人』に応じる」朝日新聞一九七六年二月九日夕刊一面。

(21) 「真相究明、各党の姿勢」朝日新聞一九七六年二月二〇日朝刊二面。

(22) 朝日新聞一九七六年四月二日夕刊一面。

(23) Foreign Relations of the United States, 1964-1968, Volume XXIX, Part 2, Japan, eds. Karen L. Gatz and Edward C. Keefer (Washington: United States Government Printing Office, 2006), Document 1, Editorial Note, (http://history.state.gov/historicaldocuments/frus1964-68v29p2/d1) [last accessed September 17, 2018]

(24) 詳しくは前掲注(2)6章を参照。

(25) 詳しくは坂上遼『ロッキード秘録――吉永祐介と四十七人の特捜検事たち』(講談社、二〇〇七年)。二六二―二六三頁を参照。

(26) 中曽根康弘『自省録――歴史法廷の被告として』(新潮社、二〇〇四年)一〇四頁。

(27) 二〇一八年六月一八日、第一九六回国会参院決算委員会、石上俊雄委員に対する答弁。

講義を終えて　制度改革　一〇の提言

不祥事から貪欲に学んで教訓を汲み取り、制度改革につなげていけるようになるためには、今後、日本はどのように変わるべきなのでしょうか。学生の一人からそんな質問を受けました。それへの答えとして、私なりにこの一年ほど思案してきたアイデアのいくつかを以下にお示しします。「民間企業や地方自治体ではやっているのに国レベルではやっていないこと」「アメリカではやっているのに日本ではやっていないこと」という視点でこれらを選びました。

(1) 捜索・差し押さえや証人尋問の権限を持つ監察総監（日本版 Inspector General）を全省庁に設置する。内閣による任命にして独立性を高める。

(2) 国会付属の政府監査院（日本版 Government Accountability Office）を創設する。会計のみではなく、政策についても検証する独立の国家機関とする。

(3) 国連腐敗防止条約で設置を義務づけられた「腐敗行為防止機関」を設ける。法務・検察に高い独立性を備えた「特別検察官」を置く制度を設ける。

(4) 国際水準の腐敗防止策を実行に移す。外国公務員への贈賄を摘発しやすくできるように不正競争防止法を改正し、実際に摘発に力を入れる。

(5) 政府や政治家への働きかけをめぐる資金の流れを透明化するロビーイング規正法を制定する。

(6) 請願手続法を制定し、その中で電子請願を制度化する。請願への返答を官庁に義務づける。

(7) 納税者代表訴訟（住民訴訟の国政版）を制度化する。地方自治体における住民訴訟、会社における株主代表訴訟と同様の訴訟制度とする。

(8) 公益通報者保護法を拡充する。

（9）　公文書管理法を改正し、公務員が職務の過程で作成した「個人メモ」や「手控え」の廃棄を禁止し、それらを公の管理の下に置く。現状では何のルールもないに等しいメールや電子ファイルについて、その自動保存を米国並みに制度化する。

大手企業においてはここ一〇年、不祥事の疑惑があれば、第三者委員会を設けて調査し、その結果を公表するのが当たり前になっています。監査役が社長の責任を追及し、会社の名の下で現職社長を提訴する事例もあります。それと同様に、国の機関においても、監察総監や特別検察官を置いて、独立性と公平・不偏への信頼、権威と権限を兼ね備えた調査、責任追及、改善提案を可能とし、また、政策の当否についても自己を検証できるような制度を統治機構内部に埋め込んでおく必要があると考えます。

上記の各提案は、国の機関を対象に手当てされるべきものですが、最後に、ジャーナリズムに携わる私たち自身への提言も挙げておきたいと思います。

（10）　調査報道のノウハウ、手法を記者たちの間で広く共有し、調査報道を従来にも増して盛んにしていく。

不祥事が起きたとき、容疑者個人を一罰百戒の生け贄にして終わらせるのに血道を上げるのではなく、犯罪の成否と無関係であっても、深く根源的な幾重もの要因を突き詰めて明らかにし、それを俯瞰的に見て、よりバランスよく対策を立てていく。そうした視点が求められています。

ここに挙げた一〇の施策をパッケージとして実行に移せば、不祥事のたびに場当たり的な対処を繰り返すのではなく、教訓を生かして、より良く日本は変わっていける、と考えています。

3 「ある文民警察官の死」が問いかけるもの

NHK大型企画開発センター　チーフ・プロデューサー
三村忠史

一　テレビドキュメンタリーとジャーナリズム

私はNHKに入局以来、報道番組のディレクター・プロデューサーとしてテレビドキュメンタリーを制作してきました。

テレビドキュメンタリーと一口に言っても、私自身、ジャーナリズムということを意識し始めたのは比較的最近のことです。きっかけは二〇一一年の東日本大震災でした。それ以前にも「NHKスペシャル」などのテレビドキュメンタリーを担当してきましたが、報道系の番組だけを作っていたわけではありません。歌手の松田聖子さんのドキュメンタリーを作ったり、デジタルネイティブと呼ばれるネット世代の台頭を描いたドキュメンタリーを作ったりと、いわゆるニュースとは少し離れたところでドキュメンタリーを作ることも少なくありませんでした。

しかし、東日本大震災以降、東京電力福島第一原子力発電所の事故による安全神話の崩壊、集団的自衛権の行使容認、憲法をめぐる動きなど、戦後日本の歩みが大きく変わる事象が続いたことから、テレビドキュメンタリーとジャーナリズムの関係性を自覚的に考えるようになりました。

今、テレビドキュメンタリーといえば、例えば民放では「情熱大陸」、NHKでは「ドキュメント72時間」や「プロフェッショナル 仕事の流儀」といった番組が高い人気を誇っています。これらの番組が時代の空気を切り取り、ジャーナリズムとしての大きな存在感を発揮することも少なくありません。しかし、こうした番組＝ジャーナリズムかというとそうとは言えない側面もあると、私は考えています。

それはなぜか。今ご紹介したようなテレビドキュメンタリーは、「出演希望の多い」番組だからです。別の言い方をすれば、出演する側にとって「気持ちの良い番組」と言ってもいいかもしれません。ですが、テレビドキュメンタリーとジャーナリズムの関係性を考えた場合、「取材されたがっていない対象」を取材すること、調査報道でその内実にできるだけ肉薄しようとすることが、テレビドキュメンタリーをジャーナリズムたらしめることの要諦の一つであろうと私は思っています。

今も、常に自問自答を繰り返す毎日ですが、実際に制作した番組を例にとりながら、テレビドキュメンタリーを作るという仕事について紹介したいと思います。

二　カメラをどこに立てるのか

なぜ、「カンボジアPKO」にカメラを立てたのか

私がテレビドキュメンタリーを作る仕事の中で常に意識しているのは、「カメラをどこに立てるのか」ということです。「カメラを立てる」ということはカメラの三脚をどこに立て、何を撮影するのかという物理的な意味は勿論ありますが、何にフォーカスするのか、どんな取材対象に肉薄する意志を持つのかと言い換えても良いかもしれません。こうした問題意識は、テレビドキュメンタリーの世界では昔から言われ続けていることで、「基本中の基本」の視点と言えるでしょう。これらを念頭におきながら、まずは二〇一六年の八月に放送したNHKスペシャル「ある文民警察官の死～カンボジアPKO・23年目の告白～」(1)という番組を題材に、お話しいたします。

一九九二年九月、カンボジアでの国連平和維持活動（以下、PKO）に自衛隊が初めて本格的に参加しました。このとき、自衛隊だけでなく、七五人の警察官も、現地の警察行政が民主的に行われるよう助言・指導するために文民警察官として派遣されました。しかし任務のさなかに、一九九三年五月、文民警察隊は武装勢力により銃撃を受け、一人の警察官が命を落とすことになりました。この番組はその事件を追ったテレビドキュメンタリーです。

なぜ、放送日時からみて二三年前の事件にカメラを立てたのか。そこには、二〇一六年時点での問

題意識がありました。

このドキュメンタリーが放送された前年の二〇一五年九月に、安全保障関連法（以下、安保関連法）が成立をしました。国会前のデモの様子を覚えている方もいるかもしれませんが、この法律によって、集団的自衛権の行使が容認され、戦後日本の安全保障政策が大きく転換されました。この安保関連法が成立した当時も、アフリカの南スーダンに陸上自衛隊の部隊が派遣されており、PKO活動を行っていました。安保関連法によってPKOでの武器の使用要件も緩和され所謂「駆け付け警護」が可能になりましたが、派遣部隊に新任務を付与するかどうか取り沙汰されていた、まさにそのような時期でした。

記録を軽視する国

日本の自衛隊は、カンボジアでのPKO以降も海外で様々な活動を行っていますが、その活動を検証し国民と共有することはほとんどありませんでした。

例えばイギリスでは、イラク戦争に参加したあと、戦争への参加が正しかったかどうか検証しています。そして二〇一六年七月、イラク戦争への参加は失敗だったと結論づける約二六〇万語もの記録（イラク戦争検証報告書、所謂「チルコット・レポート」）を国民に公開し[2]、それを次の安全保障政策や外交政策に役立てていくという取り組みをしています。

しかし日本の場合、PKOやイラクへの自衛隊派遣に関しても、ほとんど検証がなされていません。あるいは外務省や防衛省内では行われているのかもしれませんが、それが国民と共有されることはほとんどありません。そもそも最近の陸上自衛隊の日報隠蔽問題や財務省の公文書改竄問題でも分かるように、日本は他国と比べても「公文書」や「記録」が民主国家の根幹をなすという意識が極めて低いと言わざるを得ない現状があります。ですから、PKOの現場で何が起きていたのか多くの国民は知りません。ならば、現在のPKOの「現場」を知るために、二三年前の「現場」にカメラを立てよう、そう考えてチームを組んで番組を作りました。

PKOの現場で何が起きていたのか

「記録」ということにも関連しますが、この番組のきっかけになったのは、文民警察隊の隊長を務めた山﨑裕人さんが保管していた記録史料です。山﨑さんは隊長として、当時の国連、政府、警察庁に、現地の要望や、危険が迫っていて大変だという情報を、ファックス等でやり取りしていました。山﨑さんはその分厚い束の記録をご自身が現地でしたためていた手記とともに保管していたのですが、それが公になることはありませんでした。

この記録が早くに公表され検証作業が行われていたら、その後のPKOはどうだったでしょうか。より現実的な現状認識をもとにした、あるべき国際貢献についての議論ができたであろうことは間違いないでしょう。ですが、その貴重な記録はずっと日の目を見ることはありませんでした。山﨑さんが警察庁を退職したことをきっかけに、NHKが提供を受けて、初めて検証することが可能になったのです。

山崎さんの記録をもとに取材を進めると、現地では戦闘行為に近い出来事が頻発していたことが分かりました。駐屯地に爆弾が放たれるということも日常茶飯事でした。中には、文民警察官は武器の携帯ができないので、自分で自動小銃を買って自衛していたという証言もありました。南スーダンPKOをめぐっても、戦闘行為が行われているか、否かというある種、観念的な議論が交わされましたが、そのことは二三年前も全く同じでした。文民警察隊がおかれていた実態を知るにつれ、現場の実情をふまえたより現実的な議論の必要性を痛感しました。

イデオロギーの「壁」を超えて

安全保障政策に関しては、イデオロギーや党派性の中で論じられることがどうしても多くなる傾向があります。例えば安保関連法をめぐっても、国会前のデモでは「戦争法案」と呼んで反対の声があがりました。一方で、政府は「平和安全法制」という名で、関連法案の成立を目指していました。両者それぞれ全く反対の「名称」で議論を進めていたわけです。それに対して、私たちの問題意識は、現場の実情を調査報道でできるだけ明らかにしよう、という極めてシンプルなものでした。

テレビドキュメンタリーを作るという仕事は、カメラを使い、映像と音声を通じて現場で何が起きているのかを証拠立てていく作業に他なりません。主義・主張からスタートした番組は大きな訴求力を持ち得ません。なぜなら主義・主張になじまない「現実の豊かさ」や「都合の悪い現実」をそぎ落としてしまうからです。映像と音声で「現実」を証拠立てることが、活字にはないテレビドキュメンタリーの武器ですので、そのことを意識して番組を制作しています。

三　近現代史を知るということ

複眼的な視野を持つ

ここ数年、テレビドキュメンタリーを制作しながら日々考えていることがあります。それは、近現代史を知るということが極めて大切になってきているということです。

私が学生時代を過ごした一九九〇年代は、戦争を経験した人がまだ身近にいた時代でした。ですから、あえて意識はしなくても、戦争に対する皮膚感覚というものが社会の暗黙知、共有体験として存在していました。ですが、人口の八〇パーセント以上が戦後世代になっている今、そうした皮膚感覚は失われつつあります。ですから、史実を学び理解を深めておくことが、テレビドキュメンタリーを作る上での必要条件になってきていると日々痛感しています。

例えば今、中国の海洋進出や北朝鮮の核開発で東アジアの安全保障環境が厳しくなっていると日々伝えられています。中国や韓国に対する日本の国民感情も悪化しています。ですが私は、テレビドキュメンタリーの制作者は、現代の問題をテーマに選ぶとしても、その前提として、日本と東アジアの近現代史を知り、複眼的な視野を持っておくことが重要だと考えています。

また、近年、「歴史修正主義」という言葉もよく耳にします。私たちの仕事は、映像と音声を使ってファクトを繰り返し確認・提示していくことです。ですから、近現代史についてこうした作業を続けていくことが、今以上に、テレビドキュメンタリーに求められる大きな役割になってくると思っています。

ファクトを立体的に捉える大切さ

ここで言うファクトというものは、一面的ではなく立体的に捉えたものでなくてはいけません。一例として、二〇一一年八月に放送したNHKスペシャル「圓の戦争」という番組をご紹介します。

太平洋戦争や日中戦争は軍部、特に陸軍の暴走で起きた、と通説でよく言われます。勿論、その要因が大きいことは間違いありません。しかし、戦争という言わば「国家事業」が本当に軍部の暴走だけで遂行できたのでしょうか。戦争を立体的に捉えるために当時の金融マンや大蔵官僚が果たした役割を一つのファクトとして提示しようと試みたのが、「圓の戦争」という番組です。

一九三一年の満州事変から、太平洋戦争が終わる一九四五年までの間に、日本は当時のお金で約七五五九億円、現在の貨幣価値に換算すると数百兆円の戦費を使っていました。当時の国力には見合わない額の戦費を使って戦争をしていたわけです。そのためにいろいろな錬金術を使ったのですが、その一つが、中国大陸や朝鮮半島で、日本円とは違う「圓」という通貨を大量に発行したことでした。そして、その「圓」を信用取引の形で使用し続けたことで現地はインフレになり、最後は破綻していくことになったのです。番組は、そうした構造を描き出すことに主眼をおきました。

なぜ、この問題にカメラを立てたのか。先ほどもお話ししましたが、「軍部の暴走」や「弱腰な政治家」だけに戦争の責任を追わせ、その他の責任の所在を曖昧にするその構造性に違和感があったからですが、そうした違和感を持つようになったきっかけには、番組を制作した当時の社会の空気がありました。

番組を放送する三年前の二〇〇八年、リーマン・ショックに端を発する世界的な金融危機が起きました。証券会社がつくり出したサブプライムローンなどの金融商品が市場にあふれ、バブルの崩壊とともに一気に破綻しました。さらに、これは今も続く問題ですが、日本の国債が膨大な額に膨れ上がっていることが、当時大きな問題となっていました。ですから、「金融と戦争」「経済と戦争」という視点でファクトを掘り当て、提示し、記録しておくことが大切ではないかと思ったのです。

過去から現代を照射する

近現代史上の出来事の多くは、その本質が現代社会と通底しています。そのことについて考察したのが、二〇一七年に放送したNHKスペシャル「戦慄の記録 インパール」[3]という番組です。

この番組では、太平洋戦争末期、日本軍が戦況を打開するために敢行したインパール作戦について、新たに発掘した一次史料などから検証しました。インパール作戦は、ビルマ（現在のミャンマー）から、インド北東部にあるイギリス軍の拠点、インパールを攻略しようとした作戦です。九万の将兵が参加しましたが、結局、ただ一人もインパールにたどり着くことができず、日本軍は歴史的な敗北を喫しました。この作戦では、戦闘や飢え、病気で三万の将兵が命を落とし、日本兵の死屍累々が並んだ撤退路は白骨街道と呼ばれました。

これほどの犠牲が生じた原因は、作戦を指揮した第一五軍司令官の牟田口廉也陸軍中将の立案した、現実を度外視した作戦にありました。川幅六〇〇メートルにも及ぶ大河と、二〇〇〇メートル級の山々を超える四七〇キロの過酷な山道を、たった三週間で、それも軽武装で、食料はほとんど持たず攻略しようとしたのです。

なぜ、私たちはインパール作戦にカメラを立てたのか。それは、インパール作戦の悲劇は、現代の日本社会にも連なる、ある種の病理、体質によって引き起こされたのではないかという問題意識があったからです。つまり過去から現代を照射したいと考えたのです。

太平洋戦争ではいくつも悲惨な戦いがありますが、中でもインパール作戦の無謀さは随一と言われています。当時の日本軍には、過度な精神主義が根強く存在していました。インパール作戦は、まさにこの精神主義が現実主義を退けて行われた作戦でした。

さらに、太平洋戦争初期、日本軍がイギリスの植民地だったマレー半島を一気に攻略したこともあり、牟田口中将率いる現地の第一五軍は、イギリス軍の戦力を軽視する傾向がありました。現実には、インドに敗走したあと、空挺旅団の充実がはかられるなどイギリス軍の戦力は増強されていたのですが、そうした科学的な分析は軽視され「イギリス軍は弱い」という前提で作戦が立案されたのです。

そしてこの作戦は、現地で指揮をとった牟田口中将とその上官、さらにその上官たちが、旧知の間柄だったという理由で認可されていったという点でも極めて特異と言えます。作戦に反対する参謀は左遷され、精神論と組織内の人間関係が優先された結果、無謀な作戦が遂行されていったのです。しかも、作戦が失敗に終わったあとも、この作戦にかかわった将官はほぼ全員栄転し、作戦の責任をとることはありませんでした。「やれば何とかなる」という過度な精神主義、曖昧な意思決定、横行する忖度、責任の所在の不確かさ。これらは、現代の日本社会でも、そこかしこで見られます。

番組放送後、ツイッター上で「#あなたの周りのインパール作戦」という#（ハッシュタグ）が登場しました。ブラック企業、ブラックバイトで働かされている若者、上司の合理性を欠いた命令や、責任をとろうとしない態度に苦しめられている会社員……。多くの人々が日々の実感の中に、「インパール作戦」を見い出し「わが事」としてツイートしたのです。

「戦死」をどう捉えるか

もう一点、この番組について私たちスタッフが意識していたことがあります。最近、戦争というものを美化する、戦死をある種の英雄的行為として捉える傾向があるように感じています。勿論、戦争で亡くなった一人ひとりの命の重さを私たちが決して忘れてはならないのは当然です。ただ、戦争で命を落とすことの実相は果たしてどのようなものだったのか。戦争体験者が少なくなり社会からその記憶が失われていく中で、記録をとどめておくことは大切ではないかと考えたのです。

インパール作戦は、三万の戦死者・戦病死者と四万の負傷者・疾病者を出した作戦です。九万人のうちの三万人と四万人なので、相当な損耗率でした。では、三万の将兵はいつどこで亡くなったのか、全国各地の戦没者名簿を集め、最終的に一万三五七七人分の亡くなった日付や場所、死因などの記録をデータとして抽出しコンピュータグラフィックで可視化しました。すると、一万三五七七人の六割にあたる将兵が作戦が終了となった一九四四年七月以降、撤退中に亡くなっていたことが分かりました。

撤退中に命を落とした兵士のほとんどは「病死」と記録されていました。つまり、作戦中に敵であるイギリス軍との戦闘で命を落とした兵士よりも、視界も失うような膨大な降雨量となる雨期の中、飢えや病気で、撤退中に亡くなる兵士の方が多いという現実があったのです。

戦後に新たに作られた戦争に関する「英雄的な物語」が流通していく中で、戦争という「現実」をどう伝えていくのか。この番組で証言していただいた方は皆さん九〇歳を超えていました。この番組の放送後、半年の間に四人の方がお亡くなりになっています。

今後、戦争の証言者は減っていき、映像と音声でファクトを証拠立て、提示していくことが難しくなっていくことは必至です。その中で、近現代史に関するテレビドキュメンタリーをどう継続していくのか。私たちに課せられた重い課題だと考えています。

四　これからのテレビドキュメンタリーを考える

フェアであること

私は、ディレクターやプロデューサーとして「クローズアップ現代」（現在は「クローズアップ現代プラス」として放送中）という番組も制作してきました。この「クローズアップ現代」のキャスターは国谷裕子さんというフリーランスの方でした。国谷さんとともに、NHKは一九九三年から二〇一六年までの二三年間で三七八四本という膨大な数の「クローズアップ現代」を放送しました。ディレクターの駆け出し時代から番組制作を通して国谷さんに教わったことは、テレビジャーナリズムを考える上で今も大切にしていることです。そのいくつかをここでご紹介したいと思います。

国谷さんの番組と向き合う姿勢から私が学んだことは「フェア」であるということでした。国谷さんは、そのテーマを扱うことがNHKにとって不都合な可能性があっても、視聴者に誠実に提示することにこだわっていました。また、出演者が聞いて欲しくないと思っていることがあったとしても、出演者が公の立場の人で、その質問に公益性が高いと判断すれば、厳しく問うことに躊躇がありませんでした（本当に、私たちスタッフには計り知れない勇気が求められたと思います）。

日本国憲法第二一条で保障されているとされる「知る権利」に対して「フェア」な態度で放送に臨むこと。このことは出来るようでなかなか出来ません。私自身、自らの非力さを感じながら日々の仕事にあたっています。

ここで一つ番組を紹介します。二〇一四年七月放送の「集団的自衛権　菅官房長官に問う」という番組です。私はプロデューサーの一人としてこの番組に関わりました。従来の政府見解の解釈が変更され、集団的自衛権の行使容認が閣議決定されたタイミングでの放送でした。政府は日本をとりまく安全保障環境の変化を理由としてあげ、専守防衛や武力行使は自衛のために限るという方針に変わりはないとしていました。当時の世論調査では、行使容認の賛否について判断を保留している人も少なくない状態でした。いずれにしても、戦後の安全保障政策を大きく転換する閣議決定がなされたことを受け、菅義偉官房長官をスタジオにお迎えして番組を放送することになりました。

限られた時間の中、生放送でインタビューを行うことは、テレビをご覧になっている方が想像している以上に難しいものです。この番組は二八分間の生放送でしたが、ＶＴＲの時間をのぞくと放送時間は一四分ほどですので、核心に迫るためには決して長い時間ではありませんでした。このときも、果たして十分なインタビューができるのだろうかという思いが、私たちスタッフにもあったように思います。

私たちは放送の一週間程前から、従来の憲法解釈を変更して「集団的自衛権の行使を容認」することの狙いや、そのことによって生じるメリットやデメリット、解釈の変更に不安を感じている視聴者の方がいるとすればどのような問いを投げかけるのがベストなのか、インタビューをより重層的なものにするために、質問を何度も推敲し生放送に臨みました。

そして、インタビューも放送時間残り三〇秒を迎えたときでした。通常ならここで出演者に挨拶をして番組は終わっていきます。けれど、国谷さんは、「しかし、そもそも解釈を変更したことに対する原則の部分での違和感や不安は、どうやって払拭していくか」と、もう一問投げかけました。結局、それに対して菅官房長官が語り始めた途中で、放送時間が終わりました。

その結果、番組終了後、「なぜあのような中途半端なことをしたのか」と、視聴者の方から問い合わせをいただきました。官房長官に対する質問として非礼ではないかという声もありました。国谷さん自身、後に自身の著書の中でこのインタビューについて、「生放送における時間キープも、当然、キャスターの責任であり、私のミスだった。(4)」と述べています。一方、同じ著書にはこうも書かれています。

「日本では、政治家、企業経営者など説明責任のある人たちに対して、あまりしつこく追求しないという傾向が見受けられる。(中略) 聞くべきことはきちんと聞く、角度を変えてでも繰り返し聞く、とりわけ批判的な側面からインタビューをし、そのことによって事実を浮かび上がらせる、それがフェアなインタビューではないだろうか。(5)」

テレビジャーナリズムの持つ危うさ

テレビジャーナリズムには、事実の豊かさを削ぎ落としてしまう危うさもあります。テレビは非常に感情的なメディアで、例えば善か悪かなど、感情的に極端な方向に視聴者を先導してしまう危うさがあります。「事実は極めて立体的で豊かであるはずなのに、その豊かさを削ぎ落としてしまうメディアであるということを自覚しなければいけない」と国谷さんは語っていました。

その一方で、テレビジャーナリズムには、視聴者に感情の共有化、一体化を促してしまう危うさもあります。例えば、アメリカで九・一一テロが発生し、当時のブッシュ政権が対テロ戦争を開始したとき、支持率が九〇パーセントぐらいまで高まったことがあります。

本来は、その政策が正しいかどうか冷静な判断が必要です。ですが、当時はアメリカのテレビもナショナリズムに訴えかける論調主張が多くなり、アメリカ社会は一気に、一つの方向に押しやられてしまいました。

さらに、テレビジャーナリズムには、視聴者の風向きに寄り添ってしまう危うさもあります。国谷さんは、「視聴者が見たいものだけを提示しているのではないか、という危うさを自戒しなければいけない」と語っていました。今、世界にはフェイクニュースがあふれ、見たいものしか見ない、信じたいことしか信じないという「フィルターバブル」という状況が生まれています。そんな時代だからこそ、「テレビが持つ危うさ」を理解しておくことがテレビドキュメンタリーやジャーナリズムを考える上で非常に大切になってくると感じています。

これからジャーナリズムの世界に進む方へ

最後に、これからジャーナリズムの世界に進む方、関心を持つ方に、「クローズアップ現代」の中からもう一つ番組をご紹介したいと思います。

二〇一六年三月、国谷さんが担当する「クローズアップ現代」の最終回として放送した「未来への風～〝痛み〟を超える若者たち～」という番組です。社会の中で既成の価値観にとらわれず活躍している若者たちの姿を通して、次の時代を若い世代に託したいという思いで制作しました。

この番組の中で、ノンフィクション作家の柳田邦男さんが、若者たちへ向けて四つのメッセージをくださいました。

一つ目は、自分で考える習慣を持つ。立ち止まって考える時間を持つことです。インターネットに慣れてくると、情報の波の中で立ち止まって、自分の考えは何だろうと考察する機会が極めて少なくなっていきます。自分で考える習慣を持つ、立ち止まって考える時間を持つ、このことが大切だというメッセージです。

二つ目が、政治問題、社会問題に関する情報の根底にある問題を読み解く力を付けることです。今、表層に出てきているいろいろな情報の、その根底には何があるのか。そこを読み解く努力をする。その力を持つことが、いかなる局面でも重要だというメッセージです。

三つ目が、他者の心情や考えを理解するように努めることです。今、私たちは、上下、左右に分断された社会を生きています。交わることのないまま、他者のことを理解しようと歩み寄ることも少なくなっているように思えます。しかし、社会は、当たり前ですが、多様な考え方を持つ人間で成り立っています。他者の心情や考えを理解するように努めることが大切であるというメッセージです。

最後は、自分の考えを他者に正確に理解してもらう努力をすることです。柳田さんは、それを表現力を身に付けると言い換えました。自分の考えをただ一方的に言うだけでなく、他者に正確に知ってもらう表現力を身に付けることが大切だということです。

これらは、ジャーナリズム志望の若者に向けた言葉ではありません。ですが、私自身もこの四つのメッセージを意識して仕事をしています。もし皆さんがジャーナリズムを志すとすれば、ぜひこの四つのことを心に留めておいていただければと思います。

（1） 第一七回「石橋湛山記念 早稲田ジャーナリズム大賞」公共奉仕部門大賞、第五四回ギャラクシー賞、第七一回文化庁芸術祭テレビ・ドキュメンタリー部門優秀賞、第二四回坂田記念ジャーナリズム賞、第四三回放送文化基金賞テレビドキュメンタリー番組最優秀賞、第一六回放送人グランプリ二〇一七（第一六回）準グランプリ受賞。

（2） 同レポートについては、以下のサイトにて閲覧可能。（http://www.iraqinquiry.org.uk/the-report/）［最終閲覧二〇一八年九月二八日］。

（3） 第一八回「石橋湛山記念 早稲田ジャーナリズム大賞」公共奉仕部門大賞、第七二回文化庁芸術祭賞テレビ・ドキュメンタリー部門優秀賞、第二六回橋田賞、放送人グランプリ二〇一八（第一七回）グランプリ、第五五回ギャラクシー賞選奨受賞。

（4） 国谷裕子『キャスターという仕事』（岩波新書、二〇一七年）一七二頁。

（5） 国谷・前掲注（4）一七二―一七三頁。

講義を終えて　テレビドキュメンタリーに目覚めた頃

一九九六年にＮＨＫに入局して赴任を命じられたのは島根県松江市でした。大きな事件事故もめったに起きない穏やかで風光明媚な街でしたが、逆に言えば、「ネタ」が見つかりにくい地域でもありました。全国各地に散らばった同期の活躍を風の便りに聞きながら、焦りを募らせることも多かったのですが、私にとって松江で過ごした時間は、今もテレビドキュメンタリーを作る上での背骨になっています。自分が田舎育ちということもありましたが、時間が許せば中国山地の中山間地や日本海岸の漁港に車を走らせて様々な人のお話を聞いていました。大仰なテーマや問題意識を持っていたわけではありません。おじいちゃん子だったこともあり、地域のお年寄りの方にお話を聞くことが苦にならなかったというだけです。しかし、曖昧模糊とした中からでも、ふと立ち止まって考えてみたいテーマが見つかり、ドキュメンタリーへと繋がっていくことがありました。新聞の一面で扱うような社会問題や政治的課題に取り組んだことはありませんでしたが、「どんなに大きな事象でも、背後には必ず人間がいる」という、文字化すると当たり前で気恥ずかしいような事実を、身をもって学ぶことができました。学生時代、特に意識が高かったわけでもなかったので、テレビドキュメンタリーやジャーナリズムに類することも、松江時代に勉強しました。ＮＨＫのドキュメンタリーはもちろんですが、今年（二〇一八年）カンヌ映画祭でパルム・ドールを獲得した是枝裕和さんや、「白線流し」で有名な横山隆晴さんの作品など、民放で話題になったドキュメンタリーもあらゆる手段を使って取り寄せ、むさぼるように見ていました。本田靖春、澤地久枝、柳田邦男、児玉隆也、近藤紘一……新旧のルポライターの様々な作品や、今は廃刊になった現代教養文庫のベスト・ノンフィクションシリーズなどを乱読し、事実をもって事実を語らしめることの凄さや豊かさに胸を躍らせる経験をしました。中でも、後藤正治さんの対象に寄り添う柔らかな風のような「世界観」が大好きで、ドキュメンタリーのコメントを書く際に出来もしないのに真似をしようとしたこともありました（数年前、初めて後藤さんにお目にかかる機会をいただき、感激したことは言うまでもありません）。テレビドキュメンタリーを作ることにあこがれ、人に会い、たくさんの番組を視聴し、たくさんの作品を読む。そんな日々の中で気がついたことは、テレビドキュメンタリーを作ることは、自分にとって「社会を視る」「社会を知る」ことに他ならないということでした。

フェイクニュースが跋扈し様々な「真実」があふれる中で、「社会を正確に視る」「知る」ためにテレビドキュメンタリーが果たさなければならない役割は、増していると感じています。

だからこそ、若い人々の中で、かつての自分のように、テレビドキュメンタリーやジャーナリズムに魅力を感じる人が一人でも増えて欲しいと思っています。

第二部

「真実」をいかに掘り起こすか

4　東芝事件は起こるべくして起きた

月刊「ＦＡＣＴＡ」編集人
宮﨑知己

一　ジャーナリズムの第一歩

皆さんは、「あれっ、おかしいな」「変だな」と違和感を覚えたとき、どういう行動をとりますか。「いや、おかしくはないんだ」と言って抑え込んでしまいますか。「なぜ私はこんな変なことを考えるんだろう」と思い直してしまいますか。

人間というのは違和感を覚えたとき、そのままにしてはいられない、そうした生き物だと思います。皆さんもこれまでの人生の歩みの中で、物事を考える際の自分なりの「軸となるもの」を身につけていることかと思います。軸は、二本あれば座標軸になりますし、三本あれば立体的な座標軸になりますが、人間というのは、その軸から少しズレたことに遭遇すると、違和感を覚えます。

その違和感を覚えたときにどうするか。周りの人に聞いてみよう、あるいは自分でもう少し思考を深めてみよう、そういった行動に出ると思います。この軸とのズレをなんとか解消しよう、突き止めよう、あるいは自分の軸を見直してみよう、そうした誰もがする作業、これが実はジャーナリズムという作業の第一歩だと私は考えています。

この第一歩は誰もができることですが、ジャーナリズムとはそれを突き詰めていく作業です。違和感を覚えたときに居たたまれなくなる人や、自らの軸にズレはないかと常に自分に磨きをかけようと思っている人はジャーナリストに向いていますから、ぜひ思い切ってジャーナリズムの門を叩いてほしいと思います。今日はそうした思いを込めて、お話をさせていただきます。

二　東芝事件に見る報道のあり方

多様性を支える雑誌メディア

最初に「雑誌」というメディアについてお話ししたいと思います。ジャーナリズム、マスメディアには、テレビもあり、新聞もあり、そして私たち「ＦＡＣＴＡ」のような雑誌もあります。この雑誌の「雑」という字はあまり印象がよくない字だと思います。「雑な」「粗い」、そういったイメージがつきまといます。ですが「雑」にはもう一つ、「いろいろな種類がある」という意味もあります。雑誌の「雑」は実は後者の意味で、言い換えれば「多種多様な」という意味を持っています。

実は、この「雑」という言葉はジャーナリズムの中では非常に意味のある言葉で、いわゆる多様性を支えるものとなります。見方を変えれば「ニッチな」という意味にもなります。テレビや新聞が、毎日の出来事をとらえて大衆に打ち出していくメインストリームのジャーナリズム、マスメディアだとすれば、雑誌はもっと細かく、いろいろな分野で専門性を発揮して、いろいろな角度で物事・対象に迫っていく、そうしたメディアだということになります。

「FACTA」という雑誌は、全国で一六店の大型書店だけにしか置いていません。あとは年間購読という形態をとっています。ですから、目にしたことがある方は少ないと思いますが、「三歩先を読むオンリーワン情報誌」と銘打った、経済・企業分野を中心にしたいわゆる情報誌です。

ただ、情報誌といっても、話題性のあるものを追求しているだけではありません。例えば企業から内部告発を受けて、それを取材して記事にするなど、奥深くに入り込んだ報道をしています。

少し前になりますが、オリンパス事件という事件がありました。オリンパスという企業の会計の闇が明らかになったのですが、その報道に先鞭をつけたのは、私ども「FACTA」の報道でした。[1] 国連報告者のデービッド・ケイさんが日本で行った記者会見で取り上げるなど、[2] 小さな雑誌ですがわりと際立った取材をしている雑誌です。

東芝事件の表層しか報じなかった大手メディア

その「FACTA」での報道を元に、二〇一七年に『東芝 大裏面史』[3] という本を出版しました。東芝というあれほどの大企業が不正会計で倒産寸前にまで陥り、非常に大きなニュースになりましたので、多くの方の記憶に残っていると思います。ですが、あの事件の概要を正確に把握している人がどれだけいるかというと、そう多くはないと思います。

実は、東芝事件は単なる会計だけの問題ではありません。一般に会計が悪くなるということは、企業が経済活動、企業活動をする中で何らかの失敗をしているということです。その失敗の結果、財務内容が悪くなって会社が傾くわけです。ですが、新聞・テレビは東芝事件を大々的に報道したにもかかわらず、その失敗の中身について、つまり東芝の財務状態がどうして悪くなったのかということについてはあまり踏み込みませんでした。

その点、私たちは小さな雑誌ですが、実は東芝の問題については二〇〇八年から、今回の問題の真相部分についてクエッションを投げかける報道を続けてきました(4)。東芝は二〇〇六年にウェスチングハウス（以下、WH）という、元々はアメリカにある原子炉メーカーを買収したのですが、そのときから「この買収は絶対にうまくいかない」という視点を持って報道してきました。

このことを強調するのには理由があります。ある物事をとらえるときに、表面に現れた現象だけをとらえる報道は、ただ大きな騒ぎに便乗するだけの報道になってしまいます。私はそうではなく、その物事が起きた原因ついて掘り下げていかなくてはいけないと思っています。

東芝はなぜ「チャレンジ」しなくてはならなかったのか

東芝事件をめぐっては、「チャレンジ」という言葉がセンセーショナルに報道されました。当時の社長がチャレンジという言葉を使って、財務部門にハッパをかけて不正な会計処理をさせた、それがとんでもないという形で報道が盛り上がり、東芝の経営陣が厳しく責任を追及されることになりました。

しかし、よくよく考えてみると、なぜチャレンジしなければいけなかったのか、ここが問題の本質だと思います。そこへメスを入れていかない限り、物事の真相は全く解明されないし、何を騒いでいるのかも分かりません。それでは、マスメディアとして、ジャーナリズムとして、何ら次につながるものを示せないことになります。

では、問題の本質をとらえるためにはどうすればいいでしょうか。ただ「チャレンジ」と言った社長たちを叩くだけではなく、チャレンジをしなければならなかった本質は何なのかについて、経済取材をしているジャーナリストたちは原因分析をしなければいけなかったと思います。

東芝事件の根源は先ほどお話しした二〇〇六年のWH買収ですが、「FACTA」は二〇〇八年から問題の根源について報道を続けてきました。ですから、二〇一七年の東芝事件の報道に際しても、十分にそうしたことを踏まえた上で報道することができました。大きな新聞・テレビもそういった視点で取り上げれば、もう少し分かりやすい報道になったと思います。

東芝事件の本質

では何が東芝事件の本質なのでしょうか。東芝という会社は、重電メーカーとして様々なプラントや電気製品を作っていますが、原子炉を造っているメーカーでもあります。

この原子炉にはBとPの二種類があるのをご存じでしょうか。Bは「ボイルド・ウォーター（沸騰水型）」、Pは「プレッシュライズド・ウォーター（加圧水型）」です。原子炉の形はほかにもいろいろありますが、アメリカが開発した二大原子炉がこのBとPの二種類なのです。

実は、東芝はBの原子炉を造るメーカーでした。一方、WHはPの原子炉を開発したメーカーです。つまり、東芝は全く違うタイプの原子炉メーカーを何千億という巨額のお金をつぎ込んで買ったわけです。そのこと自体まずもって大丈夫なのか、そうした視点で私たちは当時から報じていました。

ところが、東芝がWHを買収したあと、リーマン・ショックが起き、さらに二〇一一年には東日本大震災で福島第一原発事故が起きて、原発事業はどんどん苦しくなっていきました。そうした中で、お荷物になっていたWHはどんどん傷んでいき、畑違いのものを買ってしまった東芝は、あれほどのピカピカな会社だったのに、倒産寸前まで追い込まれてしまったのです。

「原子力の平和利用」の起源

ここまでは経済雑誌ならよく書かれていることです。では、WH、そして東芝の衰退の根源はどこにあるのか、そこをさらにさかのぼって見ていく視点が大事になってきます。

原子炉は、さかのぼれば原子爆弾、核兵器から造られた製品です。では、先の世界大戦で兵器として開発された原子爆弾から原子炉が造られていくきっかけはご存じでしょうか。誰が提唱したのかというと、アメリカのアイゼンハワー大統領です。

一九五三年一二月八日、アイゼンハワー大統領が国連で〝Atoms for Peace〟（「平和のための原子力」）という演説をします。原子力の平和利用を宣言したのですが、それが今の原発に結びついていくのです。

アメリカは当時、ソ連との冷戦構造の真只中にありました。両国はお互いに原爆や水爆など核兵器の実験をくり返して核軍拡を進め、その中で核兵器は人類を何度も全滅させ得る恐ろしい兵器に成長していきました。その核兵器についての危機感が高まっていく時期、それが一九五〇年代の初頭でした。アメリカは、核兵器を保持しつつ、国民、あるいは世界の人々にその所持の正当性を説明していく必要に迫られたのです。

アメリカは、核、原子力は実は平和的にも利用できるものだということを説明しなければいけなかったのです。そうした中で「原子力の平和利用」が宣言され、核兵器が原発に結びついていく最初の正当性が与えられ、原発が造られていくことになるのです。

では、日本はそれをどう受け止めたのでしょうか。実は大賛成をしたのです。日本には、先の世界大戦で資源を求めて東南アジアを侵略したという反省がありました。エネルギー資源が不足する中、日本にとって原子力の平和利用は素晴らしいことだと、どんどん原子力政策を進めていったのです。

この過程では新聞社も大きな役割を果たしました。読売新聞しかり、朝日新聞しかり、原子力の平和利用は素晴らしいことだ、どんどん原発開発を押し進めていこうという空気が日本の中で醸成されていきます。

アメリカの原発政策の転換とＷＨの衰退

このようにして原発の研究開発が進むのですが、実は一つ大きな転機がその後やってきます。一九七四年、インドが核実験に成功するのです。それまで、核兵器を保有していたのは、国連の安保理常任理事国である五大国のみと言われていたのですが、核の拡散を明確に五大国以外に許してしまいます。

このときインドは、カナダから平和的に原発開発をするという条件で提供を受けたＣＡＮＤＵ炉の技術を基にして造った原子炉からプルトニウムを取り出して核爆発を成功させてしまいました。

つまり、これは「原子力の平和利用」が瓦解する出来事だったわけです。平和利用しているはずの原子炉からプルトニウムを取り出して、これまで核兵器を保有していなかった国が保有に向けて動き出す。それが一九七四年、インドで起きてしまったわけです。

ここで、アメリカは原発政策の大きな見直しを行いました。その後誕生したカーター政権は、原子力の平和利用について洗い直す必要性を指摘したフォード＝マイター報告『原子力発電の問題点とその選択』を全面的に採用。一九七七年四月に「新原子力政策七項目」を発表し、一九七八年三月には「核不拡散法」を成立・発効させます。核拡散防止のため、原発を抑制的に使うという方向へ政策を大きく見直したのです。

そこからＷＨの衰退が始まります。これまで原子力の平和利用を掲げて、世界を巻き込んで原発を推進してきたアメリカ自身が原発を抑制する方向へ舵を切ったことで、アメリカの企業であるＷＨの衰退が運命づけられていくわけです。

日米の原発政策の乖離の末に

では、そのとき日本はどうしたのでしょう。実はこの一九七四年は日本にとっても非常に重要な年でした。その前年の暮れに石油ショックが起きたのです。石油がなくなるということに端を発して、ものすごい連想ゲームが起き、ティッシュペーパー、トイレットペーパーがなくなるという方向へ話が飛躍し、スーパーに行列できる、そうしたことが、特に石油のない日本で起きてしまいます。

この経験から、石油などのエネルギー資源がない日本にとって、やはり原発は大事だという認識が強まり、日本では原発開発を進める動きが加速していきます。ここでアメリカと日本の原発政策は乖離していくのです。

日本では東芝、日立製作所、三菱重工業が原子炉の開発を進めていきます。一方でＷＨは、原子炉事業が経済的にうまく立ち行かなくなって、一九九九年にまず原子炉部門を身売りします。

身売りした相手はイギリスの会社（ＢＮＦＬ＝英国核燃料）でした。ですが、その会社も持ちこたえられずに、また身売りすることになります。それを二〇〇六年に買ってしまったのが東芝だという、そうした流れになっていくわけです(5)。

つまり、世界の原発政策の流れと日本の原発政策の流れに乖離が生じ、お荷物になったアメリカの原発企業がイギリス経由で日本に売られてきた、それを買ってしまったのが東芝だった、という形に整理できます。

このように原発という製品の歴史を振り返っていくと、東芝は買うべきではなかったWHを買ってしまったがために、その負債を背負いこむことになり、経営的に苦しくなってしまったということが分かります。

こうした歴史的な「根源」まで調べて、取材をして原稿を書き、記事にしていくのが本当のジャーナリズムなのですが、今の新聞・テレビは表面的なところで大騒ぎしてしまって、本質的なところにあまり力を注いでいきません。とても残念なことだと思います。

第二の東芝が生まれるかもしれない

では、これまでの報道を一冊の本にまとめて、今、私たちが満足をしているかというと、実は違います。取材者は次を考えて動いています。

まだ取材中ですのであまり詳しくは言えませんが、アメリカの原発メーカーには実はもう一つ、ジェネラル・エレクトリック（以下、ＧＥ）という大きな会社があります。ＧＥはアメリカのエレクトロニクス産業の超巨人企業で、ボイルド・ウォーター型の原発を開発した会社でもあります。

ＧＥはＷＨと同じ憂き目に遭わないのかというところに、私たちは今着目しています。リーマン・ショックと福島第一原発事故を経て世界中で原発建設はどんどん止まっていますので、ＧＥの原発部門もＷＨと同じような状況になっているはずです。

では、ＧＥは原発部門をどうするのでしょうか。経済・企業に興味のある方ですと想像がつくかもしれませんが、私たちは今度もまた日本企業がこのアメリカのお荷物を買わされるのではないかと考えて取材しています。

買わせるのはもちろんアメリカですが、ＷＨを東芝に薦めたのは日本の経済産業省なのです。ですから、経済産業省はアメリカと何を話し合っているのかということを、私たちは今取材しています。取材を進めて、警笛を鳴らしたいと思っています。重荷を背負った大きな企業、衰退が運命づけられた企業をアメリカに押しつけられる。同じことがもう一度起こるかもしれないと、今、私たち「ＦＡＣＴＡ」は取材を続けているのです。

雑誌ジャーナリズムの可能性

先ほど、雑誌の「雑」を「いろいろな」という意味で説明しましたが、メディアには守備範囲があって、それぞれ自分の得意分野で物事を追いかけているということをぜひ覚えておいてほしいと思います。

「ＦＡＣＴＡ」は月刊誌ですので、日々のニュースよりも、一カ月に一回という取材期間の長さを利用して、歴史や人々の思惑といったところも踏まえて、深く掘り下げてニュースを打ち出しています。次に起きることは何か、それに向けて日本の役所や企業人は何を考え、どう動いているのか、あるいはアメリカはどう動いているのか、そうしたことを取材して記事にしています。

この東芝の問題も、二〇〇八年から一〇年がかりで追っていて、その都度、東芝に今何が起きているのかを記事にしてきました。そうしたメディアも存在しているということを知っていただきたいと思います。

ジャーナリズムを目指す方で、新聞やテレビという大きなメディアだけしかイメージしていない方がいたら、もう少し視野を広げてみてください。メディアは裾野が広くていろいろな種類がありますから、ひょっとしたら別の場所に自分の志向に合うものがあるかもしれませんので、いろいろ研究してほしいと思います。

三　本質は違和感の中にある

森友学園問題、加計学園問題をどう捉えるか

二〇一六年から二〇一七年にかけても、いろいろな事件が起きています。例えば森友学園、加計学園、そしてスパコンの話[6]もあわせて「モリカケスパ」などと呼ぶこともあります。いずれも時の権力者、安倍晋三首相に近い人たちが政府から、普通の人が得られない便宜を受けたのではないかとの疑

惑です。

皆さんも、そうした報道を見て、自分はそれをどのようにとらえるか考えてみてほしいと思います。新聞やテレビのような大きなマスメディアとは別の見方はないか、あるいは本質はもっと違うところにあるのではないかと、常に考えてほしいと思います。

例えば森友学園についても、最初にあの問題についておかしいと言い出したのは、大阪府豊中市の木村真市議会議員でした。情報公開申請をしたら、真っ黒に塗られた資料が返ってきた。国有財産を処分するにあたって、なぜこんなに隠さなくてはいけないことがあるのかと考えて、おかしいと気づき、自分の中で違和感を覚えて、それを追及していったのです。

大手マスコミの中にも同じようにそのことをおかしいと思う人がいて、一部の新聞社や通信社が記事にして伝えました。最初はやはり、何かおかしいというところから始まったのです。

加計学園についてはどうでしょう。安倍首相は国会で「岩盤規制はまさに破っていかなくてはいけない」と強調しましたが、(7)これも正論だと思います。獣医学部が何十年もつくられなかった、それを規制緩和してつくる、それがどうしていけないことなのか。これは論として成り立つと思います。

では、私はどうとらえているかというと、規制緩和が経済の発展に必要だということは、大筋では認められる理屈だと考えています。獣医学部が何十年もつくられてこなかったという事実も間違いありません。規制緩和が正しい行為であるとも言える以上、それを首相が率先して進めることもいいでしょう。

ただ、岩盤に穴をあけて生まれた一つの椅子、そこに自分の友達を座らせるということはどうでしょう。その視点でとらえるべきだと私は思います。ここで必要な論点は、経済活動で言う公正な競争です。公正な競争はあったのかなかったのか、あるいはなぜ競争は行われなかったのか。そこが一番の問題、本質だと思います。

ですから、加計学園について深く追及しなければいけないのは、規制緩和のあと用意された一つの椅子に加計学園を座らせた経緯や方法です。なぜ京都産業大学は手を挙げていたのに排除されて、首相のお友達が理事長を務める加計学園がその席に座ることになったのか。ここが深く追及されなければいけない点ではないかと思います。

詩織さんの会見を黙殺した新聞社

また、二〇一七年に開かれた伊藤詩織さんの会見をめぐる報道についても、皆さんは疑問に思ったり、不安に思ったりされたと思います。後に安倍首相を持ち上げる著作を出版するテレビ局記者（当時）に、望まない性交をされ、さらに時の国家権力の介入によって捜査が妨害され、事件が隠蔽されたと訴えた「おぞましい事件の被害者」の会見です。二〇一七年五月二九日に最初の記者会見があったときに、大手の新聞社ではほんの小さなスペースで報じたところはありましたが、大きく報じたところはありませんでした。テレビでは一部しっかりと報じたところもありましたが、全く記事にしなかった新聞社もありました。

あの出来事とその後の流れに、皆さんは違和感を覚えたと思います。冒頭でもお話ししたとおり、この違和感を突き詰めていく、真実を追求していく作業がジャーナリズムなのですが、では、あの事件でマスメディア、ジャーナリズムがその役割を果たしたかというと、果たせなかったと私は思っています。

一度は逮捕状は出たが、執行が停止されて逮捕には至っていない。「事件」になっていないのだからマスメディアとしては報道してはいけない、という理屈であの記者会見を多くの新聞社は黙殺しました。

マスメディアにはマスメディアの、会社の中での理屈や理論があると思います。ですが、私は「おかしい」「変だ」と思ったことについては声を上げて伝えることがこの仕事の最大の使命だと思っていますので、あの会見を翌日に取り上げなかった新聞というのは、非常に残念な新聞だと思っています。

四　信念を持ってホイッスルを吹こう

マスメディアが瀕する最大の危機

今、いわゆる「マスゴミ」批判に象徴されるように、マスメディアの役割に疑問を投げかける人が増えています。ですが、市民社会、自由な民主主義社会にとってマスメディアというものは不可欠だと私は思っています。マスメディアを攻撃して溜飲を下げている人が多くいますが、マスメディアが果たしている機能がなくなったら、非常に閉塞的な世の中になってしまいます。

ただ一方で、マスメディアが独裁主義や全体主義に対しては非常に弱い産業であることも事実です。マスメディアは大衆を相手にした産業ですから、その大衆をうまく操縦してしまう全体主義的な政治体制が現れたときは、マスメディアにとって大変に危機的な状況が生まれるのです。

大げさに思われるかもしれませんが、戦後日本の歴史の中で、マスメディアは今最大の危機に瀕していると私は考えています。ただ同時に、こんなことはいつまでも続かないという希望も一方で持っていますし、続けさせてはいけないとも思っています。

そのためにも、今は何かと批判される産業になっていますが、皆さんには次の世代のことも考えていただき、この仕事の素晴らしさというものを自分なりに勉強して、ぜひこの職業に飛び込んでいただきたいと思います。

一人ひとりが情報発信できる時代

大新聞や大きなテレビ局は経済的に安定していますし、それなりに魅力ある企業ですから、もしそこに照準を合わせている方がいたらぜひチャレンジしていただきたいと思います。一方で、フリージャーナリストという道もあります。既存の価値観が崩れていく中で、フリージャーナリストを目指す方が増えていると聞いています。この一〇〇年ぐらい、高速印刷機で新聞を大量に印刷して配るという方法で、新聞メディアは優位性を保ち発達してきました。テレビも、放送法で電波の認可をもらい、それを独占して流すことで大きな利益を得てきました。

しかし、今はSNSなどを通じて一人ひとりが情報を発信できる時代です。一人ひとりが、「おかしい」「変だ」と思ったことを世の中に問いかけることができる時代なのです。

これはフリージャーナリストにとって非常に大きなチャンスです。大きな組織に所属しなくても、自分がおかしいと思ったことを世に問いかけることができる。発信して、その反応を見ることができる。逆に言うと、そういうことができる人が今後のジャーナリズムを担っていく、そういう時代になる予感もします。

良い情報は対等な関係から生まれる

ただ、取材のノウハウや、人の話をうまく引き出すコツなどは、組織に所属して修練を積むことも大事です。最近（二〇一八年五月）、財務省事務次官による女性記者へのセクハラ問題が大きなニュースとなりました。身の危険を感じながら取材しないと重要な話は聞き出せないのではないか、そうした誤解が生じるような事件が起きてしまったことは非常に残念なことだと思います。しかし、本当はそうしたことをして入手した情報は価値のないものだということに、修練を積む中で気づいていくと思います。

私の過去の取材経験から言いますと、良い話が取れるときは取材相手と対等な関係にあるときです。一方的に取材相手が書いてほしいと言ってくる話は、たいていの場合、ものすごくつまらないものです。また、記者が「教えてください、お願いします」と頼み込んで教えてもらったニュースのネタも、よくよく考えてみるとそれほどたいしたものではなかったと私は思っています。

やはり人間と人間がお互いにぶつかり合い、向き合う中で、対等な関係の中で得た情報こそが、振り返ってみれば重要な取材や記事に結びついていったように思います。どちらか一方の力が勝った状態で出てくる情報は、いびつであり、世の中に響かないものだったと思っています。

では、どうすれば対等な関係をつくれるのかというと、これは非常に難しいことだとは思います。ですが、ここが実はジャーナリストという職業人の腕の見せ所であり、試行錯誤を経て腕を磨くところであり、そして意志さえあれば必ず身につくものだと思っています。私もそうしてきましたし、今後も続けていこうと思っています。努力とやる気で磨くことができますので、皆さんにもぜひ頑張っていただきたいと思っています。

信念を持ってホイッスルを吹こう

私は新聞記者として二五年間働いたあと、雑誌編集に移り、今は編集者として二年間働いています。編集者は、大活躍したいわゆる手練の記者と付き合う仕事ですから、新聞記者時代には付き合えなかったような、その道の凄腕の記者と付き合う中でいろいろなことを吸収して勉強しています。

そうした日々の研鑽を生きがいに持って続けられる仕事ですので、ぜひジャーナリズムの門を叩いて、その道を突き進んでほしいと思います。

皆さんには信念を持って、自分の感覚に照らして、「これはおかしいぞ」と思うことについては、自信を持って、毅然とした態度でホイッスルを吹き鳴らしてほしいと思います。それがより必要とされる世の中になっていると思います。

今はマスメディアがいろいろと批判されていますが、この先を考えると、ホイッスルを吹き鳴らす人が少しでも多く現われることが必要だと思っています。ですから、この道に進みたいと思う方は、自信を持って進んでいただきたいと思います。

（1）「企業スキャン　オリンパス――『無謀M&A』巨額損失の怪」FACTA二〇一一年八月号七頁以下。
（2）「【デービッド・ケイ氏会見詳報（下）】」産経ニュース二〇一七年六月三日（https://www.sankei.com/politics/news/170603/plt1706030001-n1.html）［最終閲覧二〇一八年七月二四日］。
（3）FACTA編集部『東芝 大裏面史』（文藝春秋、二〇一七年）。
（4）「東芝『西田神話』の化けの皮」FACTA二〇〇八年一〇月号三〇頁以下。
（5）東西冷戦下の核軍拡、「原子力の平和利用」の起源、アメリカの原発政策の転換と日本の原発への傾斜については以下の書籍が詳しい。川上幸一『原子力の政治経済学』（平凡社、一九七四年）、垣花秀武・川上幸一（編）『原子力と国際政治――核不拡散政策論』（白桃書房、一九八六年）、加藤哲郎・井川充雄編『原子力と冷戦――日本とアジアの原発導入』（花伝社、二〇一三年）。
（6）スーパーコンピューター開発会社ペジー・コンピューティングの斉藤元章社長らが新エネルギー・産業技術総合開発機構から助成金を不正に受け取ったとして逮捕された事件。

（7） 二〇一七年五月二〇日の参議院法務委員会における発言を参照。

「……この国家戦略特区全般において岩盤規制をこれはまさに破っていかなければいけないと。岩盤規制というのは、今まで規制が改革できなかったところですから大変難しいんです。それはまさに、既得権を持つ団体もいますし、それを、そこに権限を持つ役所もいるわけでありますから、そこにですね、そこにまさに挑んでいくのが安倍内閣の役割でございます。」

講義を終えて　不都合な真実こそ伝えなければならない

ニューヨーク・タイムズとワシントン・ポストが一九七一年に相次いで特報した「ペンタゴン・ペーパーズ」。両紙は同じ米国防総省作成の数千ページの資料の存在を世に示したが、国防総省が作る資料など山のようにある。山の一部を明るみに出して、何が映画になるほどすごいのか。それは両紙が、アメリカ政府が米国民の目に絶対触れさせたくなかった資料を入手し、迫真の中身、すなわちアメリカ政府にとって「不都合な真実」を書いたからにほかならない。

ペンタゴン・ペーパーズは一九四五年から六八年までの米国のインドシナ政策の失敗の歴史を書きつづった資料。ベトナム戦争への厭戦ムードが高まる中、国民に知られれば戦争に深入りを続けるニクソン政権は吹っ飛んでしまう内容だった。

新聞社としては記事を出せば、為政者から陰に陽に反撃を食らうことは想像に難くない。現にアメリカ政府は裁判所に記事差し止めを求めた。それでも日和らず、めげずに書いたから、アメリカでは報道の自由が守られ、両紙は賞賛され続けているのである。ついでに言うと、追い詰められたニクソンは直後にウォーターゲート事件という墓穴を掘る。

翻って日本では、為政者・権力者にとって不都合な真実を世に知らしめる特ダネ報道は「あることにはある」程度しかない。日本でいう特ダネのほとんどは、「○○事件の容疑者を今日逮捕」「△△と□□が合併」「◆◆事故調☆☆と断定」――といった、情報の出し手が記者にリークすることで誕生するか、意図的にリークしないまでも漏れても別に困らないもので成り立っている。取材と呼べばカッコいいが、特ダネの大半は、為政者や権力者と記者との馴れ合いの中で、もしくは阿吽の呼吸で生まれているのだ。

では日本の新聞やテレビが、不都合な真実を掘り起こす真の意味での特ダネを滅多に取りに行かない理由は何か。第一の理由は、新聞社やテレビ局に儲けを失ってまで為政者・権力者と対峙する覚悟がある経営者がいないことだ。政権与党から国会に呼びつけるぞと脅されただけでテンパってしまう経営者はいるが、ニューヨーク・タイムズのジェームズ・レストン副社長（当時）みたいに社屋を売ってでも政権と戦おうなどと言う「肝っ玉経営者」は日本にはいないのだ。

編集の現場も、腹が据わった人物が編集のラインにずらっと揃うなど百年河清を俟つが如く。政府リーク専門の特ダネ記者は、そうしないと自分の活躍の場がなくなるとでも思っているのだろうか、政府が困る記事を書く「本当の特ダネ記者」を平気で後ろから銃撃する。

情報の受け手も、本当の特ダネを発信しようとする記者にとっては厳しい方向に流れている。真実よりも自分にとって心地よいものを見聞きしたい、事実に基づいたストーリーよりも、自分の心を満たすストーリーを読みたい人が増えている。「何を馬鹿げた」と言う人にはぜひ、自身がスマホでどのような〝タダ情報〟を読み漁っているかを振り返るとともに、ソーシャルメディアネットワークで自分と違う意見を持った人を何人フォローしているか数えていただきたい。

ではこのような状況で報道に携わる者はきちんと仕事ができるのか。なかなか厳しいが、「それは私の仕事ではない」などと言わないで、為政者・権力者の暴走を防ぐため、幾多の屍のひとつとなる覚悟で機能するほかない。でないと日本は報道の自由は奪われ、暗黒の世になる。

5　土壌汚染地図が示す沖縄の現在

琉球朝日放送報道制作局報道部ニューステスク兼調査報道担当記者
島袋夏子

一　なぜ沖縄の記者が土壌汚染問題に取り組むのか

沖縄のメディアには、基地問題を取材する「基地担《きちたん》」という担当があります。沖縄の米軍基地問題を取材する記者のことです。一言に基地担と言っても、普天間基地の辺野古移設問題、米軍機墜落や部品の落下、米兵が起こす事件や事故、環境汚染など、取材範囲は広範です。私は基地担を約五年務めたあと、歴史的選挙となった二〇一四年の沖縄県知事選挙[1]などを担当してきました。

中でも、最も力を入れて取り組んできたテーマがあります。返還軍用地の土壌汚染問題です。二〇一一年から取材を始め、三種類のドキュメンタリーを作りました[2]。この問題が本土のメディアで取り上げられることは非常に少ないので、どうして沖縄の基地問題で、土壌汚染なのかと、疑問を持たれる方がいるかもしれません。ですが沖縄の土の中を眺めていると、ベトナム戦争と沖縄の関わりや、沖縄が戦後ずっと抱えてきた構造的な差別の問題が見えてくるのです。

二　沖縄と枯れ葉剤

ベトナム戦争と枯れ葉剤

一九六一年から七一年にかけて、米軍はベトナムのジャングルで約七六五〇万リットルの枯れ葉剤を使用したと言われています。(3)

当初、枯れ葉剤は敵が隠れている森林や食糧源となる田畑を破壊する目的で使用されていました。しかし、人体にも大きな被害を及ぼしていることが次第に明らかになってきました。ベトちゃん、ドクちゃんという双子の男の子をご存じでしょうか。下半身がつながった状態で生まれたベトナムの二重胎児です。二人は、枯れ葉剤被害を象徴する存在として、一九八〇年代から九〇年代にかけて、日本のメディアでも取り上げられました。一九八八年、二人は分離手術を受けましたが、ベトちゃんは二〇〇七年に亡くなりました。戦後ベトナムでは、このような障害を持った赤ちゃんがたくさん生まれています。

二〇一五年、私がベトナムで取材した女性は、生まれつき脊椎二分症という病気でした。彼女の背骨は小学校高学年のときに大きく曲がり始め、学校にも行けなくなりました。成長とともにどんどん骨が変形してきたのだといいます。今彼女は三〇代になっていますが、身長は一メートル二〇センチ程です。背骨が大きく曲がった不自由な体ですが、家族を養うために朝六時から夜九時まで雑貨店で働いています。

二〇一六年にベトナムのダナンという街で取材した兄弟は、生まれたときから手足が変形していて歩くことができませんでした。十一歳も年が離れていますが、二人とも、まるで双子のように幼いままです。家族は介護と生活に追われていました。

ダナン市枯れ葉剤被害者協会（DAVA）のグエン・ティ・ヒエン会長によると、枯れ葉剤の被害者はダナンだけで五〇〇〇人にのぼります。多くの家庭が困窮しています。ヒエンさんは、彼らの生活を助けるために、世界中の企業や団体から寄付金を募る活動を、二四時間体制で続けています。

沖縄はベトナム戦争の前線基地だった

なぜ沖縄のローカル局記者である私が、ベトナムの枯れ葉剤問題の取材をするのでしょうか。これからご紹介する一つの言葉がキーワードになります。

「沖縄なくしてベトナム戦争は戦えない」。

これは、ベトナム戦争真只中の一九六五年一二月一〇日、「星条旗新聞」という新聞の見出しを飾った言葉です。[4] この言葉の意味が分かりますでしょうか。

ベトナム戦争で沖縄は、米軍の前線基地でした。この記事が掲載された一九六五年といえば、沖縄はまだ米軍の統治下にありました。米軍が自由に使える島だった沖縄からは、たばこからトイレットペーパー、兵士から武器に至るまで、あらゆるものが戦場に送り出されました。こうした背景を考えると、化学兵器（枯れ葉剤もその一つ）が沖縄に保管されたり、沖縄から戦場に送られていたりしたとしても何の不思議もないのではないか、私はそう考えるようになりました。

アメリカで声を上げた退役米軍人たち

一九七五年に終わったベトナム戦争、そしてベトナムの枯れ葉剤の問題について、沖縄のメディアが関心を持ち続けていたわけではありません。きっかけは、イギリス人ジャーナリストのジョン・ミッチェルさんの調査報道(5)でした。沖縄にしか駐留していない、ベトナムには行ったことがない退役軍人たちが枯れ葉剤の被害に苦しんでいて、アメリカ政府に補償を求めているという内容です。このスクープが沖縄のメディアによってではなく、イギリス人ジャーナリストによって明るみに出されたことは非常に皮肉なことでもありました。沖縄の記者は、毎日のように米軍関係の取材に振り回されています。ですが、ミッチェルさんがアメリカの退役軍人省に情報開示請求をし、開示された情報を一つひとつ読み、一三二人の被害者が訴えているということをスクープしなければ、この事実は闇に葬られていたかもしれないのです。

記事は当初「ジャパンタイムズ」英語版(6)にしか載っていませんでした。あとでこの内容を知って、県民は非常に大きなショックを受けました。それはなぜでしょうか。もし、沖縄に駐留していた兵士たちが沖縄で枯れ葉剤の被害に遭ったのであれば、フェンス一枚で隔てられた地域に住んでいる沖縄の人たちも知らぬ間に被害を受けていたのではないかという不安が広がったからです。

私は一九七四年に、極東最大の空軍基地がある嘉手納町で生まれました。軍事基地のフェンスの周りを歩いたり、その辺りで水遊びをしたりと、子どものころから基地の近くで暮らしていました。もしかしたら、基地の中から流れ出ている地下水を飲んでいたかもしれません。化学兵器が使用されたり、保管されたりしていたかもしれない場所と、これほど間近に生活していたことを考えると、非常に恐ろしいと思いました。

沖縄に枯れ葉剤はあったのか

沖縄が本土に返還される一九七二年までに、沖縄にあった大量の弾薬や化学兵器が北太平洋のジョンストン島に移されました。そのときに、オレンジ剤という枯れ葉剤を移動させたという公文書をミッチェルさんが見つけました。[7] しかし、日米両政府は沖縄に枯れ葉剤を置いていたということを公式には認めません。

そこで、私たちはミッチェルさんと共にアメリカの退役軍人たちを取材しました。[8] 特に重要な証言をしてくれた方がいます。沖縄における枯れ葉剤被害運動のリーダー、退役軍人のジョー・シパラさんです。彼がインターネットで呼びかけたことをきっかけに、ほかの退役軍人からも「自分も沖縄で枯れ葉剤被害に遭った」という証言が寄せられたのです。

彼の長男、長女ともに、骨格に少し奇形があります。さらに死産した赤ちゃんもいました。子どもが死産したとき、医師は彼に「ベトナムにいたのですか」と聞きました。そして、医師は「あなたの子どもは、この世に生まれて来なくて良かったかもしれない。こうなって良かったかもしれない」と言ったそうです。彼はこの出来事があって、自分の身に起きたことはおかしいと、疑問を持ったと話していました。

彼の証言で、最も重要なのは「沖縄で枯れ葉剤を撒いた」と話していることです。彼はベトナム戦争中、沖縄の泡瀬《あわせ》通信施設に勤務していました。ベトナム戦争が終わるころになると、大量の枯れ葉剤が余っていたそうです。そこで、米軍施設内の草刈りをするのが面倒だからと、施設内で枯れ葉剤を使っていたのだというのです。つまり、住宅地と隣接する米軍施設で、除草のために枯れ葉剤を撒いていたということを、彼は証言したのです。

三　返還軍用地の土壌汚染問題

返還軍用地から出てきたドラム缶

この段階では、沖縄に枯れ葉剤があったという物証はありませんでした。ところが調査が行き詰まっていた二〇一三年六月一三日、ある事件が起きました。沖縄県中部に位置する沖縄市サッカー場の工事現場の土の中から、朽ちたドラム缶が大量に出てきたのです。

今までは、こうした廃棄物が出てきても、気に留めずにそのまま埋め戻したり、産業廃棄物などとして捨てたりしていたといいます。ですが、たまたまこのドラム缶の表面に「DOW　CHEMICAL」(以下、ダウ・ケミカル)という文字が書かれているのを発見した方がいました。その方の通報で、これは非常にやっかいなドラム缶ではないかという疑惑が持ち上がったのです。

ダウ・ケミカルという会社は、ベトナム戦争当時、枯れ葉剤を製造していました。サッカー場の土地は、一九八七年に米軍から返還された土地ですが、返還されるときには全く調査は行われていませんでした。それが二六年後になって、サッカー場の改修工事のために土地を掘ったところ、ベトナム戦争当時の枯れ葉剤メーカーの名前が書かれたドラム缶が出てきたというわけです。

私は、何度も何度も現場に足を運び、ドラム缶の撤去作業を見守りました。沖縄とベトナム戦争、そして枯れ葉剤の関係を裏付ける物証が出てくるのではないかと思ったからです。これは絶対に撮り逃がしてはならないと思いました。しかし取材は長く、長く続くことになりました。というのは、ドラム缶がこのあと約二年間、次々と出てきたからです。

食い違う二つの調査報告書

このドラム缶の中に入っているものが枯れ葉剤だったのかどうかを解明するために、メディアや環境NGOが声を上げました。その声を受けて沖縄防衛局と、地元自治体の沖縄市がそれぞれ土壌調査を行い、二〇一三年七月に土壌調査報告書を公表しました(9)(10)。

沖縄の米軍用地は、地主と日本政府が賃貸借契約を結んで、日本政府が米軍に提供しています。そ

表1　ダイオキシンに占める2, 3, 7, 8-TeCDDの割合（%）

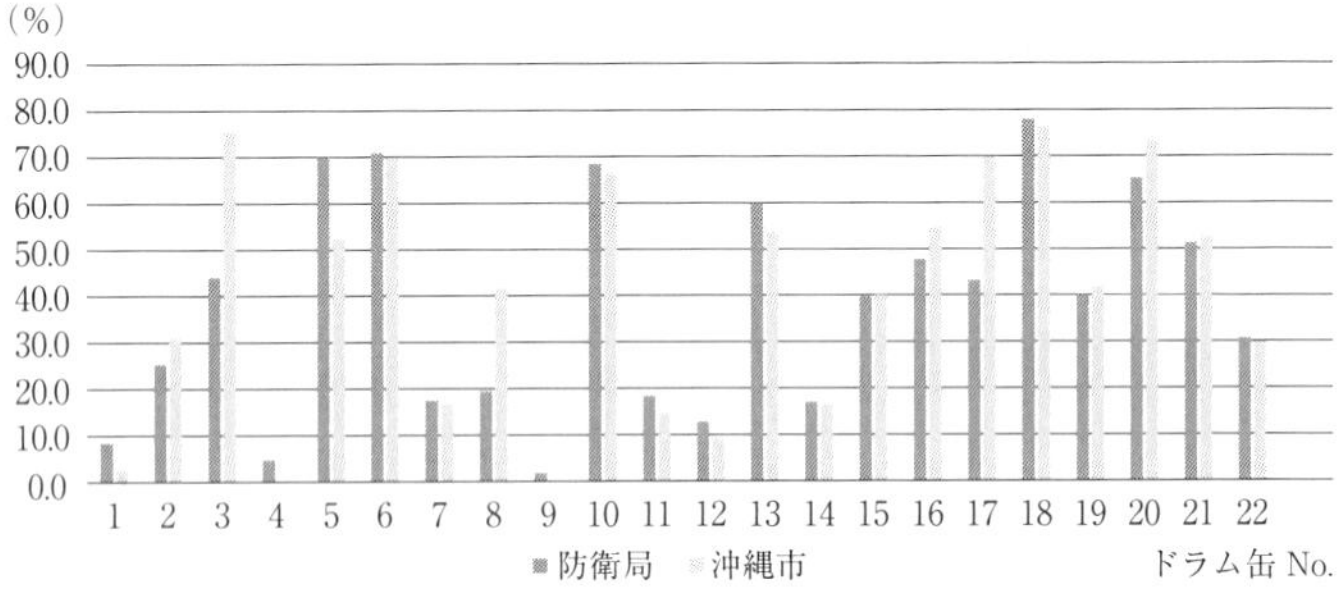

沖縄市と沖縄防衛局の調査報告書を参考に著者作成。

の管理をするのが、防衛省の機関の一つである沖縄防衛局です。ですから、本来はこうした土壌調査は、沖縄防衛局が行います。

ただ沖縄県民には、沖縄防衛局が作った調査報告書を、そのまま鵜呑みにしていいのかという疑念がありました。そこで、地元の沖縄市も一緒になって、同一のサンプルを別々の調査機関に出して、別々の調査報告書を作るというクロスチェックを行いました。

多くの費用をかけ、時間をかけ、手間もかけたので、非常に興味深い結果が出ました。ドラム缶は全部で一〇八本出てきましたが、その全てからダイオキシンが検出されました。しかも、環境基準を上回るダイオキシン類、ヒ素、フッ素なども確認されました。

とりわけ興味深かったのは、ダイオキシンに占める2,3,7,8-TeCDDという物質の割合です（表1参照）。少し専門的な話になりますが、この2,3,7,8-TeCDDという物質は、ダイオキシンの中で最も強い毒性を持つとされていて、ベトナムの子どもたちの障害や病気などを引き起こした原因になっている物質とも指摘されています。

ドラム缶の中には、ダイオキシンに占める2,3,7,8-TeCDDの割合が、二〇パーセントから、中には七〇パーセントを超えているものも何本かあります。最初に出てきた二二本分について沖縄防衛局のデータと沖縄市のデータを比較してみると、少し違いはあるものの、同じようなデータが出ていることが分かります。しかし、このデータに対する両者の評価は全く違うものでした。

沖縄防衛局は記者たちに対して、2,3,7,8-TeCDDの割合が高いドラム缶はなかったと説明しました。一方、沖縄市は「記者レク（記者へのレクチャー）」で、ダイオキシンの専門家で、ベトナムで調査経験がある、愛媛大学農学部・本田克久教授（当時）の評価書を添付していました。それはサッカー場から検出されたダイオキシンと枯れ葉剤の関連を示すものでした。

本田教授は琉球朝日放送の取材[11]に対し、「国内のゴミ処理場跡でも、ダイオキシンに占める2,3,7,8-TeCDDの割合が五〇パーセント、ましてや七〇パーセントを占めるのは、聞いたことがない」と話していました。そして「サッカー場の汚染は、ベトナムで調べた水田に似ている。農薬と枯れ葉剤の汚染が入り混じった汚染のパターンに非常によく似ている」と話していました。

沖縄市は、先ほどのデータをもとにドラム缶の中身が枯れ葉剤だった可能性を示しました。一方で沖縄防衛局は、枯れ葉剤があったという証拠は見つからなかったと結論付けています。同じようなデータをもとにしても、評価する側によって全く違う考え方、結論が導き出されたのです。

四　土壌汚染が浮き彫りにする沖縄の負担

同様の事件は過去にも

沖縄では、過去にも同様の事件がありました。二〇〇二年、沖縄県中部にある北谷町《ちゃたんちょう》で、一八七本のドラム缶が見つかったのです。この土地は一九八一年に返還されるまで、米軍の射撃場として使われていましたが、汚染が発覚したのは、返還後二一年も経ってのことでした。

この土地は私有地でしたので、個人が米軍や日本政府に対して、補償を求めることになりました。地主とともに、地元北谷町が那覇防衛局との交渉にあたりましたが、那覇防衛局は当初、撤去することを拒否しました。米軍が、自分たちが捨てたものだと認めていないので、日本政府に原状回復義務は生じないというのが理由でした。どうにもならず、北谷町が予算を出して、ドラム缶を撤去することになりました。ドラム缶の調査は沖縄県が実施しました。ですが、当時は調査方法も確立されておらず、何を調査項目に加えたらいいのかも分からない手さぐりの状態でした。そのため調査では一八七本のドラム缶のうち、たったの一本しか調べられませんでした。そして「中身は油状のもの」という調査結果に終わってしまいました(12)。結局、正体が分からないまま、一八七本のドラム缶は産廃処理場で焼却されてしまいました。今考えると、とても怖いことです。燃やしたら危ないものだったらどうだったのだろうと思います。

ドラム缶撤去のために、北谷町は五〇〇〇万円ほどの費用を負担しました。ですが、しばらくして、元軍雇用員（米軍基地で働く労働者、基地従業員とも言う）の日本人男性が自分がそのドラム缶を埋めたと名乗り出たことから、沖縄防衛局が撤去費用を負担することを認めました。ただ、そのときの費用拠出の項目は見舞金で、補償費用という形ではありませんでした。

名乗り出た男性は、米国人上司に、コールタールを捨ててくるよう命令されたと話しています。この土地に重機で穴を掘って、積み荷のドラム缶を下ろしたと名前も顔も出して証言しました。なぜ自分にとって不利になるのに名乗り出たのかと聞いたところ、「悪いことをしたと思った」、「みんなが迷惑を被ったし、健康に不安を抱えるかもしれないと考えたら、『米軍が埋めろと言って埋めた』ということを自分は言いたかったのだ」と話してくださいました。

日米地位協定で免除された米軍の責任

どうして様々な物が埋められたまま、土地が返還されるのでしょうか。実は理由がありました。沖縄が本土復帰して以降、三五〇回に分けて土地の返還が行われました。三五〇回に分けてという言い方は少し分かりにくいかもしれませんが、例えば嘉手納基地なら、嘉手納基地を丸ごと還すのではなく、基地の中で使わなくなった端っこの方から少しずつ還すのです。そうした還し方をしているので、三五〇回に分けて、という形になるのです。

では、そのときに土の中をしっかりと調査しているかというと、沖縄防衛局に問い合わせたところ、三五〇回のうち、わずか一九回しか調査していませんでした[13]。全体の約五パーセントしか調査していなかったのです。
この問題を調べながら、私は沖縄が直面している問題、沖縄が押しつけられているものは何なのだろうと日々考えました。そのことが非常に分かりやすく表れているのが日米地位協定第四条一項です。

合衆国は、この協定の終了の際又はその前に日本国に施設及び区域を返還するに当たつて、当該施設及び区域をそれらが合衆国軍隊に提供された時の状態に回復し、又はその回復の代りに日本国に補償する義務を負わない。

沖縄の土地を借りて還すときに原状回復をする義務を負わない、という協定が日本とアメリカの間で結ばれているのです。
協定にこうした取り決めがあった場合、原状回復は誰がするのかというと、日本政府がすることになるはずです。ところが、原状回復を定めた国内法制度は、長らく存在していませんでした。何年まで、法整備されていなかったのかをずっと調べていたのですが、それすらも中々分かりませんでした。先日沖縄防衛局から返ってきた回答によって、一九九五年に「沖縄県における駐留軍用地跡地の有効かつ適切な利用の推進に関する特別措置法」（以下、返還特措法）という法律ができるまで、法律に基づいて調査をしていなかったということが分かりました。
ということは、一九九五年までに返された土地は、法律に基づいた原状回復はもちろんのこと、土壌調査すらも行われていなかったということになります。

さらに、返還特措法も原状回復個別の法律ではなく、跡地利用に主眼を置いた法律になっています。この土地が還ってきたあと、跡地利用をするときに国が予算を出します、そのために土地を調査しましょう、というような法律なのです。そのため、米軍基地の土壌汚染の可能性が十分想定されておらず、多くの汚染が見抜けないものとなっています。その後の法改正で返還特措法には「原状回復措置の徹底」が盛り込まれましたが、そうした状況は今も続いています[14]。

土壌汚染地図から見えてくるもの

このように沖縄では各地で土壌汚染が発覚していますが、それらは局所的な出来事として捉えられていました。そこで、土壌汚染地図（図1、次頁）を作りました。

地図にまとめてみると、県内全域にある米軍基地、少なくとも一九カ所（資料作成時。その後判明した国頭村《くにがみそん》・北部訓練場の事例[15]を含めると二〇カ所）で様々な汚染が起きていることが分かりました。

汚染物質は、ダイオキシンだったり、鉛だったり、油だったりと、様々です。例えば嘉手納飛行場（図1—5）では、訓練のため、あるいは戦地に向かうために、日々多くの軍用機が離着陸をし、給油をしています。軍用機の航空燃料や飛行機の洗浄剤等にも、様々な化学物質が使われています。それ

図1　土壌汚染地図

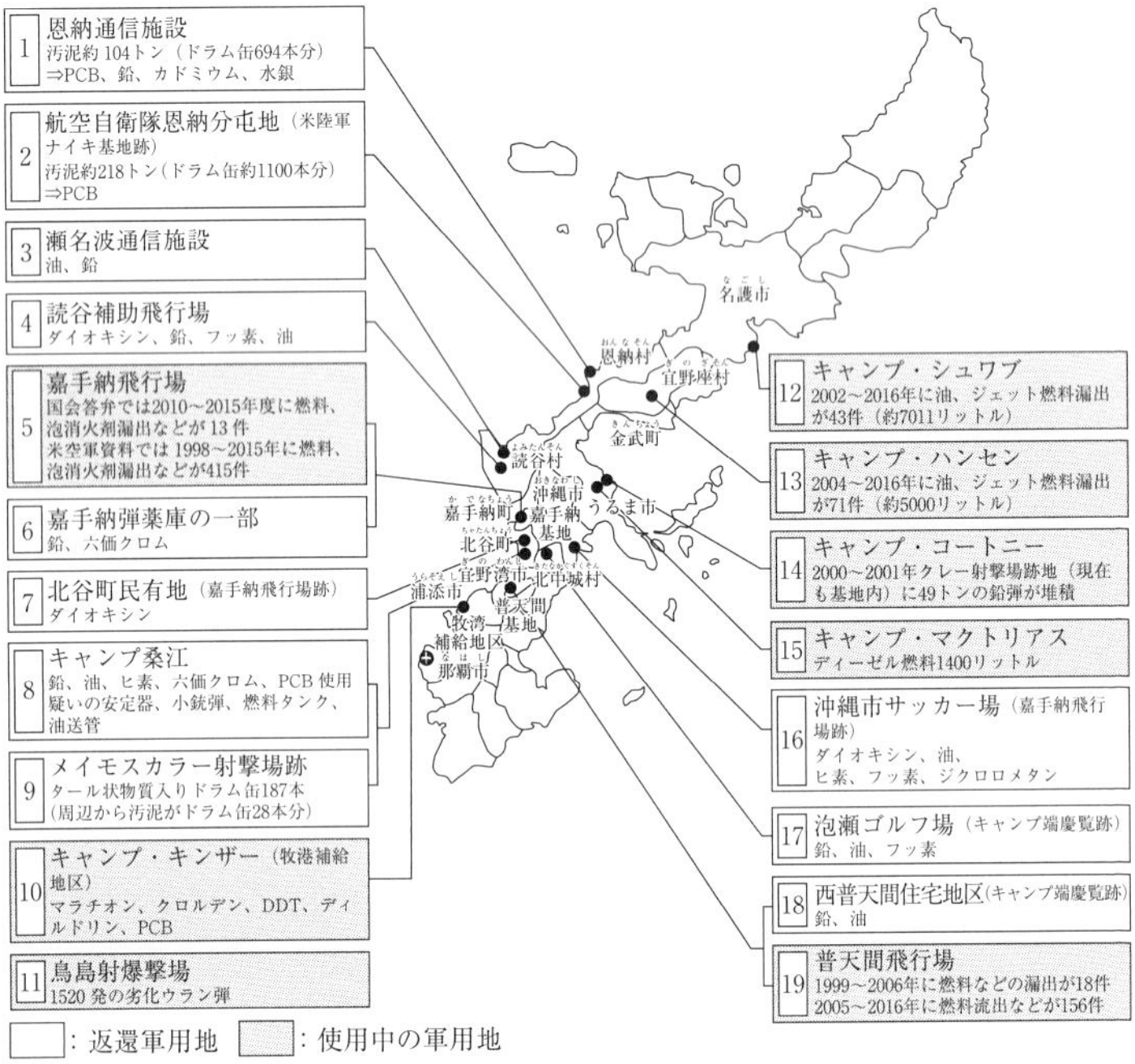

著者が集めたデータ（次頁表２参照）に基づき、中村弥生が作成。

らが土壌汚染を起こしている実態が分かりました。中でも、ジェット燃料などの油漏れは、日本政府が認知している件数とアメリカ政府の公文書に記載された件数が大きく違っていることが分かりました。日本政府が発表している件数が一三件、アメリカ政府が発表している件数が四一五件です。件数が大幅に違います。調査期間が違うので単純な比較はできませんが、日本政府とアメリカ政府のどちらかがウソをついているのではないか、また日本政府の怠慢で聞いていないのか、アメリ

表2　汚染地図の参考引用資料

1	恩納通信施設	沖縄県知事公室基地対策課「沖縄の米軍基地」（2013年3月）
2	航空自衛隊恩納分屯地（米陸軍ナイキ基地跡）	琉球朝日放送「米軍返還軍用地で発見 PCB17年経てようやく処分」『ニュースQ＋』2013年9月4日放送
3	瀬名波通信施設	沖縄防衛局『瀬名波通信施設返還跡地における土壌調査業務報告書』（2007年2月）
4	読谷補助飛行場	沖縄防衛局『読谷補助飛行場（南側地域）返還跡地における土壌調査業務報告書』（2016年11月）
5	嘉手納飛行場	衆議院「米軍嘉手納基地周辺で高濃度の有機フッ素化合物（PFOS）が検出された問題に関する答弁書」2016年4月19日 Jon Mitchell. APR. 9. 2016. “Contamination: Kadena Air Base’s dirty secret”. *the japan times,*
6	嘉手納弾薬庫	沖縄県知事公室基地対策課「沖縄の米軍基地」（2013年3月）
7	北谷町民有地（嘉手納飛行場跡）	沖縄防衛局『旧嘉手納飛行場（上勢頭）における土壌調査に係る説明資料』（2016年4月）
8	キャンプ桑江	沖縄防衛局『キャンプ桑江の一部返還土地における土壌等調査業務（1工区）調査報告書』（2003年7月）、沖縄県知事公室基地対策課「沖縄の米軍基地」（2013年3月）
9	メイモスカラー射撃場跡	沖縄県知事公室基地対策課「沖縄の米軍基地」（2013年3月）
10	キャンプ・キンザー（牧港補給地区）	「高濃度汚染、米軍70年代に把握　キンザー内に薬品保管場所」『沖縄タイムス』2015年10月1日
11	鳥島射爆撃場	沖縄県知事公室基地対策課「沖縄の米軍基地」（2013年3月）
12	キャンプ・シュワブ	「米軍2基地から有害物質　河川や海に114件　02～16年、日本側に未通報」『沖縄タイムス』2016年11月20日
13	キャンプ・ハンセン	「米軍2基地から有害物質　河川や海に114件　02～16年、日本側に未通報」『沖縄タイムス』2016年11月20日
14	キャンプ・コートニー	沖縄県知事公室基地対策課「沖縄の米軍基地」（2013年3月）
15	キャンプ・マクトリアス	沖縄県知事公室基地対策課「沖縄の米軍基地」（2013年3月）
16	沖縄市サッカー場（嘉手納飛行場跡）	沖縄市『沖縄市サッカー場土壌等調査業務委託調査報告書』（2013年7月）
17	泡瀬ゴルフ場（キャンプ瑞慶覧跡）	沖縄防衛局『瑞慶覧(22)泡瀬ゴルフ場土壌調査報告書』（2010年11月）
18	西普天間住宅地区（キャンプ瑞慶覧跡）	沖縄防衛局『西普天間住宅地区(28)土壌調査設計調査報告書』（2017年3月）
19	普天間飛行場	林公則『軍事環境問題の政治経済学』（日本経済評論社、2011年）「普天間飛行場からの流出事故、05年～16年に156件　日本への通報は4件」『沖縄タイムス』2016年10月25日

カ政府の怠慢で言っていないのか、様々な疑念が浮上しました。

住宅地やゴルフ場などからも土壌汚染が検出されています。泡瀬ゴルフ場（図1―17）では芝生を剥がすとたくさんの弾薬が出てきたり、油漏れが見つかったりということがありました。西普天間住宅地区（図1―18）は、普天間基地の返還を視野に入れて、政府が返還しようとしている地区ですが、ここからも鉛と油が検出されました。

汚染地図は、沖縄防衛局が行った土壌調査の報告書を情報開示請求で入手し、一つひとつ読み、環境基準を超えているものを拾い出してまとめました。土壌調査報告書が入手できなかった地域、特に今も米軍が使用している地域については、アメリカ側の発表や公文書などを基にして書かれた記事や著作を参考にしました。

五　沖縄が向き合う土壌汚染の現実

これまでご紹介したことは、氷山の一角だと受け止めてください。九〇年代までに返還された軍用地は、ほとんどが調査をされないまま返還されています。ですから、おそらく今後一〇年、二〇年経って、例えば家を建て替えようと土地に杭を深く打ちこんだところで、汚染物質が出てくることもありうると考えています。こうしたケースは既に実際に起きています。地主は、米軍に対して責任をとってほしいと訴えますが、個人の力ではどうにもなりません。自治体も巻き込んで、何年もかけて補償してほしいと求めますが、米軍は責任をとらないで逃げているケースが多くあります。間に沖縄県や地元市町村が介入しても同じです。自治体に対してアメリカ政府も、そして日本政府も、アメリカの責任だという証拠を出してくださいという対応をするのです。こうした力の関係性が、沖縄の米軍基地の土壌汚染問題に表れていると思います。

土壌汚染の現場では、力の強い者が弱い者に負担や責任を押しつける構図が見えてきます。沖縄の土壌汚染の問題から、沖縄が押しつけられているものの大きさを読み取ることができると考えています。言い換えれば、返還軍用地の土壌汚染をめぐる状況は、日本とアメリカの間で揺さぶられ続けてきた沖縄を象徴しているのではないかと考えています。

この問題は先送りしてはならないと考えています。ですが、この問題は、沖縄のメディアでもあまり取り上げられてきませんでした。それはなぜか。普天間基地の辺野古移設問題、核の持ち込み疑惑、米軍人が起こす事件・事故、こうした様々な問題に沖縄のメディアは振り回されているので、なかなか土壌汚染の問題に腰を据えて取り組むことができなかったのです。

今のところ、地元の人の健康被害については明らかになっていません。色々な方から「沖縄には被害者はいないのか」と聞かれますが、病気や障害の原因を、枯れ葉剤の影響だと立証するには相当な調査が必要ですし、恐らく現状では難しいと考えます。これから先はどうなるか分かりませんが、今はできることを、精一杯伝えていくつもりです。返還軍用地を巡り、個人の財産や基本的人権を侵害する事例がたくさん出ていることも分かりました。ですから、私はこれからも、沖縄の土の中から沖縄の問題を考え続けていきたいと思っています。

（1）普天間基地の辺野古移設を争点に、四人が立候補。現職・仲井眞弘多氏と前那覇市長の翁長雄志氏が激戦を展開した結果、保守の一部と革新の支持を受け「オール沖縄」の枠組みを作った翁長氏が仲井眞氏に九万九七四四票差で当選（二〇一四年一一月一六日投開票）。

（2）「枯れ葉剤を浴びた島～ベトナムと沖縄　元米軍人の証言～」（二〇一二年放送、日本民間放送連盟賞テレビ報道部門優秀賞受賞）、「枯れ葉剤を浴びた島～『悪魔の島』と呼ばれた沖縄～」（二〇一二年放送）、「テレメンタリー二〇一五枯れ葉剤を浴びた島2～ドラム缶が語る終わらない戦争～」（二〇一五年放送）。また、三作目を元にした「枯れ葉剤を浴びた島2～ドラム缶が語る終わらない戦争～」（二〇一六年放送）で日本民間放送連盟賞テレビ報道部門最優秀賞、「石橋湛山記念 早稲田ジャーナリズム大賞」公共奉仕部門奨励賞受賞。

（3）Jeanne Stellman et al. "The extent and patterns of usage of Agent Orange and other herbicides in Vietnam," *Nature*, Vol 422, 681.（http://www.stellman.com/jms/Stellman1537.pdf）［二〇一七年一一月二一日閲覧］。

（4）"Can't Get Along Without Okinawa: Sharp" 星条旗新聞一九六五年一二月一〇日二三面（https://newspaperarchive.com/pacific-stars-and-stripes-dec-10-1965-p-33/）［二〇一八年一〇月一日閲覧］。

（5）ミッチェルさんの調査報道について、詳しくはジョン・ミッチェル（阿部小涼訳）『追跡・沖縄の枯れ葉剤――埋もれた戦争犯罪を掘り起こす』（高文研、二〇一四年）を参照。

（6）Jon Mitchell "Evidence for Agent Orange on Okinawa" the japantimes 2011.4.12.

（7）ジョン・ミッチェル（阿部小涼訳）「2万5000本のエージェント・オレンジのドラム缶を沖縄で保管、軍の資料が言及」二〇一二年八月七日（https://www.jonmitchellinjapan.com/japan-times-12-8-7.html）［二〇一八年八月六日閲覧］。「一九七二年、米空軍は、ベトナムにあって沖縄に保管していた二万五〇〇〇本の五五ガロン（二〇八リットル）のオレンジ除草剤（Herbicide Orange/HO）を、ジョンストン島に移送した」との記述がある。

（8）前掲注（2）「枯れ葉剤を浴びた島～ベトナムと沖縄　元米軍人の証言」。

（9）沖縄防衛局「旧嘉手納飛行場㉕土壌等確認調査調査報告書」二〇一三年七月（http://www.mod.go.jp/rdb/okinawa/07oshirase/kanri/houkokusyo.html）［二〇一八年一月八日閲覧］。

（10）沖縄市「沖縄市サッカー場土壌等調査業務委託調査報告書（概要版）」二〇一三年七月（https://www.city.okinawa.okinawa.jp/userfiles/files/page/kurashi/2190/01soccerdram_gaiyou.pdf）［二〇一八年八月六日閲覧］。

（11）前掲注（2）「枯れ葉剤を浴びた島2」。

（12）著者が北谷町及び地主から提供を受けた沖縄県の調査結果による。

(13) 沖縄防衛局「返還施設・区域一覧表」(二〇一七年九月二二日)。

(14) 二〇一二年四月の法改正により、返還特措法に原状回復措置の徹底が盛り込まれました(現・法八条二項四号イ・ロ)。しかし、返還特措法八条一項のただし書きにより、所有者自ら土地を使用する目的で返還を申請した場合には、返還実施計画を定めず、土壌汚染の状況について調査を行わないことがあります。筆者が沖縄防衛局から得た回答によると「金武レッド・ビーチ訓練場」(二〇一二年六月返還)、「キャンプ・ハンセン」(二〇一四年一月返還)、「キャンプ・ハンセン」(二〇一六年一月返還)などがこの例にあたります。

また、土壌汚染の可能性がないと考えられた場合にも、調査が実施されないことがあります。筆者が沖縄防衛局から得た回答によると「キャンプ・キンザー(牧港補給基地)」(二〇一三年八月返還)がこの例にあたります。

(15) 沖縄防衛局管理部「北部訓練場(29)過半返還に伴う廃棄物等調査報告書」(平成二九年一二月)。

講義を終えて　なぜ沖縄を伝えるのか、どのように沖縄を伝えるのか

講義の最後に、二〇一七年九月に亡くなった父の戦争体験を記録したニュース特集を見てもらいました。私が沖縄問題と向き合う原点は、父です。

父は、沖縄県立第一中学校五年のとき、一七歳で、鉄血勤皇隊として戦場の最前線に送り込まれました。火の玉のように飛び交う艦砲射撃。無数の死体と地べたを這いずり回る兵士たち。地獄のような光景が広がる中で、親友と逃げていたとき、父は壮絶な体験をしました。両尻がむき出し、尾てい骨がはみ出て歩けなくなった親友は父に、「母の所へ連れて行ってほしい」と頼みました。しかし父は親友に手りゅう弾を手渡し、親友はそれで自決しました。軍国教育を受けていた父たちにとっては、お国のために戦い、死ぬことは当たり前のことだったのです。

父は戦後五年以上たって、東京の大学に進学したとき、学校の求人欄にあった「琉球人は固くお断りします」という言葉を目にして初めて、自分やふるさとが置かれていた立場に気付いたのだと言います。「国のためにと銃をとって戦った。友だちも死んだ。何のための戦争だったのか」。葛藤は生涯続きました。

私は物心ついたころから、父と二人で、戦死した親友の墓参りをしていました。父の遺言も「沖縄戦を伝えてほしい。沖縄の人が差別された歴史を伝えてほしい」というものでした。しかし泥まみれになって生き延びた、かつての少年兵の無念さや、戦争が終わっても、社会の中で、ずっと痛みを抱え、取り残されてしまった人々の孤独を、私が声高に代弁できるのだろうかという悩みは、常に付きまとっています。また、平和な時代を生きている世代に、彼らの思いを率直に受け入れてもらえるのだろうかと

も考えます。

実際に、厳しさを実感した出来事が二〇一三年にありました。オスプレイ配備反対を掲げ、沖縄から超党派の議員団一二〇人が上京したときのことです。銀座でパレードした沖縄代表団に対し、「日本から出ていけ」「売国奴」といったヘイトスピーチが浴びせられました。沖縄の人たちが「負担」や「不安」を言葉にすると、反発をかってしまうような時代が来ているのだと感じました。

私は、調査報道に力を入れています。なぜかというと、調査報道がデータや証言を客観的に分析し、記事を書くということだけではなく、時代や立場を超えて、人を理解することにつながると考えるからです。誰しも、全てのことを同じように経験するわけではありません。だからこそ相手の立場で考え、社会を見つめる出発点に立つためには、様々な情報に触れることが必要だと考えます。特に若い世代には、こちらの主張だけを押し付けるのではなく、考えるテーマを提示することが、ジャーナリズムの役割ではないかと考えます。そのためにはジャーナリストが、しっかりとした調査や検証を行う力が問われているのだろうとも思います。

6　富山市議会　腐敗の深層

チューリップテレビ報道記者
砂沢智史

一　政務活動費不正事件とは

富山市議会の政務活動費不正事件は、二〇一六年に起きた事件です。私たちチューリップテレビは、情報公開請求で入手した約九〇〇〇枚の政務活動費に関する資料を読み解き、さらに関係者への取材を行い、ＴＢＳの「報道特集」（二〇一六年一〇月放送）[1]などでスクープとして報じました。[2]その結果、最終的には一四人の市議が不正を認めて辞職し、不正金額の総額は二〇一八年六月現在で六〇〇〇万円を超える状況となりました。

政務活動費とは、議員たちが行う政治活動のいわば「経費」です。富山市の場合、議員一人当たり月一五万円、年間一八〇万円まで交付されるのですが、何にお金を使って、どのような政治活動をしたのかが一目で分かるように、使う際には必ず領収書や使用目的を記載した収支報告書等を残さなければならないと条例に定められています(3)。

政務活動費の不正は、富山市だけでなく全国各地で起きています。例えば最近では、「号泣会見」で話題となった元兵庫県議の野々村竜太郎さんや、「不倫報道」で注目を集めた元神戸市議の橋本健さんも政務活動費の不正によって詐欺罪などで起訴されています。政務活動費の不正というものは、地方議会ではよく起こり得るものだと言うことができます。その中でも富山市議会の政務活動費の不正が大々的に取り上げられたのは、一四人の市議が辞職するという規模の大きさが理由だと思います。

これから、その取材の過程を紹介し、さらにそこから見えてきた腐敗の原因と、情報公開制度の問題点について、お話をしたいと思います。

二　辞職ドミノが起きるまで

突然の議員報酬引き上げ

今回の取材を始めたきっかけは、二〇一六年の春にさかのぼります。実は、当初の取材目的は、政務活動費の不正を取材することではありませんでした。富山市議会の議員報酬引き上げ問題についての取材がこの一連の報道の発端です。

政務活動費が議員たちの政治活動の経費であるのに対し、議員報酬は議員たちの給料に当たるものです。富山市の場合、議員報酬は元々月額六〇万円だったのですが、二〇一六年四月、突然ひと月当たり一〇万円以上も大幅に引き上げたいと議会が求めたのです。

一番の問題は、この引き上げが非常に不可解な進め方で決定されてしまったことです。例えば、報酬引き上げを検討する審議会の初回会合は約一時間半、それも冒頭の挨拶のみ公開され、審議の部分は非公開でした。その中で、全会一致で引き上げが決まり、その三日後に開かれた二回目の会合で引き上げ幅「一〇万円」が最終結論として決まったのです。審議は合わせてわずか二回、三時間あまりでした。また、審議会のメンバーは、座長を除く七人のうち四人が、報酬引き上げを主導した自民党と関わりのある人物でした。中には、議長まで務めた自民党の元市議もいました。そのほかにも、最初から議会側と富山市当局との間でシナリオが描かれていたのではないかと思われるようなことが多数ありましたので、このことをきっかけに、議会と議員に向けての取材を加速させたわけです(4)。

政務活動費へ着目

議会と議員に対する取材を加速させるといっても、私たち報道機関の人間が普段取材を通じて目にするのは、議会の中で活動している議員の姿が大半でした。一方で、地方議員が日々、議会の外でどのような活動をしていて、どのような成果を出しているのかという実態はよく知りませんでした。そこで、彼らがどのような活動をし、どのように市民に貢献しているのかも取材しようと考え、その手段として、彼らの活動の経費である政務活動費に着目をしたのです。

二〇一六年五月三一日、「報酬等審議会の議事録」と「政務活動費の支出伝票」について、情報公開請求を行いました。ところが、情報公開請求をしてから支出伝票が実際に私たちの元に届くまでの一カ月半の間に、議員報酬の引き上げは、六月一五日の富山市議会本会議で賛成多数で可決をされてしまいました。私たちが二〇一三年度分の政務活動費支出伝票約四三〇〇枚を受け取ったのは七月一五日でしたので、議員の活動を調べて報道し、議員たちの活動が報酬を引き上げるのに妥当かどうかを伝えるという当初の狙いには間に合わなかったのです。

市議会有力者の不正が明らかに

遅れて届いた政務活動費の支出伝票ですが、実はこの資料を請求するのには多額の経費がかかりました。資料一枚あたり一〇円。一年分約四〇〇〇～五〇〇〇枚の資料ですから、五万円前後の経費です。多額の経費をかけて手に入れた資料を、なんとかネタにできないかと私と先輩の宮城克文デスクと二人で資料をチェックし始めました。

このようにして政務活動費の伝票の束を調べ始めたのですが、この取材は非常に難しい取材でした。まず伝票をチェックするという作業は本当に地味な仕事です。毎日毎日ただ伝票の束をめくるだけなのですが、日常的にほかの取材や仕事をたくさん抱えている中で、それに加えてこの仕事をするのはとても大変でした。

よく「調査報道」という名で美化されますが、調べ始めた当時は、この伝票の中に不正の証拠があるか否かさえ分かっていませんでした。成果があるのかないのか分からない仕事に、毎日二時間も三時間もかけるのは非常につらかったです。逆に言うと、こうした作業がなかなかできなくて、今まで政務活動費の不正が富山市議会の中で明らかにならなかったのかもしれません。

勿論、ただあてもなく伝票に目を通していただけではありません。並行して、市議会周辺への情報収集も行いました。すると七月下旬、議会関係者から電話でいわゆる「タレコミ」があったのです。それは、富山市議会自民党会派の会長、中川勇市議が印刷代の架空請求をしているという内容でした。この情報をきっかけに、そこからの取材は中川市議一本に絞っていったわけです。

疑惑の人物である中川市議は大変な実力者でした。中川市議は一富山市議という立場ではありますが、自民党の市議は勿論、県議や国会議員も含めた中でも非常に大きな力を持っていました。例えば富山県から自民党として擁立する国会議員の候補を誰にするか決めるときも、中川市議の一言で決まると言われていたぐらいです。

ですから、中川市議への取材には細心の注意を払いました。中川市議を怒らせれば、私たちチューリップテレビに対してどのような圧力がかかってくるか分かりません。そもそもそれ以前に、もし中川市議の政務活動費について調べていることが相手に伝わってしまえば、証拠隠滅など様々な取材妨害を受ける可能性もありました。そのため、この取材に関しては取材していることを社内の周りの仲間にも知らせず、私と先輩の宮城の二人だけで取り組みました。ただ二人でずっと伝票をめくっているという状況でした。

リークされた取材情報

不正の舞台となったのは、中川市議が自らの活動や富山市の動向を報告する「市政報告会」でした。この会場で配られたとされる資料が、実際は印刷されておらず「架空」なものである疑いがあったのです。私達は報告会の会場となった市立公民館を調べました。市に情報公開請求し、公民館の使用申請書を取り寄せると、中川市議が報告会を開いたはずの日時には健康サークル等の活動しか利用がありませんでした。「報告会は実際には開かれていない」、私達はそう確信し、残るは中川市議に直接問い質すだけというところまできました。ところが、後程詳しくお話ししますが、肝心の中川市議は、私たちの取材についてすでに議会事務局から情報をつかんでいたのです。ですから、私達が証拠を集め、いざ中川市議の自宅を訪問して問い質したときには、全ての言い訳が用意されていました。私は「三年前のこの日は、本当に報告会を開いたのですか」といった形で、計四回の市政報告会の実態を問い質したのですが、それら全てに対して、「この日は別の会場でやりました」という答えがしっかりと用意されていたわけです。

勿論架空の請求をしたと思われる印刷会社にも確認しましたが、支出伝票の通りに中川市議から発注を受けて正しく印刷しているという答えが返ってきました。ですから、印刷代で不正をしているという報道を正面切ってすることはできなくなってしまいました。

そこで、私たちは、「記載された日に報告会は開かれていなかった。会場は使われていなかった」という事実を、八月一九日のニュースで報道しました。(5) ただ、別の会場で行われた回数は一年間だけでも四回あり、明らかに疑惑が残る、こうした事実を伝えることで、ニュース性を高めたわけです。

辞職ドミノのはじまり

私たちがニュースで報道した次の日、中川市議は失踪します。そしてその後、自殺未遂を起こして入院してしまいました。そのためしばらく不正の実態は分からなかったのですが、中川市議は退院して自宅に帰ってから、八月三〇日に議員を辞職し、三一日、最終的に記者会見で自分の口から「不正をしていた」ということを明かしました。

これが結果的に一四人もの議員が辞職するいわゆる「辞職ドミノ」の始まりでした。最初は中川市議という特別悪い議員が一人いるだけだということで収まるかに思えたのですが、中川市議の周辺の議員も調べていくと、二人目の谷口寿一市議も不正をしていたことが分かりました。

谷口市議の不正が明らかになったとき、報道各社がこぞって政務活動費の支出伝票の情報公開を富山市当局に請求し、一気に調査を始めました。その結果取材競争が起こり、ほかのテレビ局や新聞社も、次々と別の議員の不正を暴いていったのです。

勿論、不正は伝票から分かっていくのですが、あまりに報道が過熱してきたので、業者も本当のことを話すようになりました。おそらくここまで盛り上がらなかったら、領収書の偽造に加担した印刷業者や、実際には開いていないのに報告会を開いたことにされていたホテルなどは、議員の口止めに応えて記者に嘘をつき通した可能性が高いと思います。ですが、あまりにも報道が過熱してたくさんの議員が辞職したことで、業者の人たちも、もう嘘はつけないという心理状態に陥ったのだと思います。

ですから、伝票に記載された怪しい領収書を見つけて、その領収書を持って直接業者に取材に行くと、確かに議員のだれそれに頼まれて白紙の領収書を渡しましたというような証言が次々に出るようになり、議員が次々と辞職することになりました。その結果、一旦引き上げを決めた議員報酬ですが、引き上げを主導した自民党会派が中心となって、半年後の二〇一六年一二月一日の本会議において引き上げの撤回を提案し、報酬の引き上げは消滅することとなりました。

不正の全容はいまだ不明

二〇一七年三月に一四人目の市議が辞職して、この不正の問題はいったん落ち着いた形になります。

富山市議会では、この不正を受けて、自らが使った政務活動費を改めて自主的に調査する動きがありました。その結果、二八人いた自民党会派の市議のうち、その七割に当たる一九人に不正、または不適切と表現せざるを得ない処理が見つかりました。また、民進党系の会派からも三人の市議について不正な処理が見つかり、二〇一八年六月末時点で自民党会派は総額約四二〇〇万円を、民進党系の会派は約二一八〇万円を返還しました。(6) ですが、これはあくまで分かっている範囲での話です。不正をした議員の中には、不正の手法を一〇年以上前に先輩議員に習ったという証言をした人物もいましたが、一〇年以上前の議員たちの不正の額までは分かりませんので、実際の金額はもっと多かったと考えられます。

三　閉鎖性と無関心が生んだもの

閉鎖性が引き起こしたモラル低下

政務活動費の不正が起きた原因は、もちろん議員のモラルの低下です。ですがそうしたモラルの低下の一因には、当時の富山市議会が非常に閉鎖的な議会だったことがありました。富山市は県庁所在地で、富山県内の自治体としては予算規模も最も大きな自治体なのですが、その割に、例えば本会議のケーブルテレビやインターネットでの中継も行われていませんでしたし、情報公開請求をするにしても、先ほどお話しした通り非常に面倒な手続きと費用が必要でした。ですから、一般市民が政務活動費の不正を調べるには非常にハードルが高くなっていました。このように構造的に、外部から議会の中が見えにくい仕組みができていたということが、不正が起きた一つの原因になっていたと思います。

地方議会への無関心

それと同時に、長年閉鎖的な議会でしたので、市民も議会に対して関心を示していませんでした。

このことも、議員のモラル低下を引き起こした一つの原因だと思います。冒頭にお話しした議員報酬引き上げを決定する際、議会には傍聴席が満席になるぐらいの人が集まりました。ですが、年に四回ある普段の議会の傍聴者は一人か二人しかいない状況でした。市民も、地方議員や地方議会に対して何も期待しておらず、関心がなかったのかもしれません。

この状況が利用されたと言うと言い過ぎかもしれませんが、非常に強い権限を持っているにもかかわらず、見えにくい壁に守られ、しかも、住民からの関心も低い中で、議員のモラルが低下していったように思われます。

エスカレートする手口

当時の議員の感覚を想像すると、簡単に言うと、政務活動費は領収書さえあればもらえるものだという感覚だったと思います。実際に不正をした議員たちに問い質しましたが、政務活動費は使わなければ市に返還しなければいけない、返すのはもったいない、ならば政治活動には当たらないかもしれないけれど、領収書なりレシートがあればお金がもらえるので、何でもいいからレシートを集めてきて、事務局の職員に渡してお金を引き出す、といった構造が見えてきました。

それをエスカレートさせていったのが、つき合いのある業者から白紙の領収書の束を取り寄せて、自分で架空の領収書を書いていた中川市議のケースです。そのほかのケースでは、いわゆる水増し請求、つまり実際の発注額の二倍、三倍に金額を膨らませた領収書を作成してお金を引き出すケースも非常に多くみられました。また、カラ出張のケースでは、普段からつき合いのある旅行会社に、視察・研修に行ったと思わせるような日程表、領収書や納品書を作らせてお金を引き出していました。

透明性が不正や腐敗の歯止めに

この取材で一番伝えたかったのは、議会や自治体のような権力を持つ機関が、その実態が分からない構造になっていると、何をしているのかが見えなくなってしまうことです。例えば議会であればホームページで情報が公開されているとか、ケーブルテレビ中継で議会の様子が分かるといった形で、仕組みとして透明性を高くしておかないと、不正がはびこる温床ができてしまうのではないかと思います。

その上で市民の側も関心を持ってほしいと思います。関心を持ってくださいと言ってもなかなか関心は持てないのですが、議会や市当局に対して、市民は税金の使い方や政治活動について常に目を光らせているという意識を持たせることが、権力の不正や腐敗に歯止めをかけることに繋がるのではないかと思います。

市民はどのような審判を下したか

二〇一七年四月、富山市議会では任期満了に伴う総選挙が行われました。この選挙は、定数三八に対して五八人が立候補する大乱戦になりました。議員報酬の引き上げが提案された理由の一つは、議員報酬が低くてなり手がいないことだったのですが、不正があれだけ起こったあとに行われた選挙には、定員を大幅に上回る五八人も立候補することになったわけですから、一概に「なり手不足」とは言えないということも分かりました。

この選挙では、不正でいったん辞職した元市議もカムバックしようとして立候補したのですが、やはり票を集めることができず落選しました。また、辞職には至らなかったものの、不正や不適切な処理をしていた議員も八人立候補しましたが、八人のうち二人は落選し、残る六人も、得票数を大きく減らす結果になりました(7)。一連の問題への市民の反応が率直な形で現れた結果になりました。

四　舞台は司法へ

オンブズマンによる監査請求と住民訴訟

今、この問題をめぐって住民監査請求と住民訴訟が行われています。今回のケースでは報道機関の活動によって政務活動費の不正が明らかになったわけですが、市民のほうにも自主的に政務活動費について調べる団体がありました。いわゆるオンブズマンです。オンブズマンによる調査の結果、報道されているもの以外にも、政務活動費の使い方としておかしいものが多数あることが分かったのです。

そこでオンブズマンは市長に対して、おかしな使い方をしている会派から政務活動費を返還してもらうように求める住民監査請求を行いました。住民監査請求は、市の監査委員がまずはその申し入れが妥当かどうかを判断します。そして請求が妥当であると判断をすれば、議会などに必要な措置を取るように勧告を行います。「市民オンブズ富山」という団体が返還を求めた約二五〇〇万円については、監査委員は約一〇一万円の返還を妥当と認めました。(8) もう一つ、共産党系の市民が中心になる「市民が主人公の富山市政をつくる会」の返還要求についても、二度にわたる監査請求に対し、それぞれ一部を妥当と認め、計約三二六万円の返還を求めました。(9) ですが、この二つの団体はそれでよしとせず、次の段階である住民訴訟、つまり裁判所にステージを移して、市を相手どって、監査請求で棄却された金額の返還等を求めて住民訴訟を起こしています。

刑事責任の行方

また、今一番事態が動いているのは、不正を働いた富山市議が刑事責任に問われるかどうかという部分です。一四人もの議員が辞職したわけですが、全ての議員が富山市に政務活動費を返還しているので、金額だけでいうと市に被害は出ていない状況になっています。ですが、富山市や市民団体は、「公文書の偽造」という形で刑事告発していまして、大規模な警察の捜査はすでに終了しており、立件されるかどうかが今まさに焦点になっています。何人かの議員が、おそらく詐欺罪になると思いますが、在宅起訴もしくは起訴されることが予想されています。

ここで注目を集めているのは、一四人のうち誰から誰までを立件できるのかということと、立件の基準をどこに求めるのかということです。不正金額の大きさが立件の基準とされるのか、もしくは領収書を偽造したり、ハンコを偽造したりといった、いわゆる悪質さが立件の基準とされるのか、今注目を集めています。

五　情報公開制度の問題点

繰り返された情報漏洩

最後にもう一つお伝えしたいことがあります。それは情報公開制度の問題です。本来、情報公開制度を活用すれば、自治体に残っている公文書は正々堂々と入手することが可能なのですが、その実際の運用は非常に曖昧になされています。

今回の取材について言えば、一つ目の問題点は、情報公開請求をしたという情報が漏洩されてしまったことです。今回の政務活動費の不正問題では、情報公開請求をめぐって二つの情報漏洩が起こりました。最初の情報漏洩が起きたのは、議会事務局の中でした。私たちから請求のあった政務活動費の支出伝票について、個人情報の黒塗りなどの処理を行っていた議会事務局の職員が、当の中川市議と谷口市議の二人に、チューリップテレビから情報公開請求がされている事実を漏らしたのです。

そして、二つ目の情報漏洩は、市立公民館の使用申請書の請求先である教育委員会が議会事務局の職員にその事実を漏らしたことです。中川市議の不正が発覚する発端となったのは、中川市議が市政報告会を開いたとしていた公民館の使用実績でしたが、公民館の使用実績を管理しているのは教育委員会です。私は教育委員会に対して、情報公開請求をする際に、この申請書はどの部署のどこからどこまでの人が見るのかを入念に確認しました。その理由は、この申請をしたことが議会事務局に知れると、議会事務局から議員本人に、私たちが具体的に何を調べているかまで、伝わる可能性があったからです。ですからしつこく確認し、担当する部内と決裁権限者以外には伝わらないことを確認したのです。ですが、教育委員会の生涯学習課長が、本人に対しての聞き取りによれば、気を回して、おそらく「何か不思議な取材をしているから気をつけたほうがいい」といった意味合いで、議会事務局の庶務課長に、私たちが出した申請書のコピーを、丁寧に付箋までつけて回覧していたのです。

その結果、議会事務局の職員が、私たちチューリップテレビから情報公開請求があったという情報を市田龍一議長（のちに不正が発覚して辞職）に報告し、市田議長を通じてさらに中川市議にも伝わってしまったのです。

その結果についてはお話しした通りですが、情報公開請求の申込書には私の個人名や携帯電話の番号も記載してありました。ですから、実際には何もありませんでしたが、ピンポイントで私に圧力をかけることも可能だったと思っています。

恣意的に運用される「黒塗り」

もう一つの問題はいわゆる「黒塗り」の問題です。

公開される文書の中に個人名、いわゆる個人情報が入っているものについては、黒く塗りつぶして読めないようにしてから公開することが富山市の情報公開条例で定められています。ただ、どこからどこまでが個人情報になるのかは非常に曖昧です。たまたま私たちが領収書を取り寄せたときには、割と黒塗りの部分が少なかったので、どこの業者の誰がハンコを押したのかまで読み取ることができ、取材を進めることができたのですが、役所のさじかげん一つで、例えば個人名に当たるからということで黒く塗り潰されてしまうと、せっかく文書を入手しても何もつかめないということが起こり得ます。

二〇一六年一二月二六日、富山市議会事務局は、本来個人情報として隠さなければならなかった情報を隠し漏れたケースが約二八〇件見つかったとして謝罪会見を開きましたが、その中には役所にとって都合の悪い箇所を黒塗りにした部分もありました。例えば政務活動費を使って芸人、落語家を講師に呼んで報告会を開いていたのですが、その落語家の名前が個人情報に当たるということで黒塗りにされていたケースもありました。

今回の政務活動費の不正の問題からは「情報公開制度のあり方」も、一つの論点として見えてきたと思っています。

（1）　TBS報道特集「政務活動費の闇」二〇一六年一〇月一日放送。
（2）　一連の報道で、二〇一七年度日本記者クラブ賞特別賞、第六五回菊地寛賞、第五四回ギャラクシー賞報道活動部門大賞、二〇一七年度JCJ賞などを受賞。また、取材内容については、チューリップテレビ取材班『富山市議はなぜ14人も辞めたのか――政務活動費の闇を追う』（岩波書店、二〇一七年）も参照。

（3）富山市議会政務活動費の交付に関する条例。

（4）議員報酬引き上げの経緯について、詳しくはチューリップテレビ取材班・前掲注（2）第1章を参照。

（5）チューリップテレビ「ニュース6」二〇一六年八月一九日放送。

（6）返還金額については、二〇一八年六月末時点での富山市議会事務局の回答による。

（7）選挙結果については、富山市「選挙の記録について」（http://www.city.toyama.toyama.jp/senkyokanriiinkai/senkyo_2_2_4.html）を参照［最終閲覧二〇一八年九月三〇日］。

（8）富山市「富山市職員措置請求書に基づく監査の結果について」平成二九年三月三一日請求（監第一八〇号）（平成二九年五月三〇日公表）（https://www.city.toyama.toyama.jp/data/open/cnt/3/8682/1/180.29.5.30juuminkansaseikyuu.pdf）［最終閲覧二〇一八年九月三〇日］。

（9）富山市「富山市職員措置請求書に基づく監査の結果について」平成二九年七月七日請求（監第五四号）（平成二九年九月五日公表）（https://www.city.toyama.toyama.jp/data/open/cnt/3/8682/1/54.29.9.5juuminkansaseikyuu.pdf）［最終閲覧二〇一八年九月三〇日］。および「住民監査請求に基づく監査の結果」平成三〇年一月二二日請求（監第一三九号）（平成三〇年三月二三日公表）（https://www.city.toyama.toyama.jp/data/open/cnt/3/8682/1/139.30.3.23juuminkansaseikyuu.pdf）［最終閲覧二〇一八年九月三〇日］。

講義を終えて　不正発覚から二年　富山市議会と報道機関は

今回、講義のなかで最も伝えたかったことは「市民の関心が議会を育てる」ということです。一連の取材を通して、不正が起こった背景には、私たち報道機関を含め、市民が議会を監視してこなかったことが大きいと感じています。「見られていない」という心の緩みが、議員のモラルの低下を生み、長年に渡って不正の根が広がったのだと。このことを講義で伝えた際に、学生からある質問を受け、答えに悩んでしまいました。

「市民の関心を議会に向けるために、報道機関の役割とは？」

この答えは「取材を継続すること」だと思います。しかし、実はこれが難しいのです。

「富山市議会の政務活動費不正」は発覚から二年がたちます。この間、議会は、これまで遅れていると指摘されていた議会改革を次々と進めてきました。政務活動費の不正の再発防止策はもちろん、それと並行して「議会の見える化」も進めます。本会議をインターネットやケーブルテレビで中継するほか、これまで閲覧するには情報公開請求が必要だった政務活動費の支出伝票はホームページに掲載され、インターネット上で誰でも簡単に見られるようになりました。新聞・テレビを問わず、私たち報道機関はその改革の行方を報道してきました。特に不正発覚から一年ほどは全ての社が富山市議会のネタを細かく取材してきました。しかし、ここにきて、その状況は変わりつつあります。その理由は改革の流れが停滞しているためです。現在、改革の議論は「目指すべき議会のあり方」を話し合う段階にあります。目標とする姿を規定し、それを実現するためにどんな改革が必要か話し合う、そうした段階にきています。ところが、今も市民には「目指す議会の姿」は示されていません。会派間の対立が邪魔をして建設的な議論にならないからです。与党会派である自民党や公明党会派の議席数は議会全体の七割を占めています。一方で、社民党や共産党などで構成する野党会派の勢力は三割弱にとどまります。不正発覚当時、野党会派は自民党市議の不正を積極的に追及していました。しかし、そのことが会派間に深い溝を作りました。改革を話し合う委員会では、野党会派が積極的に新たな取り組みを導入しようと提案しますが、与党会派は慎重姿勢を崩しません。そのやりとりの中に、議会としての目標や理念についての議論はありません。結局、最後は与党会派が数の力で押し切り、与党会派の提案した取り組みが採択されるのです。そして、それは手を付けやすい制度の改善にとどまるのです。この繰り返しのなかで私たち報道機関も取材を継続するのが難しくなっています。結論の出ない議論が繰り返されることが多く、議会としての方向性が決まったり、大きな転機を迎えたりするような特筆すべき点がないかぎりニュースとしての価値が高まらないからです。また、議会の本来の活動に、「本会議」や「一般質問」がありますが、これらについても議論だけが白熱し、結論が出ない場合、ニュースとしての放送は難しくなります。そういった意味では、もともと「議会」には取材しにくいジレンマがあるのかもしれません。私自身、市民の関心を議会に向けるため、取材を継続することがいかに重要か理解しながらも、限られた労力や放送尺のなかで、取材を維持していくことの難しさを実感しています。そんな中で、講義を受けた学生から報道機関の役割を問われました。今の時点で、この問いに対する明確な答えは持っていないというのが正直なところです。この質問を胸に残し、自らに問いかけながら今後も取材を続けていきたいと思います。

第三部

日本は弱者に優しいか

7　移民ネグレクト大国　日本

西日本新聞社編集局社会部デスク・遊軍キャップ
坂本信博

一　知らせる義務と調査報道

知る権利と知らせる義務

新聞をはじめ報道機関の記者には、様々な特権が与えられています。記者が偉いわけではもちろんなく、憲法で保障された国民の知る権利を保障するための公的な役割を報道機関が担っているからです。つまり、国民には知る権利があり、報道機関には知らせる義務があるのです。

「知らせる」と一口に言っても、新聞の担う役割はたくさんあります。信頼できる情報を集めること、読んで元気になるような記事を届けること、マイノリティーの声を社会に伝えること、そして権力を監視すること。より良い世の中をつくるためのヒントを探して紹介することも重要です。

私が所属する西日本新聞のようなブロック紙には、全国紙とも県紙とも異なる「グローカル（Glocal）メディア」としての立ち位置があります。グローカルとは「Think globally, act locally.＝地球規模の視野で考え、地域に根ざして行動する」という造語です。世界や日本を見つめつつ、九州に軸足を置いて地を這うように取材する。そして、紙媒体で足もとの九州へ、電子媒体で国内外へ発信する、グローカル報道に取り組んでいます。

現在進行形の調査報道

先ほどの知らせる義務について、新人記者時代の忘れられない体験があります。

二〇〇一年二月、国営諫早湾干拓事業の中止を求める漁業者たちが、長崎県諫早市の工事現場に大挙して押し寄せた場面を取材しました。飛び交う怒号。騒然とした雰囲気と人波にのまれながら興奮気味にシャッターを切り続けていたとき、私の体がフッと軽くなりました。驚いて振り返ると、祖父ほどの年配の漁業者が私の腰を一生懸命持ち上げようとしています。男性は言いました。「抱え上げちゃあけん、写真ばどんどん撮って。国が何をしとるか、この状況ば新聞で伝えてくれんね」

同じ年の五月、「池島炭鉱、年度内閉山を検討　夏にも労組に提案」というスクープ記事[1]が西日本新聞の朝刊一面を飾りました。池島炭鉱は長崎市の池島という離島にあった西日本最後の炭鉱でした。私は新聞を積んだ始発のフェリーで島に渡り、現地の反応をルポしました。ヤマで働く炭鉱員たちが「いよいよか。次の仕事ば探さんと」と語るのとは対照的に、会社側は事実無根と否定。労働組合の幹部から「なんで根も葉もない話を書くのか」と詰め寄られ、「従業員が動揺して事故が起きたら責任とれるか」と怒鳴られました。結果的には記事の通り、労組提案を経て一一月に炭鉱は閉山しました。ヤマで働く人々から「あんたんとこが早く閉山ば知らせてくれたけん、心の準備ができた」「別のヤマが閉山したときも新聞の報道だけが頼りやった」という言葉を何度も耳にしました。

海の男とヤマの人々から、知らせる義務の重みと記者のやりがいを教わりました。私の原点です。知らせる義務を果たす方法の中で特に重要なのが「調査報道」。「発表報道」の対義語です。行政官庁や捜査当局、企業などの発表を受けて報じるのではなく、自分たちが書かなければ日の目をみない事実、自分たちの調査能力で発掘した事実、そして権力・権威のある組織や企業が隠したがる事実を、報道によって暴露して社会に知らしめることです。

調査報道の代表例として、ニューヨーク・タイムズやワシントン・ポストがベトナム戦争に関する米国防総省の機密文書「ペンタゴン・ペーパーズ」の内容を暴露した報道(2)、立花隆さんの「田中角栄研究─その金脈と人脈(3)」、朝日新聞の「リクルート事件(4)」などが挙げられます。最近では朝日新聞による森友学園への国有地売却や加計学園獣医学部新設問題を巡るスクープもそうですが、こうした調査報道は「権力監視型」です。加えて、「社会的弱者救済型」の調査報道もあると私は考えています。

過去の不正や歴史的事実を掘り起こすのも大切ですが、物事が決まってしまい手遅れになる前に問題提起する、いわば現在進行形の調査報道が、知らせる義務を果たすためには欠かせません。

調査報道を重ね、一つの問題を掘り下げて繰り返し報じることを「キャンペーン報道」と言います。これから、西日本新聞が二〇一六年一二月から取り組み続けている外国人労働者問題についてのキャンペーン報道「新 移民時代」(5)を題材に、グローカルメディアとして挑む現在進行形の調査報道、そして社会的弱者救済型の調査報道についてお話しします。

二 急増する外国人留学生

国際通りの留学生街

私たちが「新 移民時代」の取材を始めたのは二〇一六年秋でした。きっかけは、ある小さな情報です。福岡市南区の住宅街にネパール人が集まって暮らす地域がある、周辺の日本人住民たちがその地域を「国際通り」と呼んでいる、というものでした。

実際、福岡の街角で、あるいはコンビニエンスストア(以下、コンビニ)や居酒屋でも、中国語でも韓国語でもない「アジアの言葉」を話す褐色の肌の若者を見かけることが、ここ数年で急に増えていました。

外国人増加の実情や理由を調べるため、社会部遊軍にA＝生活実態調査、B＝就労実態調査、C＝データ収集・背景分析の三つのチームをつくり、取材を始めました。

Aチームは「国際通り」を訪れました。一帯にはいくつかの古いアパートが建っており、数多くのネパール人やベトナム人が住んでいました。それも一部屋に数人ずつ、ベッドを並べたり、二段ベッドにしたりして、肩を寄せ合うように暮らしているのです。廊下には香辛料のにおいが漂い、耳慣れない音楽も流れ、近隣の売店ではネパールやベトナムの食材が売られていました。住民に声をかけると、彼らの多くが日本語学校や専門学校に在籍する留学生でした。

従業員の九割はネパール人留学生

取材を通じて仲良くなった留学生たちから、福岡市内にある宅配大手の集配センターで多くの留学生が働いているという情報をキャッチしました。

留学生たちを職場に運ぶバスの時刻表を入手したBチームは、乗り場となっているJRの駅前で張り込み取材を続けました。夕方になると、ネパール人やベトナム人の若者が続々とやって来て、送迎バスに乗り込んでいきます。その中の一台を尾行すると、宅配大手の集配センターにたどり着きました。福岡県内の荷物は一度この施設に集められ、そこで仕分けされて、全国、そして県内に配送されるのですが、なんと、そこで働くアルバイトの九割はネパール人の留学生だということが分かりました。

もう一カ所、取材班がたどりついたのは、コンビニで売られている弁当や総菜を作る食品工場でした。福岡市内にあるその工場の休憩室には、アルバイトに衛生管理の徹底を呼びかけるベトナム語とネパール語の張り紙がありました。その工場も、約二〇〇人の従業員のうち実に九割が外国人留学生でした。国籍別では約八割がベトナム人、残り二割がネパール人です。一方、留学生以外の日本人は、ほとんどが高齢者でした。

工場内では、まず日本人の主任が日本語で作業指示を出します。その直後、バイトリーダーのベトナム人やネパール人が、それぞれ、ベトナム語やネパール語で指示を伝えます。それを聞いて、みんな一斉に作業するのです。ネパール人のアルバイトに聞いてみると、派遣会社の仲介で時給一〇〇〇円で働いているとのことでした。工場が直接募集した短期アルバイトの日本人は時給一三〇〇円でしたから、三〇〇円は派遣会社がピンはねしているのではないかとみられます。

ある留学生は、夜中にこの工場でアルバイトをして、翌日はそのコンビニチェーン店の一つでレジ打ちのアルバイトをしていました。つまり、自分が作った弁当を自分で売っているのです。それを日本人が買って食べている。これが私たちの社会の一断面なのです。

週二八時間ルールの実態

宅配大手の集配所、コンビニの弁当工場、辛子めんたいこ工場……。そうした現場が外国人労働者によって支えられていることが分かりましたので、それぞれの企業に取材を申し込みました。ところが、どの会社もまともに取材を受けてくれませんでした。最初は不思議だったのですが、周辺取材を進めるにつれて理由が分かってきました。

留学生たちに仕事について話を聞くと、判で押したように「二八時間を守っています」という答えが返ってくるのです。疑問に思って調べてみると、入管難民法（出入国管理および難民認定法）の施行規則の中に、留学生は原則として週二八時間以内しか働けないというルールがあることを知りまし[6]

た。

週二八時間というと、単純計算で一日四時間しか働けないことになります。あとで詳しくお話ししますが、アジアの途上国から日本に来た留学生の多くは母国で借金をしています。一日四時間のアルバイト代で、生活費に学費、将来の進学費用などの貯蓄に加えて、来日する際に背負った多額の借金まで支払うことは困難です。ですから、途上国からの留学生にはアルバイトを掛け持ちすることで週二八時間の就労制限を大幅に超えて働いている人が少なくありません。企業側もそれを黙認しており、そのため、報道で問題が表面化するのを恐れて取材を受けたがらなかったのです。

三　移民大国化する日本

五〇人に一人が外国人

Cチームが集めた最新の統計資料によると、日本で暮らす外国人は二〇一七年末時点で約二五六万人。[7]日本国内に住む人の約五〇人に一人が外国人という計算になります。

国籍別では、一位中国、二位韓国、三位は前年のフィリピンを抜いてベトナム。一年間で三割も増えています。四位フィリピン、五位ブラジル。六位のネパールも急増しています。[8]福岡県では二〇一六年末時点でネパール人が過去一〇年間で二二倍、ベトナム人は一八倍に激増していることも分かりました。[9]

日本で働く外国人労働者の数は二〇一六年に初めて一〇〇万人を超えました(10)。二〇一七年一〇月末現在では約一二八万人に上ります(11)。外国人労働者は、三種類に大きく分けられます。一つは研究者や技術者など専門分野で働く人々で、政府が外国人材と呼ぶ人たちです。二つ目が農業や製造業などの現場で日本の技術を学ぶという名目で来日している外国人技能実習生（以下、技能実習生）。そして残る一つが留学生なのです。

企業から重宝される留学生たち

このうち留学生は、外国人労働者の実に二割を占めています(12)。留学生が外国人労働者に含まれるというと違和感があるかもしれませんが、それが実情です。留学生の多くはアジアの途上国からやって来て、まず日本語学校で日本語を学んだのち、専門学校や大学を目指しますが、彼らの多くはアルバイトなしでは学費や生活費を賄えないのです。

留学生には、外国人材や技能実習生とは決定的な違いがあります。それは働ける職種に制限がないということです。週二八時間以内という就労制限はありますが、風俗営業などを除くほとんどの仕事に就けます(13)。一方、外国人材は専門職ですから、その専門の仕事しかできません。技能実習生もあくまで日本の技能を学ぶことが目的ですから、例えば果樹栽培の技能実習生は果樹栽培の仕事しかできません。

政府は今、外国人の就労拡大に大きく舵を切り始めました。ただ現時点では、留学生が日本人の若者が敬遠する3K（きつい、汚い、危険）職場や、人手不足が深刻な業種で欠かせない戦力として重宝されているのです。あるコンビニのオーナーは「求人情報誌に高い広告費を払ってアルバイトを募集しても、日本人の若者の応募はほぼゼロ。留学生が頼みの綱だ」と教えてくれました。

日本は世界第四位の移民受け入れ大国

移民問題と聞くと、欧米など海の向こうの遠い話と考えがちですが、実はそうではありません。移民については、国際的にみても正式な法的定義はなく、[14]日本政府も移民についての定義を明確にしていません。ですが、例えば経済協力開発機構（ＯＥＣＤ）の二〇一五年の国際移住データベース[15]を基に「移民の流入」（外国国籍の者の流入）の数を見てみると、例えば、加盟三五カ国で最も多いのがドイツで約二〇一万六千人。二番目に多いのが米国で約一〇五万一千人。三番目が英国で四八万一千人。日本はその次の約三九万一千人で、実は世界第四位の移民受け入れ大国なのです。

移民問題は対岸の火事ではありません。私たちが気づいていないだけです。地球規模で人が往来するグローバル化の中で、欧米だけでなく日本にも事実上の移民が数多く存在し、様々な問題を抱えているのが現実です。

建前の「移民鎖国」がもたらすゆがみ

安倍晋三首相は国会などで「移民政策についても毛頭考えていない[16]」、「いわゆる移民政策をとる考えはない[17]」と繰り返し明言してきました。日本政府は建前上、労働移民を認めない「移民鎖国」政策を続けてきました。しかし一方で、人口減少と少子高齢化による労働力不足を背景に、国際的な定義では移民とされる外国人労働者を積極的に呼び寄せているのです。

例えば二〇〇八年に策定された「留学生30万人計画[18]」という計画があります。二〇二〇年までに日本に来る留学生を三〇万人に増やそうというもので、この国策を背景に、アルバイトに追われる「出稼ぎ留学生」が増えています。また、技能実習生についても、対象職種を増やしたり、実習期間を三年間から五年間に延長できるようにしたりと拡充してきました[19]。事実上の労働移民は増加の一途。政府の建前と本音の間でグレーゾーンが生まれ、不法行為の温床となっていることが取材で明らかになってきました。

途上国からの留学生は、週二八時間という国のルールを守れば十分に稼ぐことができず生活が困窮します。一方で、ルールを破ればいつ摘発されて強制送還されるか分からず、もし職場で不当な扱いを受けたとしても公的機関にも相談できません。留学生たちはそんなリスクを背負って働いています。コンビニでいつでも安価な弁当を買えたり、ネット通販でワンクリックするだけで購入した商品がすぐに手元に届いたり。彼らのおかげで私たちの便利で快適な生活が成り立っていることを多くの日本人は知りません。

不法就労や劣悪な労働環境の問題が存在する現状を踏まえ、ゆがみを正して共に生きる社会を目指そう――。そんな狙いでキャンペーン報道「新 移民時代」を始めました。最初の記事には「暮らしの隣『移民』一〇〇万人」という大きな見出しを付けました。日本の移民問題をここまで大きく報じた新聞は初めてだと、移民政策の専門家から言われました。首都圏なら深夜アルバイトで時給一八〇〇円の職場もありますので、週二八時間の就労制限の範囲内で九州の倍の収入を稼ぐことも可能です。しかし、最低賃金が低い地方ではそうはいきません。留学生の苦境ぶりが東京ではあまり注目されず、西日本新聞が九州から問題提起を始めた一つの理由もここにあります。

四　留学ビジネスの虚構

加熱する留学ビジネス

ネパールからの留学生急増の背景や今後の見通しを探るため、記者二人をネパールに派遣しました。現地で記者が目の当たりにしたのは、留学ビジネスの加熱ぶりでした。首都カトマンズの学生街には「JAPAN」の看板が並び、着物やアイドルグループ風の制服を着た日本人女性の写真が飾られていました。

日本に留学するためには、約一〇〇万円の費用がかかります。これは、アジア最貧国の一つであるネパールでは大変な金額です。しかし、多くの若者が「日本に行けば楽に稼げる」という留学仲介業者の甘言を信じて、家族に借金してもらって来日していることが分かりました。

その結果、日本での就職や進学を目指して来たつもりが、いつの間にか出稼ぎ留学生になっている若者がたくさんいます。中には、失踪して虚偽の難民申請をする「偽装難民[20]」になった人もいます。留学ビジネスの陰で、現地や日本の悪徳ブローカーが暗躍しているということも明らかになりました。途上国の情報弱者や、成功を夢見る若者たちが食い物にされている実態が見えてきました。

「名ばかり学校」の実態

現地での留学ビジネスの過熱ぶりを描いた連載「留学ビジネス　ネパールからの報告」が終わり、今度は技能実習生の問題を報じようと準備を進めていたころ、衝撃的な情報が寄せられました。それは、福岡市内の専門学校の教室で授業中にスマートフォンで撮影されたという一本の動画でした。教壇には先生が立っているのですが、生徒たちはほとんど席に着いていません。どこにいるのかというと、教室の後ろの方にネパール系の学生たちが集まっています。そこで何と、賭けトランプをしていたのです。教室の反対側では中国系の若者たちも同じように遊んでいます。撮影者が近づいていくと「撮るな」と言われ、カメラが叩き落とされてしまいました。

取材を進めると、似たようなことは他の専門学校や日本語学校でも起きていました。もちろんまともな日本語学校、専門学校もたくさんあります。ですが、政府の「留学生30万人計画」を背景に日本語学校が乱立したり、少子化で専門学校が学生確保に苦心したりする中で、玉石混淆の状態になっているのです。

ビザを発給する代わりに留学生から入学金や授業料を貰い、いい加減な授業をする学校を、私たちは「名ばかり学校」と命名しました。学生たちは夜通し働き、昼間は教室で寝たり遊んだりしています。そんな名ばかり学校が数多く存在すること、そして日本語教育を通じて日本と海外の架け橋になりたいと願っていた日本語教師たちが、低待遇で「やりがい搾取」されていることも分かりました。

忘れられない留学生の姿

専門学校の中には、「つなぎ専門学校」や「渡り専門学校」と呼ばれる所があります。仕組みはこうです。まず日本語学校で二年間勉強して、そのあと系列の専門学校に入ります。専門学校なので、日本人と同じレベルの日本語能力がないと入れないはずですが、そこは特別措置で合格。そして二年間、一つの専門課程の学科に在籍します。その課程が終わると、一度卒業して同じ専門学校に入り直し、さらに二年間在籍するのです。留学ビザを得て働くための「つなぎ」「渡り」というわけです。それらの学校ではまともな授業は行われていない所が少なくありません。

そうした学校の留学生たちは卒業後、どうなるのでしょう。福岡市でＩＴビジネス業界の就職説明会がありました。日本人の学生に交じってＩＴ専門学校のネパール人留学生たちも参加していました。人事担当者との面談で「ＩＴ専門学校で何を勉強しましたか」と問われ、ネパール人留学生たちは「私はワードが使えます」「エクセルが使えます」と答えました。当然、そのレベルではＩＴ企業には見向きもされません。会場の片隅で呆然としていたネパール人留学生たちの姿が忘れられません。

五　移民をネグレクトする社会

外国人が支える日本の味

一〇〇万人の外国人労働者のうち、二割は技能実習生です[21]。担い手不足が止まらない農漁業や製造業の現場で、彼らは欠かせない戦力となっています。例えば日本の食卓に欠かせないかつお節。宮崎県の日向灘沖でインドネシア人の技能実習生が釣ったカツオを、鹿児島県枕崎市の工場で中国人の技能実習生たちが加工しています。彼らがいなければ国連教育科学文化機関（ユネスコ）の無形文化遺産に登録された和食や味噌汁の味が変わってしまうという、冗談のような本当の話もありました。

二〇一八年からは介護の分野で技能実習生の受け入れが始まります。これは実は大きな転換点です。３Ｋ職場と目されがちな介護の現場は人手不足が深刻で、技能実習生が貴重な戦力として期待されています。ただ、彼らはあくまで「日本の技術を学ぶため」が来日目的のはずです。

記者がベトナムで取材をしてみると、現地には介護施設がほとんどないことが分かりました。ベトナムでは、高齢者の世話は家族がするという文化が残っており、日本の介護施設で技術を学んでも、母国に帰って仕事に生かす道はほとんどないのです。

外国人労働者から見捨てられる日

さらに、まだほとんど議論されていない大きな問題があります。二〇一一年に福島第一原発事故が起きたとき、福島だけでなく日本各地から外国人が次々と帰国していきました。もし同じような事態になり外国人労働者が一斉に帰国したら、彼らに依存する施設はどうなるでしょうか。そうしたリスクと対策を論じないままに、介護分野への外国人労働者の受け入れが始まろうとしています。

また、中国、韓国、台湾、タイ、ミャンマーなどを取材して分かったことがあります。日本だけでなくアジア各国でも人材の争奪戦が過熱しているという事実です。例えばタイ。かつては人材の供給地で、たくさんの人材が日本に送り出されました。しかし近年は、経済成長に伴って国内で人手不足が生じ、周辺のカンボジアやネパールなどからたくさんの人材を呼び込んでいるのです。

このまま日本政府が建前と現実のひずみを放置し続ければ、日本が外国人労働者を受け入れるかどうかという議論の前に、外国人が来てくれなくなる可能性があります。これまでの「新 移民時代」の取材を通して痛感しています。

私たち取材班がネパール人留学生の問題を報道したことで、ネパールの若者たちの入国が制限されるようになりました。次はバングラデシュからの留学生が増えるのではないかとも言われています。焼き畑農業のように国は変えても、仕組みを変えなければ、日本の制度をあまりよく知らない若者たちが半ば騙されて日本に連れてこられる問題は改善されません。

移民をネグレクトする社会

取材を通じて感じたことですが、最初から不法就労をしよう、あるいは偽装難民になろうと思って日本に来る人はほとんどいません。希望を持って日本に来てみると現実は厳しく、アルバイトを掛け持ちしないと生活ができない。生活するためにアルバイトに追われて日本語は上達せず、学校の授業についていけなくなる。その結果、大学進学も就職も果たせず、失意のうちに帰国したり、偽装難民になったりということが、私たちの身近で起きているのです。

ただ、働いている留学生や技能実習生たちはなかなか本音を語ってくれません。不法行為をしている人が多いため、本当はどれだけ働いているのか、記者が聞いても警戒して話したがらないのです。そこで思いついたのが、日本人のインターンシップ生の起用です。西日本新聞は日本人の大学生にインターンシップに来てもらっています。彼らに同世代の留学生や技能実習生たちにインタビューをしてもらうことで、かなり本音に迫ることができました。

あるネパール人の若者は「福岡は外国人に優しいと聞いていたけれど、学校とアルバイト先の往復で忙しい。日本人の友達はほとんどいません。日本人の友人が欲しい。僕と一緒にサッカーをしませんか。僕と友達になってください」と胸の内を打ち明けてくれました。

これまでの取材で明らかになった問題を何か一言で言い表せないか。取材班で議論して、ある記者が考えついた言葉が「移民ネグレクト」です。事実上の労働移民を表玄関ではなく勝手口から招き入れている。移民がいるのに、いないふり（ネグレクト）をしている。外国人労働者を生活者として受け入れる施策を放置している――。これが今までの日本の国策なのです。

他人の不幸の上に幸福を築いてはいけない

実は、こうした日本の政策を高く評価している人々が海外にいます。欧米の移民排斥論者たちです。例えば、移民排斥を主張する英国の極右政党BNPのニック・グリフィン党首は、「英国ニュースダイジェスト」（英国の日本語情報誌）のインタビューに、「模範とするのは排他的な日本の移民政策」と話しています(22)。

彼らの見方はこうです。日本の国策は、若い人材を外国から呼び寄せて活用する一方で、定住や家族の帯同をさせないようにしている。定住したり子どもが生まれたりすれば、教育費や医療費などの社会保障費が必要になるが、そうはさせずに帰国させて、また新たな若者を呼び入れる。日本の移民政策は理想的だと称賛しているのです。

外国人労働者の問題を考える上で欠かせない視点は何でしょうか。私は「他人の不幸の上に自分の幸福を築くことはしない」ということだと考えています。ある記者が言いました。「自分の子どもに海外で経験させたくない思いを、海外から日本に来た若者たちにさせるべきではない」と。この一言に尽きると思います。このままでは、いつか日本は手痛いしっぺ返しを食らうでしょう。外国人労働者の受け入れを拡大しながら「移民政策ではない」と呪文のように唱え続けるのをやめ、事実上の移民が存在する現実を真正面からみつめる。そして、生活者として共生するための方途を論じるときが来ています。外国人に優しい社会は、他者に寛容な社会につながると私は信じています。

六　事実と真実

外国人労働者が急増している事実と、その奥にある真実。みなさんはどう考えますか。

ファクト（事実）を拾い集め、掘り起こすことが記者の仕事ですが、ファクトを積み重ねて真実に目を凝らすこともジャーナリストの使命の一つです。例えばある人が窃盗をしたという事実があったとします。犯罪行為ですが、おなかを空かせた子どもたちのためだったり、いじめを受けていて誰かに命令されてやったことだったりすれば、意味合いや必要な対策が違ってきます。

真実に迫るためには、物事を様々な角度から見ることが大切です。例えば、サバンナでシマウマを追いかけるライオン。ライオンの側に立って見れば、シマウマを捕まえないと子どもが飢え死にしてしまいます。シマウマの側に立って見ると、逃げなければ餌食にされてしまいます。

戦争の爆撃行為もそうです。爆弾を落とす側からすれば「空爆する」。落とされる側にとっては「空襲を受ける」となります。日本では以前は空襲という言葉が一般的でしたが、一九九一年の湾岸戦争ごろからでしょうか、空爆という言葉を多く耳にするようになりました(23)。私は、これはいつのまにか日本が「空爆」をする側に寄るようになったことの表れではないかと思っています。

最後に、私が取材や記事を書く際に心掛けている「三つの眼」をご紹介します。一つは「虫の眼」

です。できるだけ取材対象に近づくということ。二つ目が「鳥の眼」。幅広い視野を持って別の視点からも考え、背景を分析することです。そして一番大切なのが「人の眼」。何のため、誰のために取材して報じるのかという視点です。これを忘れてしまえば、マスメディアが凶器となり、人や社会を傷つけてしまうこともあり得ます。

小さな声に耳を澄まし、見えにくいものに目を凝らして社会に伝える。ジャーナリストの使命と知らせる義務を果たしていきたいと思っています。

（1）西日本新聞二〇〇一年五月二六日付一面。
（2）参考文献＝田中豊『政府対新聞——国防総省秘密文書事件』（中公新書、一九七四年）。
（3）参考文献＝立花隆『田中角栄研究全記録』（講談社文庫、一九八二年）。
（4）参考文献＝朝日新聞横浜支局『追跡 リクルート疑惑—スクープ取材に燃えた121日』（朝日新聞社、一九八八年）。
（5）二〇一六年一二月七日以降、計一〇部にわたる長期連載を展開し、現在も継続中。二〇一七年度「石橋湛山記念 早稲田ジャーナリズム大賞」草の根民主主義部門大賞などを受賞。連載や主な記事は西日本新聞社編『新 移民時代——外国人労働者と共に生きる社会へ』（明石書店、二〇一七年）に収録されている。
（6）出入国管理及び難民認定法施行規則十九条五項一号。
（7）二五六万一八四八人。法務省入国管理局「平成二九年末現在における在留外国人数について（確定値）」（二〇一八年三月二七日報道発表資料）の「【平成二九年末】確定値公表資料」による（http://www.moj.go.jp/nyuukokukanri/kouhou/nyuukokukanri04_00073.html）［最終アクセス二〇一八年六月一九日］。
（8）法務省入国管理局・前掲注（7）。

（9） 福岡県「福岡県の国際化の現状（二〇一七年版）〔データブック〕」四〇頁（二〇一七年九月）（http://www.pref.fukuoka.lg.jp/uploaded/life/277553_52852464_misc.pdf）及び、同・「福岡県の国際化の現状（二〇一六年版）〔データブック〕」四〇頁（二〇一六年九月）（http://www.pref.fukuoka.lg.jp/uploaded/life/245079_52317497_misc.pdf）［最終アクセス二〇一八年一〇月一〇日］。

（10） 一〇八万三七六九人。厚生労働省「『外国人雇用状況』の届出状況まとめ（平成二八年一〇月末現在）」による（http://www.mhlw.go.jp/stf/houdou/0000148933.html）［最終アクセス二〇一八年六月一九日］。

（11） 一二七万八六七〇人。厚生労働省「『外国人雇用状況』の届出状況まとめ（平成二九年一〇月末現在）」による（http://www.mhlw.go.jp/stf/houdou/0000192073.html）［最終アクセス二〇一八年六月一九日］。

（12） 二〇・三％（二五万九六〇五人）。厚生労働省・前掲注（11）。

（13） 出入国管理及び難民認定法施行規則十九条五項一号。

（14） 例えば国連経済社会局は「移民」について、「国際移民の正式な法的定義はありませんが、多くの専門家は、移住の理由や法的地位に関係なく、定住国を変更した人々を国際移民とみなすことに同意しています。三カ月から一二カ月間の移動を短期的または一時的移住、一年以上にわたる居住国の変更を長期的または恒久移住と呼んで区別するのが一般的です。」としています（国際連合広報センター「難民と移民の定義」〔http://www.unic.or.jp/news_press/features_backgrounders/22174/〕［最終アクセス二〇一八年九月二〇日］）。

また、日本の移民政策研究者の間では、国際的な「移民」の定義について「移動先の国での滞在期間が六カ月ないし一年以上の人」という認識が定着しています。

（15） OECD. Stat "International Migration Database"（https://stats.oecd.org/Index.aspx?DataSetCode=MIG）［最終アクセス二〇一八年九月二一日］。

（16） 二〇一六年一〇月一八日の衆院環太平洋戦略的経済連携協定特別委員会での発言。

（17） 二〇一八年二月二〇日の経済財政諮問会議での発言。

(18)　文部科学省ほか「留学生30万人計画」骨子（二〇〇八年七月二九日）参照（http://www.kantei.go.jp/jp/tyoukanpress/rireki/2008/07/29kossi.pdf）［最終アクセス二〇一八年七月五日］。

(19)　外国人の技能実習の適正な実施及び技能実習生の保護に関する法律（二〇一七年一一月一日施行）。

(20)　失踪した外国人が難民申請を行う背景には、従来の難民認定制度に抜け道があったことがあります。カラクリはこうです。難民申請すれば半年後からフルタイムで働ける特定活動ビザに変更でき、職場も自由に選べる。難民申請の審査結果が出るのは半年から一年後。不認定となっても異議申し立てが何度でも可能で、再審査は数年かかる。再審査中に就職先が見つかれば就労ビザの取得もできる――というのです。西日本新聞の報道などを受け、法務省は二〇一八年一月からこの制度を厳格化し、予備的審査の段階で明らかに難民に該当しないと判断される場合は就労を認めないこととしました。

(21)　二〇・二％（二五万七七八八人）。厚生労働省・前掲注(11)。

(22)　長野雅俊「ＢＮＰニック・グリフィン党首インタビュー」英国ニュースダイジェスト二〇〇八年一月三一日（http://www.news-digest.co.uk/news/features/3091-bnp-nick-griffin-interview.html）［最終アクセス二〇一八年七月二三日］。

(23)　「空爆」という言葉のニュースでの使用頻度については、例えば、重野康人「現代語としての『空爆』」放送研究と調査第四九巻第六号（一九九九年）三二頁参照。

講義を終えて　読者とつながる、取材力でこたえる

グローカル調査報道の新しい形として、西日本新聞は二〇一八年元日の朝刊から「あなたの特命取材班」（通称・あな特）を始めた。キャッチフレーズは「ジャーナリズム・オン・デマンド（オンデマンド調査報道）」だ。

これまで新聞は「知るべき」「知らせたい」ニュースに軸足を置いてきた。講義で報告した「新 移民時代」もその典型だろう。それに対し、記者がＬＩＮＥやツイッターといったＳＮＳ（会員制交流サイト）などを介して読者と直接つながって調査依頼を受け付け、暮らしの疑問から地域の困り事、行政や企業の不正まで「知りたい」に新聞社の取材力でこたえるのがあな特だ。ＳＮＳが不得手なアナログ読者向けに調査依頼書を新聞の折り込みチラシにしたり、記事下広告で新聞に掲載したりもしている。

フェイクニュースも含め真偽不明の情報が飛び交う現代。課題解決を目指すだけでなく、取材過程を可視化して真相や時代背景もあぶり出す。「新聞離れ」が進む中、新聞への信頼性を高め、ファンを増やすための実験でもある。

第一弾として元日の朝刊で報じた「消えた終活資金を追う」のきっかけは一通の手紙。《多くの高齢者が泣いている。マスコミの力で糾弾して》とあった。死後の葬儀サービスを約束して会員を集めていた福岡市の葬儀保証組合が二〇一七年末、破産手続きを始めたというのだ。子どもに面倒をかけたくない一心で、わずかな年金から会費を納めていたのに――。他の会員たちからも悲痛な声が寄せられた。

記者たちは手分けして、組合の破産管財人の弁護士や葬儀業者、役所などを取材した。組合の会員数は約二千人に上ることが判明。背景に、日本の人口構造の急激な変化が見えてきた。

元日の朝から多くの反響が寄せられ、ウェブ上のページビュー（ＰＶ）はすぐに二〇〇万を超えた。

佐賀県にある「犬を飼ってはいけない島」のルポ、九州各地の私立大で留学生の二割が中退している事実をあぶり出した特報、アイドルグループへのＳＮＳ攻撃の実態究明、廃屋の持ち主探し、振り込め詐欺の手口解明などテーマは硬軟さまざま。迷惑メールのからくりに迫った記事は、一本で九〇〇万ＰＶに達した。

一日四千本超の記事が集まるヤフーニュースのアクセスランキングトップ五に、あな特の記事が三本同時ランクインする日もあるなど、西日本新聞の戸配エリアを越えて全国で読まれている。読者からの評価に応じて報酬が支払われる米国発祥のＳＮＳ「Ｓｔｅｅｍｉｔ」にも日本の新聞社で初めて参加し、英語や韓国語での発信も試みている。

双方向のコミュニケーションで読者を巻き込みながら調査報道を完成させる新たな手法が、ニュースの伝え手と受け手の間にあった壁に風穴を開け始めていると感じる。「ここまで一言一句、新聞記事を読むのは何年ぶりか」「読者の困り事を聞いてくれる新聞社は初めて」「自分の悩みも解決した」など、様々な反響が寄せられている。

「一人を大切に」との思いで、記者たちが一人の「特命」に奔走して書いた記事が、声を上げられない多くの人々の役に立ち、日々の生活や社会の改善につながればと願う。講義を聴いてくれた学生さんの輝く瞳に力をもらった。「新 移民時代」が目指した骨太な調査報道とオンデマンド調査報道の「車の両輪」で、ジャーナリズムを深化・進化させたい。

◎「あなたの特命取材班」特設サイト＝ https://www.nishinippon.co.jp/tokumei/

8 精神障害者と共生する社会を目指して

南日本新聞編集委員兼論説委員
豊島浩一

一 精神障害者を閉じ込める社会

偏見・差別恐れる精神障害者

二〇一六年の九月から二〇一七年の六月まで、南日本新聞紙上で七三回にわたり「精神障害とともに」という連載を行いました。この連載は、のちに同名の本[(1)]にもまとまっているのですが、これから、なぜ精神障害[(2)]の問題を取材したのか、その理由や経緯についてお話しします。

私は十数年前、社会部で福祉担当になりました。福祉は、高齢者福祉、児童福祉、障害者福祉などに分かれますが、障害者福祉はさらに身体障害、知的障害、精神障害の三つに分かれます。福祉を担当する中で身体障害者と知的障害者については取材する機会がありましたが、なかなか精神障害者に取材する機会はありませんでした。そんなとき精神障害者のイベントの案内が来たので、いい機会だと取材に行きました。

イベントは精神障害者と家族、施設関係者らが集まる文化祭のようなものでした。ですが、このとき主催者から、写真は顔が分からないように撮ってくださいと言われ、障害者への直接インタビューも控えてほしいとお願いされました。しかたなく、写真は会場のずっと後ろから顔が分からないように撮りました。前任者らの記事を見ても同じような写真だったので、やはり精神障害者の取材は難しいのだと痛感しました。今から思えば、精神障害者や家族には社会的な偏見や差別に苦しんできた方も多く、そうした事情に主催者が配慮し、本人が特定されないように気を使っていた結果だったのでしょう。

「シナプスの笑い」との出会い

ところが、そのようなことがあったあと、精神障害者の方々が雑誌を作ったという記事(3)が南日本新聞に出たのです。「シナプスの笑い」という雑誌で、障害者のエッセイや小説、あるいは座談会などを掲載していました。その案内が、福祉ではなく、出版を担当する記者のところに届いていたのです。

紙面には、雑誌の創刊に携わった精神障害者二人と、サポートした福祉職員の写真が出ていました。それはちょっとした驚きで、この人たちならいろいろ話を聞かせてもらえるかもしれないと思ったのです。

福祉を担当しているにもかかわらず、精神障害者に直接取材したことがないことに後ろめたさがあったので、チャンスだと思ってアポイントメントをとったのが二〇〇六年です。雑誌作りの現場を見せてもらい、制作にかける思いなどを聞かせてほしいとお願いしました。

自らの偏見に気づいた初対面

このとき私は精神障害者と初対面をしたわけですが、正直、いきなり怒られたり殴りかかられたりするのではないか、あるいは言ったことを曲解されて傷つけてしまうのではないか、と緊張感を持って取材に臨みました。ですが、結論から言うと、全然そのようなことはありませんでした。少し怯えながらこちらの様子をうかがう感じはありましたが、すごく気を使ってもらって、優しい方々という印象を持ちました。

私はそれまで精神障害者と触れ合ったことはなかったので、その取材で自分の偏った思い込みに気づかされ、精神障害者に対する印象もすごく変わりました。「シナプスの笑い」という雑誌は、今も年三回ほどのペースで刊行されていますが、その方たちに密着取材して最初の記事を書いたのが二〇〇七年の一月で、計五回の連載[4]となりました。

実はこのとき、障害のある方で実名・顔出し写真いずれもOKだったのは一人だけでした。多くの方が取材に応じてくれたのですが、ペンネームだったり、後ろ姿の撮影だったりでした。

鹿児島は「世界一」

この取材の過程で分かったことがありました。一つは、精神障害者や関係者から教えてもらったのですが、鹿児島県がすごく特別な場所であるということです。

例えば最新の統計で見ても、鹿児島県の人口一〇万人あたりの精神病床数は五九〇・三床（全国平均二六三・三床）、人口一〇万人あたりの一日平均在院患者数（精神病床）が五三一・八人（全国平均二二七・四人）でいずれも全国一位なのです。(5) 加えて、二〇年以上の精神科病院在院患者数も一一六六人と非常に多く、はるかに人口の多い東京（一二九二人）や大阪（一一三九人）と同じくらいの数なのです。(6)

そもそも日本は世界的に見ても、精神科のベッド数が飛び抜けて多く、入院期間も極めて長い国です。(7) つまり世界に類を見ないほど、精神障害者を施設の中に閉じ込めている国と言うこともできます。その国の中でも、鹿児島県が一位ですから、世界一特別な地域とも言えることを、「シナプスの笑い」の方々と交流する中で教えてもらいました。

もう一つ、その前後で私が知ったことがあります。きっかけは、ハンセン病の強制隔離政策に関する第三者機関による最終報告書でした。(8) 二〇〇一年にハンセン病の隔離政策について違憲判決が確定しましたが、この隔離政策は一九九六年にらい予防法が廃止されるまで続きました。なぜ、長い間このような政策が続いたのか、国が第三者機関の検証会議を設置して原因を探り、その報告書を二〇〇五年に公表したのです。

この検証会議の最終報告書は、報道の責任についても厳しく指摘しています。「新聞記者の多くはハンセン病問題に不勉強であった。ハンセン病療養所に足を踏み入れることもなかった。（中略）報道者が気づかぬということは、社会的に問題を抹殺したのも同然である」[9]というものです。

その最終報告では、わざわざ項目立ててハンセン病患者と精神病患者（精神障害者）の処遇の比較も記載していました。その中には「ハンセン病患者および精神病患者が長く隔離収容されてきたことは、国民の間の両疾患に対する偏見を強化し、固定化し、差別を助長してきた。」[10]という一文があったのです。

この指摘と、先ほどの鹿児島県が世界一だという情報がリンクして、鹿児島の報道機関こそが精神障害者の問題に取り組むべきだという思いを強くしたのです。

二　精神障害者も百人百様

医療現場の取材難航

その後、異動などでなかなか手をつけられない時期がありましたが、二〇一四年に遊軍という比較的自由な立場になり、精神障害者の問題に本腰を入れようと思いました。

とにかく精神科病院の中に入って実態を取材することが先決だと思い、県内の病院にお願いしていきましたが、ことごとく断られました。患者が動揺する恐れがある、今の時期は忙しい、安全を保障できない、いろいろな理由だったと思います。

これは想像ですが、これまで記者が中に入って取材した経験がないところばかりなので、リスクに対する警戒感が先に立ったのだと思います。また、病状がそれほど悪くないのに入院している患者がいることを批判されるのではないか、そういう側面もあったかもしれません。

日本の精神科病院は約九割が民間病院です（精神科病院一〇六二のうち、国三、公的医療機関四二、民間一〇一七）[11]。病院は入院患者の数に応じてスタッフを雇わなくてはいけません。そして、スタッフを雇うと、今度は入院患者の数を維持しないといけなくなります。民間病院は経営上の問題がありますので、積極的に退院を促す方向に進みにくい状況があると言われています。

ただ、だからといって民間の病院が悪いのではありません。かつて国策として民間病院の創設を促して隔離収容を進めたわけですから、精神科の病床を減らす場合も病院の経営に配慮しながら政策誘導していかなくてはいけないのではないかと現時点では思っています。

多くの病院に取材を断られましたが、電話を続けていくうちに、ようやく受け入れてくれるところが現れました。横山病院（現メンタルホスピタル鹿児島）です。横山病院は八〇年以上の歴史がある県内で最も古い民間の精神科病院で、また精神科の病床数も四〇〇床以上と県内でも最多の病院でしたが、ちょうどそのころ外部から改革意識の高いドクターが院長として入ってきていました。その方が話を聞いてくれて、泊まり込みの取材を受けてくれたのです。二〇一四年の春ごろのことでした。

院長は、私のことを信用すると言って、マスターキーを渡してくれました。精神科病院は閉鎖病棟が多いので鍵だらけです。そのあらゆる鍵を開けられるマスターキーを私に預けてくれたのです。

マスターキーを預かって病院に隣接するグループホームに二週間泊まり込んで、病院食も患者と同じものを食べて、患者の取材は主治医らに意見を聞きながら行いました。院長がすごく前向きに対応してくださったので、ほかの職員も非常に協力的でした。

超長期入院の実態

こうして最初に書き上げたのが、「入院暮らし半世紀」という見出しの記事[12]でした。記事の書き出しは「六三年」。これは年齢ではありません。横山病院で当時一番長く入院されていた方の入院期間です。

この方は八七歳の女性でした。取材を試みましたが、ちょっとコミュニケーションが難しい状況でした。ようやく聞けた言葉が「(入院期間が)長いですから(家に)帰してくださいい」のひとこと。この言葉をくり返すばかりでした。看護師に聞くと、その女性には身寄りはなく見舞いに来る人もいないということでした。この女性は重症だから入院が長いのか、入院が長いから悪くなってしまったのか、考えさせられました。

一方、五四年間入院している八四歳の男性にも話を聞きましたが、この男性は逆に、なぜ入院しているのだろう、と感じました。穏やかに余生を送っているおじいちゃんという感じで、テレビで大相撲を観戦したりラジオで外国語講座を聴いたりするのが好きということでした。

この男性は五四年前、症状が激しいときに暴力事件を起こしたことがあって、横山病院に入ったのだそうです。この男性に限らず、いったん入院すると、家族と疎遠になる人が多いと聞きました。症状が落ち着いたのに受け入れ先がないため入院を続けることを「社会的入院」と言うのですが、こういう境遇の方に何人も会い、すごく胸が苦しくなりました。

ただ、残念ながらこの連載は五回(13)で終わってしまいました。密着して取材したのですが、患者の話を何回も聞いていくうちに、長年入院しているからなのか、記憶があやふやだったり、前に言っていたことと違ったりして、事実と確信できないことが多く、活字にする段階になって、ためらいが出てきたのです。私の精神障害者に対する取材スキルが足りなかったのだと思います。一人で取材していましたので私が精神的に少しまいってしまったというのもありました。結局、二週間も泊まり込んだのに、五回分しか記事を書くことができず、不完全燃焼に終わったのが二〇一四年の取材でした。

三　偏見と差別をなくすために

再び地域で暮らせるように

そしてさらに二年後、二〇一六年のことです。多くの新聞社はそうだと思いますが、年間を通して重点的に行う連載企画というものがあります。南日本新聞でも毎年編集局内で話し合って一つの企画を決めています。

その年、私も何か企画案を出すようにと言われました。年間企画に決まると、取材チームを組むことができ、予算もつきます。二〇一四年に一人で太刀打ちできなかった悔しさもあったので、鹿児島の現状、日本の現状を踏まえ、精神障害者についての企画をやりたいとプレゼンテーションをして、採用されたのです。

チームには医療や福祉の取材経験がある記者二人を選び、もう一人、専従ではないけれどサポートで入る記者を加えて、合計四人の取材班をつくりました。

年間企画は七〇回を超える長期連載なので、方向性がぶれないように最初に「精神障害者への偏見と差別をなくす」という目標を決めました。

多くの方が社会的入院を続けているのは、地域に受け入れる環境や仕組みがなく、家族に重い負担がかかる状況があるからです。精神疾患も治療すればある程度よくなる、医療福祉の訪問サービスなどの支援があれば地域で暮らせる、ということが周知されていないのです。

精神障害者と共生する地域の環境をつくるためには、日ごろ精神障害者と触れ合う機会のない一般の方々の理解を広げないといけません。そのために、「精神障害者への偏見と差別をなくす」という目標を立てたのです。

精神障害という言葉を揺さぶる

企画のタイトルは「精神障害とともに」にしました。精神障害という言葉には、差別的なイメージがつきまといます。ですが、その精神障害という言葉をあえて使うことで、その言葉のイメージを揺さぶってみたいと思ったのです。

例えば、精神障害者をメンタルホスピタルユーザー、あるいは略してMHUに言い換えようという意見があったとします。ですが、たとえ言葉を換えたとしても、MHUにまつわる偏見に満ちた記事を書いていったら、そのMHUという言葉のイメージもまた悪くなっていくわけです。ですから、言葉を換えればいいという問題ではありません。精神障害という言葉にこびりついてしまったものを取り除ければとも思って、このタイトルを考えました。

センセーショナルな事件にどう向き合うか

この二〇一六年の夏、ちょうど所謂「相模原事件[14]」が起きました。企画はその前に決定していたのですが、犯人が精神障害者であるという報道がなされたこともあって、社内では、相模原事件があったからもう精神障害の企画は難しいのではないかという意見や、相模原事件から始めるべきだという意見がありました。しかし、われわれ取材班は話し合って、相模原事件を最初に扱うことはしないという結論に至りました。

というのも、あのときはまだ犯人が精神障害者かどうかはっきりしない状況だったからです。偏った思想に基づいて罪を犯した人たちがみんな精神障害者かというと、そうではありません。この事件の犯人の場合は、検察側の精神鑑定では、自己愛性パーソナリティー障害という精神障害とみられていますが、今は弁護側の精神鑑定に移っていて、まだ結論が出ていない状況です(15)。二〇〇一年に起きた「池田小事件(16)」の犯人も、過去に統合失調症と診断されたことがありましたが、二度の精神鑑定はいずれも罹患を否定し、結局そのまま責任能力が認められて死刑という結論に至りました。

センセーショナルな事件があったときに、そこに乗っかってしまうのか、ちょっと立ち止まって待つのか、そこにはいろいろな判断があると思います。けれども、われわれは目標に照らしてみても、事件から入るべきでないと思いました。

ただ、七三回の連載の中では、精神鑑定の話や、医療観察法病棟（重罪を犯した精神障害者が治療する病棟）の話も取り上げています。そこから逃げていては、偏見を取り除きたいがゆえに見せるべきものを見せていない、書くべきものを書いていないと思われて、読者が離れてしまいます。ですから、そこは適正に過不足ないよう取り上げたつもりです。

実名・顔出しで報じる意味

また、偏見・差別を取り除こうという企画でしたので、実名・顔出しを原則としました。

精神障害者というと、どうしても先ほど触れた事件の犯人たちのようなイメージを持ってしまう方もいます。ですが、ほとんどの精神障害者は事件など起こしません。服薬を続ければふつうに生活できるという方もたくさんいます。統合失調症、双極性障害、うつ病、アルコール依存症など、いろいろな精神障害の方がいることをリアルに感じてもらうためには、実名・顔出しが欠かせないと思いました。

障害のある方々への取材を重ねると、私もだんだん取材のあんばいが分かってきて、取材中に冗談も言えるようになりました。それは読者も同じだと思います。いろいろな精神障害者と触れ合っていけば、どんどん理解が進んで、当然のごとく百人百様だという思いに至るはずです。連載を通して、今まで精神障害者と話をする機会がなかった読者の方々に、いろいろな「出会い」の体験を提供したいと思い、実名・顔出しにこだわって取材を進めていきました。

ただ、実名・顔出しということで、やはり取材に応じてくれる方を探すのは大変でした。それ以前の取材で積み上げたつながりの中で、ツテを頼って、掘り起こしていって、やっと一人、二人、三人と協力してくれる方が見つかったという感じです。

それに、今は症状が安定している方でも、取材では過去の経験を聞くケースが多いので、やはり嫌なことも思い出させてしまいます。これ以上は聞かないほうがいい、ちょっと間を置いたほうがいい、そうしたことを判断するには、取材する側にある程度経験があったほうがいいと思います。

例えば、取材を受けると誰でも、どんなふうに記事化されるのだろうと不安になるところがあると思います。今回は、特にメンタル的に注意が必要な方々でしたので、通常はそこまではしないのですが、事前に原稿も写真も全部見ていただくようにしました。

また取材からしばらくして記事が掲載されるという場合、取材当時と精神状況が変わっていることもあります。ですから、できるだけ取材後もメールや電話を入れて、「最近はいかがですか。元気ですか」と聞くなど、うまくつないでいくようにしました。

ケアをする側の思い

病院で働く看護師や精神保健福祉士ら患者のケアをする側の方々にも数多く取材をしました。病院の中では、決められた時間に食事や入浴を済ます必要があり、どうしても管理的になってしまうそうです。自分がしたいケアはこんなものではないのにと思っている方が、少なからずいらっしゃいました。

一方で入院患者が減ってしまえば、それこそ自分たちの仕事や給料にかかわってくるというジレンマもあるそうです。今は仕組み上、病院という施設の中で、一人入院しているとそれだけで月何十万というお金が入ってくるわけです。後程紹介する精神障害者が働く出版社、ラグーナ出版を立ち上げた精神科医と精神保健福祉士の二人は、そうした精神科病院勤務が苦しくなって辞めたそうです。給料が変わらないのであれば病院の外で、地域の中で働きたいと思っている医療福祉関係者はたくさんいると思います。

これからは、今病院で働いているスタッフを活用するなどして、入院頼りにならず、在宅でも患者を支えられる仕組みに変えていく必要があると思います。ですから、連載では、公立の精神科病院を全廃し地域で患者を支える体制が確立されたイタリアに記者を派遣し、現状をリポートしました。

四　報道に課せられた責任

寄せられた多くの反響

連載では、精神障害者を巡る悲しい歴史や最近増えている精神障害者の就労の課題についても掘り下げました。連載期間は一〇カ月に及びましたが、新聞社に入って二五年、こんなに反響があったのは初めてでした。一〇回連載して二、三件手紙が来たら嬉しいのに、今回は七三回の連載で二〇〇件を超える手紙やメールが来たのです。

南日本新聞の発行部数は三〇万部ぐらいです。その中でこんなに手紙やメールが来るというのは、聞いたことがありませんでした。鹿児島の新聞なので、連載中はもちろん県内からの反響でしたが、そのあと連載が本になると、全国の方々から手紙をいただきました。

手紙やメールをくださった方の多くが、精神障害のある方かその家族でした。どれも、誰にも言えずに地域で苦労してきたことが伝わる文面でした。そんな方々から「精神障害を取り上げてくれてありがとう」「顔出しで出ている人にものすごく勇気づけられました」などと感謝され、それらを読むことで取材班は大きなエネルギーをもらい、難しい取材を最後まで走りきることができました。

必要なのは社会の理解

こうして連載に多くの反響がある中で、取材を受けてくれる方もどんどん増えていきました。最初にお話しした「シナプスの笑い」という雑誌を創刊したメンバーは、創刊の数年後にラグーナ出版という出版社を立ち上げました。もう一〇年たちましたが、順調に本を刊行しています。この連載をまとめた本も、ラグーナ出版から出版してもらいました。

連載「精神障害とともに」の総括特集では、ラグーナ出版で働く精神障害者の方々に登場していただきました。二〇〇六年に最初に取材したときは、顔出しで応じてくれた方は一人でした。ですが、このときには約三〇名の精神障害者のうち一五名ほどが顔出しで取材に応じてくれました。一〇年ほど前に撮影できなかった障害者のイベントでも、六人が実名・顔出しで取材を受けてくれました。連載がそうした機運を少し高めることができたのではないかと自負しています。

多くの精神障害者が長年病院にいなくてはならなかったのも、社会的な受け皿の問題なのです。社会の理解が進めば、精神科病院のそばにグループホームを造らなくても、地域のアパートに入ることもできると思います。

誰もが精神障害になり得る

実はこの取材を続ける中で私自身も一つ実感したことがあります。私は取材して記事を書くだけでなく、他の記者の記事を手直しする立場でもありましたが、連載を終わらせないといけない時期が決まっていたので、かなり精神的に追い込まれた時期がありました。人間関係にも悩み、眠れない日が続く中で、一度、私は連載を途中で辞めてしまおうと思い詰めて、会社の携帯を切って車で海に行きました。結局、夕方になるとやはり心配になって、携帯の電源をもう一回入れて、会社に帰ったのですが……。

その後なんとか持ち直しましたが、私は自分がそこでうつ病を発症していても全然おかしくなかったと思います。入院して当事者になる可能性も十分あったのです。そうした経験をする中で、たとえ精神障害になったとしてもまた再起できる社会であったほうがいい、という思いが強まりました。

反響が意味するもの

私たちの記事は精神障害者やその家族に喜んでいただけましたが、それはどういうことかというと、裏を返せば、今まで長い間この問題を放置してきたということでもあると思います。つまり、目を向けるべきだったのに、記事にすべきだったのに、記事にしてこなかったということなのです。

一九六〇年代の南日本新聞の記事[17]には、精神障害者が地域にいたら危険だからもっと隔離収容を進めよ、ということが書かれていました。国の隔離政策の方向性に報道も乗って、煽っていたのです。ですから、報道にも、もちろん責任があります。隔離収容を後押ししておきながら、社会的入院の解消や、地域で支える体制づくりを後押しすることには一生懸命ではありませんでした。もっと、支援があれば地域で暮らせるということを伝えるべきだったのに、それがまったく足りなかったのです。

これは精神障害者の問題だけでなく、ハンセン病も、まさに今ニュースになっている優生保護法に基づく強制不妊手術についても同じではないでしょうか。特に、優生保護法については、一九九六年に母体保護法に改定されるまで強制不妊手術が合法だったということは、多くの記者、ジャーナリストが知っていたはずです。ただ一方で十分報じてきたかというと、もちろん書いている人もいたとは思いますが、不妊手術を余儀なくされて人権を踏みにじられた障害者を救済・補償すべきだという大々的なキャンペーンを張った社は、おそらく九六年時点ではほとんどなかったと思います。今、当事者が声を上げ始めてやっと救済の動きになってきたと思うのですが、これは決して行政や政治の責任だけにしてはいけません。そうしたテーマはほかにもあるかもしれません。知らず知らずのうちにわれわれが無視しているものはないだろうか、それを探していかないといけないのです。

もう一つ、よく精神障害者やその家族に言われたことがあります。マスコミは精神障害者が何か事件を起こしたときしか記事に書かない、と。例えばパラリンピックは、一部、知的障害者も出ますが、主に身体障害者が参加する大会です。身体障害者、知的障害者は、「障害を抱えながら頑張っている人たち」ということで取り上げられやすいのですが、精神障害者はなかなかそうした形では取り上げられません。

事件が起きたとき以外に取り上げられる機会が少ない。それではどういう人たちが、どういう暮らしをしているかというのは、なかなか一般の人に伝わらない。報道は、そのようなことにも気をつけていかないといけないと思っています。

最後にちょっと本の話をさせてください。連載「精神障害とともに」を本にするとき、ラグーナ出版の方々とカバーについて議論しました。「精神障害者への偏見と差別をなくす」という目標を考えれば、イラストや風景写真などではなく、当事者の写真しかないという結論に達しました。そこで連載で登場していただいた方々に了解を取りつけていきました。カバーは、本の中で登場するより精神的なハードルが高いと思いますが、何人もの方が趣旨に賛同してくれました。その中には何十年と精神科病院に入院して今は地域で暮らしている方もいます。ラグーナの方々もいます。手前みそですが、その笑顔がどれもこれもいいんです。ぜひ手にとって見てください。精神障害に対するイメージが少し変わると思います。

（1） 南日本新聞取材班『精神障害とともに』（ラグーナ出版、二〇一七年）。
（2） 精神的な病気のため日常生活や行動がしづらくなる状態。統合失調症、うつ病、双極性障害（そううつ病）、認知症、アルコール依存症、適応障害などが含まれる。二〇一四年の厚生労働省患者調査によると、精神障害者（精神疾患患者）は全国で約三九二万人。
（3） 「精神障害に向き合い創作活動　患者らが文芸誌発刊」南日本新聞二〇〇六年三月九日朝刊二七面。
（4） 「外へ―精神障害者誌『シナプスの笑い』の挑戦①～⑤」南日本新聞二〇〇七年一月一日～六日。
（5） 厚生労働省「平成二八年（二〇一六）医療施設（動態）調査・病院報告の概況」一五頁、一八頁（二〇一七年九月二六日）（https://www.mhlw.go.jp/toukei/saikin/hw/iryosd/16/）［最終閲覧二〇一八年八月一日］。
（6） 厚生労働省「平成二七年度精神保健福祉資料」（二〇一七年八月二五日）（https://www.ncnp.go.jp/nimh/seisaku/data/630/）［最終閲覧二〇一八年八月一日］。

（7）厚生労働省「第八回精神障害者に対する医療の提供を確保するための指針等に関する検討会平成二六年三月二八日参考資料」二頁（https://www.mhlw.go.jp/file/05-Shingikai-12201000-Shakaiengokyokushougaihokenfukushibu-Kikakuka/0000046404.pdf）［最終閲覧二〇一八年七月二日］。

（8）日弁連法務研究財団ハンセン病問題に関する検証会議「ハンセン病問題に関する検証会議　最終報告書」（二〇〇五年三月）（https://www.mhlw.go.jp/topics/bukyoku/kenkou/hansen/kanren/4a.html）［最終閲覧二〇一八年八月一日］。

（9）日弁連・前掲注（8）六〇三頁。

（10）日弁連・前掲注（8）二七九頁。

（11）厚生労働省・前掲注（5）三〇頁。

（12）「入院暮らし半世紀　身寄りなく『最期まで』　ルポ精神科病院―鹿県内最多病床の現場から」南日本新聞二〇一四年七月一二日朝刊二七面。

（13）「ルポ精神科病院―鹿県内最多病床の現場から[1]～[5]」南日本新聞二〇一四年七月一二日～一六日。

（14）二〇一六年七月二六日、知的障害者施設・津久井やまゆり園で入所者一九人が刃物で刺され死亡、二六人が負傷。元施設職員植松聖被告が二〇一七年二月、殺人や殺人未遂などの罪で起訴された。

（15）二〇一八年五月二四日現在。

（16）二〇〇一年六月八日、大阪教育大付属池田小学校に宅間守元死刑囚＝執行＝が包丁を持って侵入。児童八人を殺害、教師二人と児童一三人に重軽傷を負わせた。

（17）「野放しの精神障害者」南日本新聞一九六二年一〇月八日七面。

講義を終えて　身体拘束のない社会を

講義を終えて、その日のうちに会いに行った人がいます。慶應大学特任准教授で神奈川に住むパトリック・サベジさんです。弟のケリーさんが二〇一七年五月に二七歳という若さで急死して一年。その後のことを聞くためでした。

ケリーさんはニュージーランド出身。二〇一五年八月から鹿児島県志布志市の外国語指導助手（ALT）となり、小中学校で英語を教えていました。子供が大好きで、児童からも慕われていたそうです。

しかし二〇一七年三月ごろ、精神的に不安定になり、心配したパトリックさんが神奈川での療養を持ちかけました。ケリーさんは休暇を取って神奈川にやって来ましたが、その後病状が悪化して、暴れるなどしたため神奈川の精神科病院に入院しました。ケリーさんは双極性障害（そううつ病）でした。かつてニュージーランドでも入院し回復したことがあったので、パトリックさんは日本での治療に期待しました。しかしそこで目にしたのは驚くべき対応でした。

暴れてけがをする恐れがあるとの理由で、ベッド上で両手両足など全身を縛られたのです。確かに家では暴れて手に負えず警察に通報するほどでしたが、診察中は落ち着いていたそうです。パトリックさんが拘束の必要はないのではと訴えても、聞き入れられませんでした。ケリーさんはその後、一〇日間ほとんど拘束されっぱなしで意識不明の状態で発見されました。そして転院して数日後の五月一七日に息を引き取りました。同じ姿勢を続けたため血栓ができ、ときに死に至る肺塞栓症、いわゆるエコノミークラス症候群の疑いがありました。しかし病理解剖では特定できず、病院側は一連の対応に問題はないと主張しています。

精神科での身体拘束は法律で認められています（精神保健福祉法三六条）。患者が自らを傷つけ命の危険がある場合に限られますが、一定の条件を満たした精神科医がそう判断すれば、本人の同意は必要ありません。

拘束自体は外国でも行われていますが、日本は欧米諸国と比べて長期化する傾向があるようです。精神科病院の拘束問題に詳しい杏林大学の長谷川利夫教授が国内十一病院を調べたところ、平均拘束期間がなんと九六日に上りました。それに対し、データを入手できた欧米諸国を見ると、数日から数十時間単位だったそうです。日本は拘束件数も急増しています。厚生労働省の調査によると、二〇一四年のある一日に拘束された入院患者数は一万人を超え、二〇〇三年と比べて倍増しています。

認知症患者の増加や精神科のスタッフ不足を指摘する声があります。ただ国はようやく実態調査に乗り出したばかりで現時点では、なぜそれほど増えたのか、それほど長期拘束されているのか、詳しく分かっていません。

ケリーさんの死をきっかけに、長谷川教授を代表に「精神科医療の身体拘束を考える会」が発足しました。一周忌となる二〇一八年五月一七日、パトリックさんら遺族は、厚生労働省に嘆願書を提出しました。二四時間以上の長時間にわたる身体拘束の禁止や、拘束の過程を録画して後に検証できるようにすることなどを求めています。

パトリックさんは、弟の死をむだにしたくない、同じ悲劇を繰り返してほしくない一心です。だから大学の仕事の傍ら、安易な拘束をなくす運動を続けていきたいと言います。

誰でも精神障害になり縛られる可能性があります。身体拘束のない社会をつくることはできないのか。自分のこととして考えていく必要があると思います。

9　過去ではない水俣。遠くない水俣

熊本日日新聞社編集局熊本総局次長
石貫謹也

一　水俣病は過去の事件ではない

水俣病は決して過去の事件ではありません。

熊本県では水俣病について教科書で学ぶだけでなく、県内全ての小学五年生が水俣を訪れて患者さんの話を聞いたり、水俣市立水俣病資料館を見学したりしています。これは県の教育委員会が事業として取り組んでいるものです。

また、熊本県では今も水俣病関連のニュースが連日報道され、場合によっては新聞の一面に載ることもあります。私たち地元紙だけでなく、全国紙やテレビ局も報道を続けています。

水俣病が公式に確認された一九五六年から六〇年の節目となる二〇一六年、私たちは「水俣病六〇年」という年間企画を展開しました。八回から十六回の連載を七部にわたって続けたほか、六〇年の節目となる二〇一六年五月一日には、合わせて八ページの別刷り特集を作りました。

実は、その別刷り特集が読者に届く二週間ほど前に熊本地震が発生しました。当時、私は社会部に所属していました。本棚や机の上のものが崩れて大変な状況でしたが、余震に耐えながら何とか別刷り特集の制作を続けることができました。ただ、地震対応に追われて、年間企画「水俣病六〇年」は第二部で一時中断します。第三部をスタートさせることができたのは、八月下旬のことでした。

この年間企画の中で心がけたことの一つが、「水俣病はすでに解決した過去の事件ではない」ということを強調することでした。水俣病は現在進行形の問題である、ということを念頭に置いて、取材、そして執筆を進めました。

二　水俣の「現在」

水俣病とは何か

そもそも水俣病とは何なのか、少し簡単におさらいをしたいと思います。チッソ（当時は新日本窒素肥料）という化学メーカーが水俣湾にメチル水銀という毒物を流しました。メチル水銀は様々な化学製品の原料になるアセトアルデヒドを生産するときに発生するのですが、その水銀を取り込んだプランクトンを小魚が食べ、その小魚を大きな魚が食べ、それらの魚を人間が食べて発症するというメカニズムです。

主な症状は、一つは、手足などの感覚が鈍くなる感覚障害、それから、真っすぐ歩けなかったり、転んだり、思うように動作ができなくなる運動失調。このほか、見える範囲が狭くなったり、耳が聞こえにくくなったりする神経症状などがあります。

皆さんもテレビ等で見たことがあるかもしれませんが、初期の劇症型の患者さんたちは、手足をばたつかせながら激しく痙攣し、そして多くの方が亡くなられました。

患者と家族の六〇年

田中実子さんは、水俣病公式確認のきっかけとなった小児性患者の一人です。連載第一部では、ご家族の六〇年の歴史を振り返りました。

水俣病が公式確認されるきっかけになった小児性患者の田中実子さん。(2015年撮影：熊本日日新聞社提供)

小児性患者とは、幼少期にメチル水銀に汚染された魚介類をたくさん食べて発症した患者です。これに対して、母親の胎内でメチル水銀にさらされて発症する患者さんは胎児性患者と呼ばれています。

実子さんには静子さんという三歳上のお姉さんがいました。その静子さんが一九五六年四月に発病します。家族でご飯を食べているときに茶碗を何度も落としたそうです。そして、それに続くように、当時三歳になろうとしていた実子さんも発病しました。

当時、実子さんご家族は海辺にある住宅で暮らしていましたが、実子さんや静子さんは、近くの浜に下りて、ビナといわれる小さな巻き貝を採っておやつがわりに食べていました。そのビナという巻き貝の中にもメチル水銀が入っていたのです。

当時、チッソは水俣に工場だけでなく、附属病院を持っているほど大きな存在でした。水俣の医療機関の中ではチッソの附属病院が一番大きな病院でしたので、患者たちはそこに入院します。そして、医師が五月一日に、「原因不明の疾患が発生した」と地元の保健所に届けます。これがいわゆる水俣病の「公式確認」と言われています。

お姉さんの静子さんは、発病のおよそ三年後に亡くなるのですが、実子さんは、二〇一八年の五月に六五歳になられました。

実子さんは発症後、周囲との意思疎通ができなくなりました。食事や排泄、自分の世話ができません。ここ数年は、何日か起き続けて何日かずっと眠り続けるという生活です。膝立ちになってくるくる回ったり、手をしきりにこすり合わせたりするような動作をされます。これほど重篤な障害を過失ゼロの状態で負わされた実子さんが、今も懸命に生きておられること自体、「過去ではない水俣病」と言えるのではないかと思います。

進む高齢化

しかし、今日的問題はそれだけではありません。実子さんの介護は、ずっとご両親が続けてこられました。しかし、ご両親とも一九八七年に相次いで亡くなり、その後は、実子さんの一番上のお姉さん、七四歳になる下田綾子さんと七〇歳になるご主人の良雄さんが介護をされています。

水俣病の患者認定をめぐる複雑な問題については後ほど詳しく紹介しますが、良雄さんは、行政が水俣病と認めた患者です。一方、綾子さんは患者とは認められず、いわゆる未認定患者を対象にした救済策の対象になっています。さらに、綾子さんご自身も今は持病から車椅子での生活を送っています。現在はヘルパーの手を借りるようになっていますが、水俣病の被害者が被害者を介護する状況が、実子さんのご家庭だけでなく、多くの家庭で起きています。

胎児性患者を介護してきた親が高齢化で亡くなるという事態も相次いでいます。綾子さんら、重篤な患者を抱える家族が心配しているのは、自分たちが先に亡くなって、重い障害を抱えたままの妹や弟、そして子どもたちが取り残されてしまうことです。一方、そうした家族の不安を解消する施策は、水俣病を引き起こしたチッソ、被害の拡大を防がなかった行政とも、今のところ打ち出せていません。

進まぬ無毒化

水俣病を引き起こした水銀は、一九九〇年に工事が終わった水俣湾の埋め立て地の中に、海底の汚泥と一緒に封じ込められています。この水銀を抽出して無毒化するような処理は今のところなされていません。連載の第三部では、「地震と埋め立て地」と題して、熊本地震を踏まえた取材を行いました。埋め立て地は熊本地震では持ちこたえましたが、水俣や、その近辺を震源とする大地震が起きたら大変なことになると考えました。

水銀の無毒化は絵空事ではありません。国の研究機関である国立水俣病総合研究センターは、一時期、汚泥や土壌から水銀を回収する研究に取り組み、一定の成功を収めています[1]。ですが、この手法が埋め立て地での応用に結びつくことはありませんでした。熊本学園大学水俣学研究センターの中地重晴教授は水銀を回収して永久保管する費用を六〇〇億から七五〇億円と試算し、国などに対応を迫っていますが[2]、今のところ動きはありません。埋め立て地を管理する熊本県は、地震前と変わらずに、埋め立て地を耐用年数まで使い続けていく方針です。

水銀を含む汚泥が封じ込められたままになっている水俣湾埋め立て地。
(2013年撮影：熊本日日新聞社提供)

三　救済の外で

被害者は全国に

今、いわゆる「軽症者」と呼ばれる方たちが全国で被害を訴え始めています。熊本県内だけでなく、不知火海沿岸から、大阪、東京、東海地方などに働きに出た方たちの中でも被害を訴えている方が出始めたのです。連載の第四部「見えぬ全容」では、先ほどご紹介した胎児性患者と同世代の方たちに焦点を当てました。

私たちの同僚が取材をした東海地方に住む六〇代の男性は、三〇代のころから両手の指が変形して、顔を洗うことすらままならなくなったそうです。

水俣病患者と認定されていない被害者への救済策として二〇〇九年に水俣病特別措置法（水俣病被害者の救済及び水俣病問題の解決に関する特別措置法。以下、特措法）という法律が作られたのですが、その存在をこの男性が知ったのは、救済申請の締め切り（二〇一二年七月）のあとだったのです。ですから、今のところこの男性は救済を受けていません。

同じく東海地方に住む六〇代の女性も取材しました。この方は、二カ月から四カ月ほどの頻度で激しい吐き気に襲われて寝込むことがあるそうですが、先ほどの男性と同じ理由で救済を受けることができませんでした。

こうした事態は、水俣病に関する情報が東海地方にあまりにも少なかったために起きたのではないかと考えられています。移住先で水俣病を発症した方たちを支援する医療機関や弁護団が組織的に存在しているのは関西だけです。東海地方では水俣病に関する訴訟も起きませんでした。たとえ水俣病に見られる症状を長年抱えていても、それを水俣病ではないかと疑うには一定の情報が要ります。水俣病に関する情報が少ない地域に移住した方たちの中には、自分が水俣病だと、あるいは水俣病ではないかと気づいていない方がたくさんいるのではないかと考えています。

患者団体は、自分が水俣病ではないかと気づくのが遅れた方たちに配慮して、特措法の救済申請は締め切るべきではないと訴えました。私たちも締め切るべきではないという主張を、事あるごとに紙面で展開しました。しかし、国や県はもう周知は十分できたと言って、申請の受け付けを打ち切っています。

見過ごされた軽症患者

水俣病の研究者で、二〇一二年に亡くなられた医師の原田正純さんは、胎児性水俣病の存在を世に知らしめた方です。その原田さんは晩年、私たちの取材に対して、自身の研究について、患者の発生を時間的、地理的に限定したこと、それから症状をより重篤な脳性麻痺型に限定してしまったことは過ちだった、重症者の底辺にいる軽症者にも思いをめぐらせるべきだったと反省をされていました。(3)

原田さんがやり残した軽症者の研究は、岡山大学の頼藤貴志さんたちによって引き継がれています。頼藤さんが今注目しているのは、メチル水銀が作業記憶と呼ばれるワーキングメモリーに与えた影響です。ワーキングメモリーとは、脳の中に入ってきた情報を一時的に保管し作業に移す能力を指すのですが、頼藤さんの研究によると、ワーキングメモリーがメチル水銀によって影響を受けた方たちは、電話を受けながらメモをしたり、靴ひもを結んだり、ハサミをうまく使ったり、相手の質問にうまく答えたりすることができないそうです。

頼藤さんは私たちの取材に対して、こんなことをおっしゃっています。外見上の影響は見受けられなくても、学校や勤務先、家庭で長い間いろいろな困難があったのではないか。そのような見過ごされた被害者の存在を頼藤さんは指摘しておられますが、頼藤さんのような研究を続けている方は今のところ少ないのが現状です。

四　果たされない「償い」

「償い」と「紛争処理」

何の落ち度もない患者たちが求め続けてきたのが「償い」であるのに対し、原因企業のチッソや、被害の拡大を防がなかった国や熊本県がくり返してきたのは、償いにはほど遠い「紛争処理」でした。連載の第六部「償いと紛争処理」では、水俣病の補償問題をテーマにしました。「償いと紛争処理」というタイトルは、私たち取材班のそうした問題意識に基づいています。

ここで水俣病の患者認定と、補償の仕組みについて簡単に説明します。患者に対する補償は、基本的に一九七三年に患者側とチッソが結んだ「補償協定」に基づきます。一六〇〇万円から一八〇〇万円の一時金に加えて、年金などが支給されます。対象は、県知事が認定した患者のみです。医師が診断した患者ではありません。

こうした補償をめぐる手続きは、公害健康被害補償法（公害健康被害の補償等に関する法律）に定められています。手続きは以下のとおりです。自分は水俣病ではないかと思う方は、県に患者認定の申請をします。県は、その申請者が汚染された魚介類を当時どのぐらい食べたのか聞き取りを進める一方で、神経内科や耳鼻科、眼科などの検診が進められます。それらの資料をもとに、知事の諮問機関である「熊本県水俣病認定審査会」という組織が、この申請者を認定すべきか否かを審査します。そして結果を知事に答申し、最終的には知事が、患者と認定する、あるいは患者ではないと棄却するという判断（処分）をします。

認定すべきかどうかの基準としては、一九七七年に環境庁が各県に通知した認定基準が運用されています。感覚障害や視野狭窄、運動失調などの症状の中から複数の症状の組み合わせをあらかじめ決めておいて、それに合致するかどうかを判断します。

抵抗の歴史の上に

水俣病をめぐる補償では、被害を小さくまとめようとするチッソ、国、県に、一部の患者が抗い、新たな展開を切り開くということがくり返されました。

今のような認定制度が整う前の出来事ですが、一九五九年、公式確認の三年後、チッソが当時の患者団体と見舞金契約を交わしました。これは償い、あるいは補償ではなく、あくまで「見舞金」です。水俣病の原因が自社の工場排水に起因しない場合は見舞金の支給を打ち切るという規定がありました。それだけでなく、工場排水に起因することが分かっても、新たな補償は一切しないという条項まで書き込まれていました。

水俣病一次訴訟の判決を目前に熊本地裁で開かれた集会。（1973年撮影：熊本日日新聞社提供）

当時、患者の多くは漁業者の家族でしたが、水俣病が発生し、注目を集めたことで魚が売れなくなって、非常に困窮していました。ですから、非常に不利な条件の見舞金契約をのまざるを得ない状況に追い込まれていたのです。

一九六八年、水俣病の原因はチッソの工場排水だったと政府が認めます。そこで、一部の患者が損害賠償請求訴訟を起こします。いわゆる「水俣病一次訴訟」です。裁判では、患者側が全面勝訴[4]し、そして、先ほどの一九七三年の「補償協定」につながっていきます。

この補償協定が結ばれると、患者と認定してほしいという申請が急増しました。しかし、現行の認定基準が一九七七年に通知されると申請が棄却されるケースが激増し、患者として認定されるケースは大幅に少なくなりました。被害を訴えながらも認定されない未認定患者がどんどん増えていったのです。(5)

局面を変えた関西訴訟

こうした未認定患者の問題を解決するため、国は一九九五年の政府解決策で救済に乗り出します。汚染された魚介類をたくさん食べて一定の神経症状が確認されれば、二六〇万円の一時金を支給するという内容です。この救済策によって多くの裁判は取り下げられます。ただし、この解決策で救済された人たちは、水俣病とは認められませんでした。

そうした中で、唯一裁判を継続した関西の移住者たちが、二〇〇一年、いわゆる「水俣病関西訴訟」の控訴審判決で勝訴します。(6)この判決では、二点、画期的な司法判断が下されました。一つは水俣病の範囲です。患者認定をめぐる国の基準は複数の症状の組み合わせを要件にしていましたが、高裁判決は、感覚障害だけでもメチル水銀中毒症と認めました。もう一つは、行政の責任です。国はいわゆる「水質二法」(水質保全法、工場排水規制法)という法律、そして、熊本県は「漁業調整規則」に基づいて被害の拡大を防ぐべきだったのにこれをしなかったと指摘します。

この高裁判決は、三年後に最高裁判決によって確定します。(7)その結果、門戸が狭かった患者認定の基準が見直されるのではないかという期待感が高まり、患者認定を申請する人たちが新たに増えていきます。新しい集団訴訟も提起されて、国や県はまた解決を迫られることになります。

特措法の持つ二つの意味

そうした中で、議員立法として提出されたのが、先ほど紹介した特措法です。特措法は二〇〇九年に成立しましたが、柱の一つは、一九九五年の政府解決策を下敷きにした未認定患者の救済策です。ただし、一九九五年に二六〇万円だった一時金は二一〇万円に減額されました。九五年の政府解決策で救済された人数は約一万人と言われていますが、二〇〇九年の特措法では、その三倍に上る約三万人の方たちが救済されました。関西訴訟の原告たちが裁判を続けていなかったら、この三万人の方たちの被害も、ひょっとしたら埋もれたままになっていたかもしれません。

特措法のもう一つの柱は、原因企業であるチッソの分社化手続きを進めた点です。まずチッソはJNCという子会社をつくり、生産活動をその子会社に受け継がせます。子会社の株をいずれかの段階で売却して、そこで生まれた売却益を患者補償の継続、公的債務の返済に充てるとしています。

一方で、親会社であるチッソは、清算手続きを経て、いずれかの段階で消滅すると言われています。ただ、そうすると水俣病の加害企業がこの世からなくなることになりますので、患者団体は反発しています。しかし、子会社のJNCはすでに稼働していて、現在、JNCの株の売却がいつになるのかに注目が集まっています。

交わらない「償い」と「紛争処理」

最高裁判決を経ても国は患者認定の基準を変えずに、特措法によって事態を鎮静化させようとしました。ところが、二〇一三年、すでに亡くなられた水俣市の女性の患者認定をめぐる行政訴訟で、最高裁が感覚障害だけの水俣病を認めた上で、この女性を水俣病と認定します(8)。特措法に基づく救済についても、汚染された魚をたくさん食べた上で、感覚障害があれば救済するとされました。この最高裁判決に照らせば、特措法に基づく救済に応じた方たちの中にも、ひょっとしたら患者認定されてしかるべき方がいたかもしれません。

こうした最高裁判決が出た後も、国はなお認定基準を見直していません。水俣病の補償をめぐる歴史を振り返ってみますと、患者側が正当な償いを求め続けてきたのに対し、チッソや国や県は、「その場しのぎ」ともとれるような対応を続けてきました。加害者側と被害者側が求めるものはずっと平行線のままでした。

福島第一原発事故にも同様の構図が

連載の第六部では、原発事故が起きた福島にも足を運びました。水俣病と原発事故双方の補償をめぐって重なり合う部分が大きいのではないかと考えたからです。水俣病では、原因企業に補償を完遂させるためという名目でチッソを倒産させませんでした。県債を発行して患者補償に回したほか、確実な補償を理由に、チッソの悲願だった分社化手続きを特措法に盛り込みました。

一方、原発事故でも、「原子力損害賠償支援機構法」（原子力損害賠償・廃炉等支援機構法）に基づいて、国が補償の原資、元手を拠出し、東電には負担をかけない仕組みができ上がっています。水俣病は経済の発展を優先させた国の政策が引き起こしましたが、原発は、それ以上に国が積極的に進めた政策だと言えるのではないでしょうか。原因企業が潰れれば、国が補償の矢面に立たなければなりません。そうした事態を回避するために、原因企業を温存し続けたという見方をする研究者もいます(9)。

特措法に基づく救済では、対象地域があらかじめ設けられて、地域外に住む方たちは汚染された魚をたくさん食べたということをみずから証明しなければなりませんでした。一方、原発事故でも、原発から半径何キロ圏内にあるかという、その線引きで補償が大きく異なりました。

五　水俣病は遠い存在ではない

犠牲の上に立つ日本社会

これまでお話ししたとおり、水俣病は過去のものではない、現在進行形の問題です。ですが、それだけではなく水俣病は決して遠い存在ではありません。皆さんにとっても決して遠い存在ではないと思います。

チッソの子会社、ＪＮＣのホームページには、ＪＮＣが生産する製品として、テレビやノートパソコン、携帯電話の液晶材料、紙おむつ、パンの包装紙、コンタクトレンズ、シャンプーやボディソープなどが紹介されています[10]。非常に多岐にわたっていて、私たちの暮らしに直結しているものがたくさんあります。また、ＪＮＣだけでなく、チッソが母体となった企業には、旭化成や積水化学工業がありますもし国がいずれかの段階でチッソを倒産させていたら、これらの製品に囲まれた便利な暮らしはどうなっていたでしょうか。あるいは、日本の化学産業はどうなっていたでしょうか。

生産過程で水俣病を引き起こすメチル水銀を発生させるアセトアルデヒドは、プラスチックを軟らかくする可塑剤の原料に使われます。高度経済成長期に入ると生産量が拡大して、一九六〇年には国内生産量の三分の一から四分の一をチッソが占めるようになりました[11]。日本の産業を発展させる上で、チッソはなくてはならない存在でした。

戦後日本の発展は、水俣病をはじめとする公害の犠牲の上に成立した、と言うこともできるのではないでしょうか。そうだとすれば、今の日本に生きる全ての人々にとって、水俣病は遠い存在とは言えないのではないでしょうか。

「成長のための犠牲」を許してはならない

水俣市は、県庁所在地の熊本市から遠くはなれた地域です。もっと言うと、初期の段階で患者が発生した漁村は、水俣の街中からも外れた小さな漁村でした。一九五八年に東京都江戸川区の製紙工場が放流した排水により漁業被害が起き、大きな社会問題となりました（本州製紙工場事件）。このときはその後、行政が速やかに操業を止めるように工場を指導し、さらには同年一二月、先ほど紹介した

「水質二法」の制定につながりました。水俣病が公式確認された二年後のことです。水俣病も、地方で発生したのでなければもっと別の経過をたどったのではないだろうかと想像します。

日本全体、あるいは大都市の発展のために地方にツケが回される、そうした構図はたびたび見られます。水俣病をはじめとする高度経済成長期の公害がそうですし、福島の原発事故もそうだと思います。さらに時代をさかのぼると、明治時代の足尾銅山鉱毒事件では、銅の生産が優先されて、谷中村という村が丸ごと滅亡しました。

足尾銅山鉱毒事件の研究に長年取り組み、二〇一五年に亡くなった熊本大学教授の小松裕さんは、生前私がインタビューしたときに、こう言っておられました。「足尾も、水俣も、福島の原発事故も、国益と利害が一致する企業の利益が優先された。逆に人々の命や、健康、環境は軽んじられた」と。

読者の皆さんの中には、将来、いわゆる国益に沿った成長分野と言われる分野に進む方がいるかもしれません。あるいは、それらの分野に許認可権限のある官公庁に進まれる方がいるかもしれません。成長と引き換えに何かが犠牲になっていないか、先だけを見て突っ走るのではなく、時には立ち止まって、今日、私がお話しした内容を少しだけでも思い出してほしいと考えております。

（1） 八代海地域研究グループ「低温加熱処理による汚染土壌／底質および水銀含有廃棄物の浄化処理とその水銀回収技術の開発」国立水俣病総合研究センター年報二九号（二〇〇八年）二八頁以下（http://nimd.env.go.jp/kenkyu/docs/h20nenpoh.pdf）［二〇一八年一〇月四日最終閲覧］。

（2）「地震と埋め立て地④　水銀の回収　恒久対策へ技術検討急務」熊本日日新聞二〇一六年八月二七日朝刊三面。
（3）「水俣病が現代に問うもの～公式確認55年～原田正純医師に聞く」熊本日日新聞二〇一一年五月一日一三面。
（4）一九七三年三月二〇日熊本地裁判決。
（5）認定数と棄却数の推移については、一般財団法人水俣病センター相思社「水俣病認定審査関連統計資料（熊本県・鹿児島県の一部）」の熊本県認定審査処分状況の推移を参照（http://www.soshisha.org/jp/about_md/ma_situation/水俣病認定審査関連統計資料）［二〇一八年一〇月四日最終閲覧］。
（6）二〇〇一年四月二七日大阪高裁判決。
（7）二〇〇四年一〇月一五日最高裁判決。
（8）二〇一三年四月一六日最高裁判決。
（9）「明日への提言④　賠償負担は『応責原理』で」熊本日日新聞二〇一二年七月三〇日朝刊二八面。
（10）ＪＮＣ株式会社「暮らしの中のＪＮＣ」（http://www.jnc-corp.co.jp/product/scene/index.html）［二〇一八年九月一二日最終閲覧］。
（11）高峰武『水俣病を知っていますか』（岩波書店、二〇一六年）一六頁。

講義を終えて　中立とは何か

講義を終えて早稲田大学の先生方と懇談する中、報道機関の立ち位置に関する話になった。水俣病の担当記者になって間もないころ、記者の立ち位置について考えさせられる出来事があったので、この場を借りて紹介したい。

私が社会部の水俣病担当になったのは二〇〇八年三月。水俣病研究の第一人者で医師の原田正純さんは当時、古巣の熊本大学から熊本学園大学に移っていた。熊日の水俣病担当記者にとって原田さんはキーパーソン中のキーパーソン。難しいことを分かりやすく伝える話術も巧みなため、原田さんの話にどんどん引き込まれていった。

あるとき、大学で原田さんと話していて「中立とは何か」という話になった。例えば水俣病訴訟。原告の患者に比べて、被告の国や熊本県、原因企業チッソは裁判に関わる人間も使える金も、そして持っている情報も圧倒的に多い。そのように双方の力の差が圧倒的に開いている中で、単に真ん中に立つことが中立と言えるのだろうか――。原田さんは、そう疑問を呈し、「力の差がある中で真ん中に立つことは、強者を利することがある」と指摘した。

原田さんが指摘した力の差は、水俣病訴訟の法廷に入ると端的に見て取れた。被告席が訟務検事らでぎっしり埋まっているのに対し、原告席は集団訴訟を除いてごくわずか。代理人弁護士が一人しかいない裁判もあった。患者認定の審査などを経て県が得た資料の開示を原告側が求める一方、被告側がかたくなに拒む場面も数多く見られた。

「中立」を巡る原田さんの言葉は、記者としての自分の立ち位置を定める上で大きな指針の一つになった。力をもたない側の声は小さい。できる限り相手に近づいて目を凝らし、耳をそばだてて取材しなければならないと考えるようになった。

原田さんには、ほかにも示唆を頂いた。

二〇一二年五月一日、水俣病が公式確認された日に合わせ、原田さんの寄稿を熊日朝刊に掲載した。その中で原田さんは、大臣らが水俣市に集まって物々しく開かれる水俣病犠牲者慰霊式の陰で、ひっそり生き続ける患者のことを「何人が意識しているだろうか」と問い掛けた。その患者こそ、講義の冒頭で紹介した田中実子さんだ。

それまで田中さんの家族は取材を長く断ってきたが、原田さんの寄稿に背中を押されるようにして報道機関の取材を受け入れるようになった。そのことは後で、ご家族から伺った。「原田さんのおかげで取材できるようになるまで、自分は田中さんとご家族のことをどれだけ意識していただろうか」。そう考えることで、自分の記者としての視座を見つめ直すことができた。

原田さんは寄稿が掲載された約一カ月後、急性骨髄性白血病のため、七七歳で亡くなった。水俣病を通じて、記者としてあるべき姿勢を示してくれた人だった。原田さんが亡くなった後も、水俣病はいくつかの局面を迎えた。「こんなとき、原田さんは何と仰るだろう」。そう考えて取材するたび、背筋がピンと伸びるような気がした。

第四部　ジャーナリズムの新たな可能性

10　戦場はネットへ　二〇一八年のジャーナリズム

BuzzFeed Japan創刊編集長
古田大輔

一　情報の生態系が変わった

紙に書いても届かない時代

今、新聞紙を読む人は、特に若い世代で非常に少なくなっています。私自身、かつては新聞記者として働いていましたが、紙に書いても人に届いていない実感が年々増していました。そこで、広くユーザーに届けるために、デジタルの分野に進みました。ここで考えなければならないのは、ただデジタル、つまりネットに情報を出せばいいというわけではないということです。

二〇世紀は非常に単純な世界でした。制作者、フォーマット、プラットフォーム、デバイスという、四つのレイヤーが垂直統合されていました。新聞記者が新聞記事を新聞紙に書いて新聞販売店が新聞読者に届けるといった具合です。今の時代は四つのレイヤーがバラバラです。例えば、新聞記者がヤフーニュース上に記事を書いて、読者はそれをツイッターを通じてスマートフォン（以下、スマホ）で読むようになりました。その結果、何を作って、どの経路を通じて、誰に届くのかがデザインできていないコンテンツは、読者に気づかれもしません。

この新しい情報の生態系の中でも、最も重要なものがスマホです。多くの人々が情報の大半をスマホで入手するようになりました。そのスマホの中で苛烈な競争が起きているのです。スマホの中では、新聞社の記事もあれば、ネットメディアの記事もあり、さらに、SNSやゲームなど、読者の時間を奪うライバルが山ほどあるのです。その中で可処分時間の奪い合いをしないといけません。

デジタルファーストからモバイルオンリーへ

毎年一度、博報堂DYメディアパートナーズが発表する「メディア定点調査」という調査があります。その最新の調査[1]で、デジタルメディア（「パソコン」「携帯電話／スマートフォン」「タブレット端末」の合計）に対する接触時間が全メディアの総接触時間の五〇パーセントを超えたことが大きな話題になりました。長年メディアの王様と言われてきたテレビも、この一〇年間右肩下がりに下がり続けて、わずか三六パーセントです。これはべつに若者だけではありません。四〇代、五〇代、六〇代も全部含んだメディアの総接触時間で、圧倒的にデジタルが増えたのです。

この傾向は絶対に止まりません。あと数年したら、恐らくデジタルが六割、七割を超えるというように、凄まじい勢いでほかのメディアの時間を奪っていきます。ちなみに、新聞紙は四パーセント、雑誌が三パーセントと、ほぼ消えてしまっています。

同様に、メディアに対するイメージもかなり変わってきています。「習慣になっている」「仲間との話題に必要」「役立つ情報が多い」、こうした質問についても、テレビをスマートフォンが上回ったのです。(2)

さらに、それぞれのプラットフォームの一つひとつが今どのように動いているのかということも理解する必要があります。ロイター・インスティチュートが毎年発表している「デジタルニュースリポート（Digital News Report）」という調査があります。この最新の調査で、(3)ニュースのプラットフォームとしてのフェイスブックの成長が止まり、縮少傾向が鮮明になりました。ここ五年間、デジタルメディアの世界ではフェイスブックが圧倒的でしたので、フェイスブックに代わるニュースのプラットフォームはどこになるのか、もしくはフェイスブックがここから盛り返すのかということが、今、世界のメディア、ジャーナリズムの中で非常に注目を集めています。

「デジタルファースト」という言葉がよく語られますが、これは世界的に見ると一〇年ぐらい前の言葉です。今、それに代わって用いられているのは「モバイルオンリー」です。モバイル、つまりスマホで勝負しないとユーザーには接触できないという闘いが今、メディアとジャーナリズムの世界で起こっています。

二　コンテンツ・ディストリビューション・エンゲージメント

コンテンツ戦略とディストリビューション戦略

このような変化の中で、ユーザーに向けてどのようなコンテンツを作り、どのようにして届けるのかを考えないといけません。実は、私が「Ｂｕｚｚｆｅｅｄ」（以下、バズフィード）に魅力を感じた理由の一つもそこにあります。

コンテンツをいかに作ってユーザーに届けていくのか。そして、ユーザー自身が拡散してくれるようなコンテンツをどうすれば作れるのか。それには、コンテンツを読んだユーザーの気持ちになってみる必要があります。ユーザーはコンテンツを通じて、アイデンティティーを再認識したり、新たな知識を得たり、感動や共感を覚えたりします。そして、そうした心の動きとともにそのコンテンツを拡散させるのです。そのためにきちんとコンテンツをデザインする必要があります。

同時に、ディストリビューション戦略、つまり配信の仕方も重要です。ツイッターやフェイスブックなどそれぞれのプラットフォームにどのようなユーザーがいるのかを理解して、それぞれのプラットフォームに合わせた形でコンテンツをデザインするとともに、配信の仕方もデザインしなくてはいけないのです。

多くの人に見てもらうために

私たち「ＢｕｚｚＦｅｅｄ Ｊａｐａｎ」（以下、バズフィードジャパン）は、このような情報の生態系の変化をしっかりと理解した上でコンテンツを作っています。ニュース以外にもいろいろな情報を出していますが、そうしたものはビジュアルが多く、文字が少ないのも特徴です。ビジュアルで理解できるものは、べつに文字で説明する必要はありません。それぞれのコンテンツに一番適した表現技法を使っています。

それでは、そうしたコンテンツを多くの人々に届けるためには何が必要でしょうか。

例えば、ＣＴＲ（クリックスルーレート）という指標があります。一〇〇人中何人がそのコンテンツの見出しをクリックしたかを示す指標です。一〇〇万人にそのコンテンツの見出しを見せて、ＣＴＲが二・六一パーセントであれば二万六一〇〇人が見てくれることになります。四・七三パーセントであれば四万七三〇〇人です。つまり、ＣＴＲが少し変わるだけで読者数が倍近く増えることもあります。ですから、どのような見出しにして、どのようなサムネイル（写真）にしたらクリックしてもらえるかということは、コンテンツの中身を作るのと同じぐらい大切な勝負になってきます。

私たちはいろいろなテストを重ねて、どのような作り方をすればＣＴＲが変化するのかデータをとっています。自分たちが作っているコンテンツをより多くの人に見てもらいたい、自分たちが力を入れて自信を持てるコンテンツだからこそ多くの読者に届けたい、と思って努力を続けています。

そうした努力をしっかり続けた結果、バズフィードジャパンは開設から二年で、サイト訪問者（ユニークビジター）が月間一三〇〇万人を超えました。このペースで伸びたメディアというのは、日本の歴史上たぶんバズフィードジャパンだけではないかと思います。しかも、実はほとんどのニュースサイトは男性読者のほうが多いのですが、バズフィードジャパンは同じか、女性の読者のほうが多く、しかも若い人、ミレニアル世代の人たちが四割を超えています。多くのニュースサイトでは読者の高齢化が起きていて、中心年齢が四〇代だったりするのですが、バズフィードジャパンの中心年代は二〇代、三〇代です。

ポジティブなエンゲージメントを生み出す

もっとも、よいコンテンツが多くの人に届くというだけではいけません。それではユーザーはそのコンテンツを一瞬見るだけで消費してしまい、あとには何も残りません。私たちは、そこからさらにそのユーザーにエンゲージメント（関与）を生み出したいと思っています。

例えば「いいね」を押してもらう、「コメント」を書いてもらう、「シェア」を押してもらう、「フォロー」を押してもらう。そうしてロイヤルなファンになってもらい、そこから何かその人が新しいムーブメントを起こす助けになりたいと思っています。

そのためには、ＰＶ（ページビュー）が多いだけではいけません。ネット上では、炎上商法や釣り見出しなど、わざと人を不愉快にさせるようなコンテンツを書いてＰＶを稼ぐ方法が用いられますが、それは全くポジティブではありません。世の中にとって役に立たないどころか、むしろ有害なコンテンツだと思います。

そうしたものとは違う形で、世の中にポジティブな影響を与えながらコンテンツを拡散させていくにはどうしたらいいのか。そのためには、やはりいろいろな指標、データを見ていかなくてはいけません。

保育園問題にみる新聞と世の中のズレ

デジタル時代のすごさは、そうしたデータが取れることです。残念ながら、紙媒体の時代はそうしたデータはほとんど取れませんでした。そのため、新聞社の社員たちは、この記事は読まれるに違いない、この記事は読ませたほうがいいと、自分たちの中だけで議論するようになっていたのです。しかし、新聞社で働く人たちは、特に意思決定をするレベルにおいて、大多数が男性で、しかもいい大学を出て、東京に長く住んでいて、給料も高い人たちです。その結果、彼らが考える世の中の常識と、一般市民が持っている世の中の常識の間でズレが生じてしまったのです。

そのズレが象徴的に表れたのが、二〇一六年に起きた「保育園問題」だと思います。「保育園落ちた日本死ね！」というブログが大きな注目を集めましたが、最初は、ツイッター上で話題となり、それをインターネットメディアやテレビが取り上げ、そこまで来て政治家も気づきました。そして、最後になって新聞が取り上げたのです。

なぜ新聞が最後になったのか、私は新聞やテレビで働く人たちと議論したのですが、そのとき理由としてなるほどと思ったことがあります。実は、現場の女性記者たちは「これは書いたほうがいい」と声を上げていたらしいのです。ですが、デスクや相談を受けた上司たちは、ほとんどが中年男性でした。ですから、その問題の深刻さが分かりにくかったのです。「専業主婦の人が何とかすればいい」という感覚だったらしいのですが、世の中の動きが分からないと、やはりこうした歪みが起こってしまうのです。

私たちはツイッターをよく見ています。自分たちのコンテンツの何がどう読まれているかも見ているので、世の中の関心がどこに向いているのかも分かります。ここがデジタル時代のジャーナリズムの利点だと思います。自分たちが考えるだけでなく、世の中の動きを、きちんとデータに基づいて追いかけることができる。バズフィードの標語の一つは「We cover what you care about（あなたの関心事を報じる）」です。

三　社会にポジティブなインパクトを

ＷＥＬＱ問題をスクープ

ここでようやく、今日の本題であるジャーナリズム、ニュースについて話を進めていきたいと思います。

バズフィードジャパンが最初に大きな注目を集めたのは、ＷＥＬＱ問題についてのスクープ記事でした。日本の大手IT企業、DeNAが運営するWELQという医療健康情報メディアがありました。WELQは急成長していたのですが、二〇一六年九月ごろから、どうもコンテンツの内容が怪しい、あるいはほかのサイトから情報をコピーしているのではないか、という噂が広がります。最初にそれを指摘したのは後にバズフィードに加わる朽木誠一郎というライターの記事でした(4)。それを見たバズフィードの井指啓吾という記者が、「これは大変な問題ではないか」と言って調査を始めたのです。

私たちはWELQの記事の間違いを次々とスクープしましたが、それに対するWELQ側の説明は、自分たちはプラットフォームであり、外部の人たちが自分で自由に記事を書いているので、最終的な品質のコントロールは難しいというものでした。しかし私たちは、WELQが組織的に関与していると疑っていましたので、取材を続けた結果、ついに彼らがマニュアルを作っていることを発見し、そのマニュアルを手に入れたのです。

そこから明らかになった実態はこうです。彼らは外部のライターに、クラウドソーシングを使って非常に安い値段で記事を書かせていました。しかも彼らが作ったマニュアルには、ほかの医療サイトから記事をコピペし、そのことがバレないよう文言を少しだけ書き換えて載せるという手法が記載されていました。

私たちはその証拠をつかんで、さらに現役社員やライターからも組織的関与を裏付ける証言をとって記事を書きました(5)。その結果、DeNAは会長・社長が並んで謝罪会見を開き、新聞もテレビも一斉に追いかけて報道し、ＤｅＮＡは自社運営のメディア事業をすべて中止するという大きな社会的な動きにもなりました。

これは日本のインターネットメディアにおける画期的なスクープでした。新聞もテレビもすべて追いかける事態となり、社会が大きく動いたのは、これが初めての事例かもしれません。

日本のメディアには、他メディアが取ったスクープにはあまり言及しないという傾向があります。私たちの記事も、最初は「一部ネットなどで指摘されていた」という表現で言及されていました。いまだにネットを軽く見る文化があるのですが、このスクープを取ったときには、朝日新聞が社説で「ネットニュース『バズフィード』やウェブライターの手で詳しく報じられ、間違いをただすことにつながったのは意義深い」と書いてくれましたので、(6) インターネットメディアの地位向上にも貢献することができたのではないかと思っています。

このように、バズフィードは独自の報道で、ほかのメディアが全くつかんでいないような情報も発信しています。今までのインターネットメディアのニュースサイトは、他メディアの記事の転載や、あるいは引用の寄せ集めであるキュレーション的な内容が多かったのですが、バズフィードニュースでは、私たちだけがユーザーに提供できる価値は何か、社会にポジティブなインパクトを与えるには何ができるのかを常に考えて、このような独自取材に挑戦しています。

社会にポジティブなインパクトをもたらす

先ほどから「社会にポジティブなインパクトをもたらす」という言葉を用いていますが、実はこれはバズフィードの創設者でCEOのジョナ・ペレッティが打ち出しているバズフィードのグローバルなミッションでもあります。ポジティブなインパクトとは直訳すれば、「良い影響」です。

そのための手段は様々です。ニュースで真実を明らかにすること、情報をより分かりやすく伝えること、新たな切り口を提示すること、もしくはエンターテイメントで人に楽しんでもらう、笑ってもらう、感動してもらう、共感してもらうこと等、様々な方向性からポジティブな影響を与えたい、そして日本社会をよりよくしたいと思っています。

例えば、LGBTの話題であったり、女性のエンパワーメントであったり、選挙に関する報道であったり、インターネット上に溢れる誤った情報の適正化であったり、長時間労働問題の是正であったり。また、「#metoo」のムーブメントをサポートしたりもしています。

四　フェイクとヘイトにどう向き合うか

マケドニアの青年たちが発信するフェイクニュース

最後に、デジタル時代のジャーナリズムにとって非常に重要なテーマである、フェイクニュースの問題についてお話しします。

二〇一六年、アメリカ大統領選で非常に注目を集めた記事があります。(7) 記事を書いたのはバズフィードの記者、クレイグ・シルバーマンです。彼は今、アメリカでニュースエディターをしていますが、もともとはカナダの研究者兼ブロガーで、フェイクニュースやネット上のデマを追いかける研究をしていました。

彼が記事で明らかにしたのは、このような構図でした。例えば、「ヒラリー・クリントンが、二〇一三年にドナルド・トランプに大統領候補になってほしいと言っていた」という偽記事がありましたが、こうした記事を書いている人たちがだれなのか調べてみると、実はマケドニアの青年たちだったのです。マケドニアの一〇代、二〇代の青年たちが、こうした偽記事を英語で山ほど書いてアメリカ人たちに読ませていたのです。

その目的は、広告収入を得ることでした。多くのインターネットメディアは、広告を収入源にしています。記事にはどこかに広告が貼られていて、偽記事であろうと、だれかが少しでもその記事を見るだけで、一PVにつき例えば〇・三円、〇・五円といった広告収入が入るのです。

マケドニアの青年たちは、先ほどのようなことを書けば、トランプ支持者たちがすごく喜んで、フェイスブックで拡散してくれるということを学びました。マケドニアのような小さく、経済状態も良くない国では、それは結構なお金になるわけです。そうした実態を彼は明らかにしました。

さらに、こうしたフェイクニュースを積み上げて調べてみると、実は大統領選の終盤には、フェイクニュースを出しているサイトのほうが、伝統的な新聞やテレビメディアよりも、フェイスブック上ではずっと高いエンゲージメント（シェアやコメント）を得ていたということも明らかになりました。[8] その他にも、白人至上主義がどうやってアメリカに広がっていったのか、なぜトランプ大統領があれだけの支持を得て、さらに、様々な白人至上主義、差別的な言説が広がっていったのかという裏側のコネクション、そして実はそこにはスティーブン・バノンという、トランプ大統領の元側近が関与していて、彼が運営しているメディアが白人至上主義をばらまいていたということも、記事で明らかにされました。[9]

こうした、フェイクやヘイトを含んだ情報がネット上に拡散されていく姿も、バズフィードはずっと追及しています。

日本でも同様の事例が

これはアメリカだけの話ではありません。日本でも、二〇一七年一月に大韓民国民間報道というサイトが、「韓国、ソウル市日本人女児強姦事件に判決　一転無罪へ」という記事を掲載しました。フェイスブックやツイッター上で大きく拡散され、私も知人のシェアを通じて記事を見ました。強姦事件で一転無罪判決ということ自体、すごく大きな話ですし、記事の中を見ると、無罪となった理由も論理的にムチャクチャでしたので、疑問に思ってすぐにほかのサイトを調べました。これほど大きな話題になる判決があれば、ソウルに支局を持っているメディアが絶対にニュースを書いているはずだと思ったのです。ところが、どのメディアにもそのような記事は載っていませんでした。

そこで、バズフィードの籏智広太記者に調べてもらったところ、この大韓民国民間報道というサイトは、つい最近生まれたばかりのサイトだということが分かりました。しかも、記事を見るとどれも微妙におかしいのです。ただこの段階では、まだフェイクニュースだという確証は得られませんでした。なぜなら、韓国側に取材も入れたのですが、例えば大使館に取材をかけても、「うちでは把握していない」という答えしか得られなかったからです。普通、これだけのニュースがあれば把握しているはずですから、把握していないということはおそらくデマだろうとは考えられます。ですが、いわゆる悪魔の存在証明という話で、ないことを証明するのは非常に難しいのです。ですから、最初の記事の見出しでは「デマニュースか」としました(10)。そしてさらに深く取材をしてみると、このサイトの運営者を突き止めて単独インタビューを取ることができたのです。

「傷つく人なんていない」

インタビュー(11)で、サイトを運営していた男性はあっさり「すべてフェイク(偽)ニュースです」と認めました。しかも彼は、先ほどのシルバーマンの記事を見て、自分もこれでお金が稼げるかもと思って急きょこのサイト、大韓民国民間報道を作ったというのです。

彼は、日本のとある地方の中核都市近郊に住む二〇代半ばの男性でした。話す限りにおいては非常に優秀な若者なのですが、大学院を卒業したあと仕事が見つからずに困っていて、こうしたことに手をつけたということでした。

彼は、韓国について「好きも嫌いもない」と話しています。ただ、彼なりにマーケットリサーチをした結果、日本のインターネットで一番拡散されるニュースは、嫌韓派の人々を狙った記事だと考えたのです。先ほどのマケドニアの青年たちがトランプ支持者を狙ったのと同じです。

しかも、彼には自分が悪いことをしているという認識があまりありませんでした。ネット上にはフェイクニュースが溢れている、信じるほうがおかしい、傷つく人なんていない、と彼は言っていました。

これを聞いて、このままではよくないなと思った私たちは、彼と同世代の在日コリアンの方のインタビュー記事[12]を掲載しました。傷つく人たちがいるんだ、と。この記事を読んで、先ほどのサイト運営者はすごく反省して、大韓民国民間報道というサイトも閉鎖しました。ですが、こうしたフェイクニュースが実際に日本でもすでに広がっているのです。

フェイクとヘイトが生む負のスパイラル

先ほど、私たちバズフィードの戦略として、コンテンツ戦略、ディストリビューション戦略、エンゲージメント戦略という三つの戦略を紹介しましたが、実は、ご紹介した二つの事例からも分かるように、フェイクニュースを作っている人たちもしっかりとこの三つの戦略を考えているのです。

その結果、フェイクニュースを真実だと思い込んだ人が、さらに「ヘイト心」をどんどん増幅させて、さらにフェイクニュースにひっかかるようになっていくのです。つまり、フェイクとヘイトを負のスパイラルで拡散させていくわけです。

こうした話をすると、新聞やテレビのジャーナリストたちは、「やはりネットの情報は質が低い」というようなことを言います。ですが、私はそうではないと思います。確かに彼らはひどいことをやっていますので、それは何とかしないといけません。ですが、一方で彼らはこれだけ戦略をしっかりと考えているということも忘れてはいけません。

果たして新聞社やテレビ局の人たちは、自分たちがどのようなコンテンツを作って、それをどのようにしてユーザーに届けて、結果どのようなエンゲージメントが生まれているのか、ということをしっかりと考えているでしょうか。しっかりと考えないと、質が低いと言っているネットの情報に負けてしまいます。しっかりとデザインすることが、今の時代、とても大切になってきています。

ファクトチェックの重要性

「ミスインフォメーション（誤った情報）」にはいろいろな種類があります。完全に狙って嘘をついている「偽情報」。少し間違いがある「不正確な情報」。そして、全体としては間違っていなければれども、違った印象を与えてしまう「ミスリーディング」。そして正しいのかもしれないけど、実は裏付けが取れていない「根拠のない情報」。そのほかにも「風刺や冗談」もあります。

インターネット上の記事だけでなく、政治家の発言にもそうしたミスインフォメーションがたくさんあります。そういったものもしっかりとチェックしていかなくてはいけません。

世界中のメディアが今、その検証に取り組んでいます。アメリカではＣＮＮ、ニューヨーク・タイムズ、バズフィード、そしてツイッターやユーチューブも協力して、ミスインフォメーションやフェイクニュースと闘うファーストドラフトという団体と連合を組んで頑張っています。

では日本はどうかというと、そうした連合に加わっているメディアは全然ありません。今はＦＩＪ（ファクトチェック・イニシアティブ）とＪＣＥＪ（日本ジャーナリスト教育センター）だけがその中に入っています。ＦＩＪもＪＣＥＪも、研究者や有志の団体です。日本の主要メディアは、実はそうした取り組みをまだほとんどしていないのです。

五　ジャーナリズムの職能

これまでお話ししたように、デジタル時代になって、取材手法も、表現手法も、ユーザーも変わり、ジャーナリズムの経営基盤も変わってしまいました。紙媒体だけではなかなか黒字を保つことは難しくなってしまいましたし、メディアの王様のテレビですら将来が約束されているわけではありません。唯一成長しているのはインターネットの世界だけです。その中で、やはり新しい手法を次々と取り入れていかなくてはいけないと思います。

ただ、それでもジャーナリズムの職能は変わらないわけです。アメリカのワシントンに「ニュージアム（Newseum）」というニュースの博物館がありますが、その博物館の中に入ると、こんな言葉が記されています。

THE FREE PRESS IS A CORNERSTONE OF DEMOCRACY.

People have a need to know. Journalists have a right to tell. Finding the fact can be difficult. Reporting the story can be dangerous. Freedom includes the right to be outrageous. Responsibility includes the duty to be fair. News is history in the making.Journalists provide the first draft of history.

A FREE PRESS, AT ITS BEST, REVEALS THE TRUTH.

〔自由な報道こそが民主主義の要石である。

人々は知る必要がある。ジャーナリストは語る権利がある。真実を見つけることは時に難しい。報道することは時に危険だ。自由には、常識を外れたような行動をとる権利も含まれている。フェアでなければならない責任もある。ニュースとは、今まさに織りなされている歴史だ。ジャーナリストは歴史の第一稿を提示する。

自由な報道の最良の役割とは、真実を明らかにすることだ。[13]〕

やはりこれがジャーナリズムのすべてだと思います。紙であろうが、インターネットであろうが関係ありません。どのような表現技法を用いようが、ジャーナリストは民主主義の要石として働くのです。私の場合はそれをより多くの人に伝えたいと思っているので、インターネットという場所を選んで、表現技法も考えているわけです。

今、フェイクニュースが拡散している場所はインターネット上です。紙やテレビの世界だけでフェイクニュースと闘おうにも、フェイクニュースはネット空間で広がっていきます。しかも、ネットのほうがどんどん広くなっています。であれば、やはり戦場はネットを選ばなければいけないのではないかと思っています。

（1）博報堂DYメディアパートナーズ　メディア環境研究所「メディア定点調査　2018」（http://mekanken.com/mediasurveys/）［最終閲覧二〇一八年七月三〇日］。

（2）新美妙子「定点調査コラム～デジタル化によって拡がるメディア行動『メディア定点調査　2018』時系列分析より」メディア環境研究所二〇一八年六月二二日（http://mekanken.com/contents/688/）［最終閲覧二〇一八年七月三〇日］。

（3）Reuter Institute「Digital News Report 2018」（http://www.medialiitto.fi/files/4493/Reuters_Institute_Digital_News_Report_2018.pdf）［最終閲覧二〇一八年七月三〇日］。

（4）朽木誠一郎「医療情報に関わるメディアは『覚悟』を―問われる検索結果の信頼性」Yahoo ニュース個人二〇一六年九月一〇日（https://news.yahoo.co.jp/byline/kuchikiseiichiro/20160910-00062062/）［最終閲覧二〇一八年七月三〇日］。

（5）井指啓吾「DeNAの『WELQ』はどうやって問題記事を大量生産したか　現役社員、ライターが組織的関与を証言」BuzzFeed News.2016.11.28（https://www.buzzfeed.com/jp/keigoisashi/welq-03）［最終閲覧二〇一八年七月三〇日］。

（6）「情報サイト　公共性をどう守るか」朝日新聞二〇一六年一二月一四日朝刊一四面。

（7） Craig Silverman=Sheera Frenkel=溝呂木佐季〔訳〕「フェイクニュースが民主主義を壊す　Facebookが助長したその実態」BuzzFeed News.2016.11.23（https://www.buzzfeed.com/jp/sakimizoroki/fake-news-on-sns-and-democracy）［最終閲覧二〇一八年七月三〇日］。

（8） 同右。

（9） Joseph Bernstein＝Miho Fukuda〔訳〕「白人至上主義はこうしてアメリカに広まった」BuzzFeed News. 2017.11.23（https://www.buzzfeed.com/jp/bfjapannews/heres-how-breitbart-and-milo-smuggled-white-nationalism-2）［最終閲覧二〇一八年七月三〇日］。

（10） 籏智広太「大量拡散の『韓国人による日本人女児強姦』はデマニュースか　サイトは間違いだらけ」BuzzFeedNews. 2017.1.25（https://www.buzzfeed.com/jp/kotahatachi/korean-news-xyz）［最終閲覧二〇一八年七月三〇日］。

（11） 籏智広太＝伊藤大地「『ヘイト記事は拡散する』嫌韓デマサイト、運営者が語った手法」BuzzFeedNews.2017.1.27（https://www.buzzfeed.com/jp/kotahatachi/korean-news-xyz-2）［最終閲覧二〇一八年七月三〇日］。

（12） 籏智広太「『拝啓　デマサイトを管理していた人へ』25歳在日コリアンの彼が、韓国ヘイトサイトの運営者に伝えたかったこと」BuzzFeedNews.2017.2.2（https://www.buzzfeed.com/jp/kotahatachi/korean-news-xyz-3）［最終閲覧二〇一八年七月三〇日］。

（13） 訳は筆者。

講義を終えて　急速に変化するメディアの世界　日本のジャーナリズムは追いつけるか

「デジタル時代のジャーナリズムについて語ってほしい」と、講義の依頼を受けた。そこで題を「二〇一八年のジャーナリズム」とした。二〇一八年と区切ったのは、ジャーナリズムやメディアの世界は「デジタル時代」と大括りにできないほど、急速に変化しているからだ。

二〇世紀には、新聞テレビが君臨していた。参入障壁が高く、全国紙は日経を含めて五紙、テレビキー局も五つ。業界内の競争は激しくとも、構造自体には根本的変化はなかった。

デジタル時代は違う。インターネットが一般市民に広がった九〇年代後半以降、「マスメディア業界」の構造自体が変化した。いまや情報流通網は、マスメディアが独占するものではない。個人が発信した情報が新聞テレビに匹敵する影響力を持つ例は、珍しくない。新たなメディアが次々と誕生し、影響力を急拡大させている。情報の配信網としては、フェイスブックやツイッターなどのソーシャルネットワークや、ヤフー、スマートニュースなどのニュースアグリゲーション、グーグルなどの検索エンジンがマスメディア以上に力を持つ。

筆者は二〇〇二年に朝日新聞に入社し、社会部や国際報道部などで現場の記者をしていた。ネットの世界に強い関心を持っていたこともあり、二〇一五年に退社して、世界的に注目を集めていた新興ネットメディアバズフィードに加わって日本版を立ち上げた。

この三年で、バズフィードのメディア戦略や戦術は絶え間なく変化している。二〇一五年の手法が二〇一八年には時代遅れだ。このスピード感は新聞社時代にはなかったものだ。これは個別の社の問題ではない。二〇一八年二月から三月にかけて、私はアメリカ国務省の招待を受けて、三週間にわたる研修プログラムに参加した。「Integrity in Journalism - New and Traditional Media in the Digital Age（ジャーナリズムの規範―デジタル時代の新旧メディア）」をテーマとしたその旅で、アメリカ各地のメディアやジャーナリズムスクール、ＮＰＯなどを訪問し、五〇人を超えるジャーナリズムの有識者や実践者と議論を繰り返した。

ある名門新聞社のデジタル担当者は私に対して、こう語った。「我々は九〇年代から二〇年に渡って、ネットメディアにデジタル分野で先行された。だが、いまやデジタル分野でネットメディアに追いつき、ジャーナリズムにおいて今も優位性を保っている」

日本ではどうか。伝統的なメディアはデジタル分野でネットメディアに追いついたと言えるだろうか。アメリカの大学では新聞やネットを経験した現役バリバリのジャーナリストが教壇にたち、テクノロジーと伝統的なジャーナリズムの両方を、最先端のツールを利用しながら教えている。実際に私が南カリフォルニア大学で会った講師は、ロサンゼルス・タイムズからバズフィードを経て大学に戻った女性だった。

講義の最後で引用したように、「自由な報道（つまりジャーナリズム）は民主主義の要」だ。若い世代を中心に、四〇～五〇代でも新聞やテレビよりもネットから情報を得る人が増えている。その傾向は今後、さらに加速する。講義での言葉をここでも繰り返したい。民主主義を支えるため、自由な報道に基づくニュースをより多くの人へ伝える。その戦場は、ネットにある。

11　ボクシングから読み直す日本―フィリピン関係史

関東学院大学兼任講師
乗松　優

一　社会を映す鏡としてのスポーツ

スポーツを論じる意味

拙著『ボクシングと大東亜――東洋選手権と戦後アジア外交』(1)は、日本がアジアに復帰していくプロセスを、ボクシングを通して描いた学術書です。スポーツをジャーナリズムではなく、歴史研究、しかも外交史の視点から扱うことは、少々異色の試みと言えるかも知れません。日々、生起する出来事を広く大衆に伝えることが報道の使命であるとすれば、人々の関心を絶えず惹くスポーツはジャーナリズムにこそ相性がいいからです。新聞社やテレビ局、インターネット関連企業など、マスメディアが自ら競技大会を主催し、それを独占的に報道するのは、スポーツとジャーナリズムの蜜月関係を如実に物語っています。

しかし、スポーツが見る者を魅了し、時に過剰なまでに人々を熱狂させることを踏まえれば、スポーツという世俗的な文化現象を通して、社会の有り様を問い直すこともまた可能だと私は考えています。例えば、戦前は国民の身体をいかに管理するかに焦点が置かれました。人口を増やし、兵力や労働力の増強を実現する上で、国民の体力向上は一九三〇・四〇年代における日本の国是であったわけです。錬成とも呼ばれましたが、体操がその中心的な手段であったことは周知のとおりです。スポーツを通して歴史を振り返ることは、単純に試合に勝った、負けたという話ではなく、当時の人々が身体をどのように理解し、利用しようとしていたのかを批判的に検証する可能性を秘めているのです。

私が取り組んできた研究について、幾つかの側面からアプローチできますが、紙幅の都合上、最も大事なメッセージを二点、取り上げたいと思います。第一に、なぜ日本とフィリピンの外交史に、国交断絶（状態）とボクシング交流という相反する出来事が存在するのかという点。第二に、スポーツを扱う研究者やジャーナリストにとってなくてはならない史料館が存続の危機にあるという問題です。後者については、「講義を終えて」というコラムで言及したいと思います。

研究テーマに出会う

はじめに、私がこの研究に取り組んだきっかけについてご説明したいと思います。私は今でこそ九州大学から博士号を頂き、社会学者を名乗っておりますが、もともと研究者になるつもりはありませんでした。それどころか、大学生時代、私はプロスポーツ選手という職業に憧れていました。都合の良いことに、私が通っていた宮崎公立大学から自転車で三〇分ほどのところに、小さなプロボクシングジムがありました。ご存じの通り、宮崎は東京のように物や情報に溢れた場所ではありませんでしたので、物欲を排してトレーニングに没頭するのにはうってつけの環境でした。

大学生とボクサーという二足のわらじを履きながら、私は興行の舞台裏を注意深く観察する機会を得ました。当時、地方のジムが興行を打つ際には、海外、とくにタイやフィリピンから選手を招請することが一般的でした。なぜならば、日本人同士の試合よりも、日本人と外国人の選手が闘う国際戦の方が圧倒的に集客力に優れていたためです。しかも、絶賛売り出し中の日本人ホープが海外のランカー選手や元チャンピオンを破れば、その結果は当然、試合翌月のランキングに反映されます。無名でも、ランキング上位に位置すれば、早い段階で王座に挑戦する権利を得られるわけです。資金力に乏しい地方のジムにとって、海外選手を呼び寄せ〝国際大会〟と銘打つことは、経営基盤を安定化させ、所属選手を育てる良い機会でした。

コンマ一ポンドの体重超過も許されないボクシングは、数多くの競技の中でも最もフェアで公正なスポーツと考えられています。しかし、マッチメイクにおいて東南アジアのボクサーは、日本人の〝かませ犬〟として機能していました。これはもちろん、プロレスのように勝ち負けが予め決まった試合というわけではありません。国際社会における経済格差が、おのずと東南アジアの選手を日本人選手のための引き立て役にさせていたのです。ボクシングのような厳格なルールが適用されるスポーツでさえ、グローバリゼーションと無縁ではありません。

私はこうした興行に関わりながら、ボクシングのオールドファンが、半世紀以上前に来日した東南アジアの選手の活躍ぶりを懐かしそうに話すのをよく耳にしました。彼らによれば、かつてフィリピンやタイは日本よりも優れた選手を数多く輩出し、アジアのボクシング界を牽引していたのだそうです。これは、まさに聞き流すことのできない言葉でした。今日でこそ、マニー・パッキャオが六階級を制覇し、ボクシングの本場アメリカでもフィリピン人ボクサーが再評価されています。しかし、私がボクシングの現場に携わっていた頃、地方興行の現場では東南アジアのボクサーは〝消費対象〟の選手でした。世界の檜舞台で活躍する選手がいる一方、必要悪として日本人選手の調整役を引き受ける〝プロフェッショナル〟がいたのです。

ボクサーが経験した〝戦後〟

国際社会でわが国に対する風当たりが強かった一九五〇年代、日本からアジアへ、反対にアジアから日本へ多くのボクサーが当たり前のように行き来をしていました。一人年一回、外貨持ち出し五〇〇ドルまでという条件で日本人の海外渡航が自由化されたのは、一九六四(昭和三九)年のことです。

私がそのギャップに気がつくまでに大した時間はかかりませんでした。と言うのも、私は、後に世界ボクシング殿堂入りする国際マッチメーカーのジョー小泉氏や、元東洋王者の金子繁治氏や矢尾板貞雄氏、三迫仁志氏、勝又行雄氏、フィリピン・ボクシング界の大御所であるエロルデ・ファミリー、ハワイの伝説的なトレーナーと呼ばれたスタンレー・イトウ氏など、ボクシング界の重鎮から協力を得ていったからです。今から振り返れば、スポーツを通した日本とフィリピンの外交関係を描き直す上で、こうした人脈こそがこれまで歴史に埋もれていた交流を掘り起こす助けとなりました。

拙著の中でも触れましたが、(2) 私たちが今日、教科書で学ぶ歴史は過去に起こった出来事全てを記録したものではありません。私たちが慣れ親しんだ歴史とは、何を次の世代に語り継ぐのかという取捨選択をした結果だと言えます。あえて、これを〝大文字の歴史〟と名付けるならば、日本・フィリピン・アメリカのボクシング関係者による証言や史料は、彼らがもうひとつの戦後をいかに生きたのかという〝小文字の歴史〟を表していました。私の研究は、こうした個人史を出発点にしながら、既存の日本—フィリピン関係史の常識を疑ってかかることから始まったのです。

二 ボクシング交流史から正史を撃つ

東洋選手権とは何か

時計の針を日比関係のターニングポイントになった戦後に戻したいと思います。私が注目した東洋選手権とは、一九五二（昭和二七）年に日本とフィリピンが始めたボクシングの国際大会を指します。実際に、東洋選手権は一九三五（昭和一〇）年から存在していましたが、東洋ボクシング連盟というコミッションが正式に立ち上げられるのは戦後を待たねばなりません。その後、タイや韓国、インドネシアなどの加盟国を増やし、アジア各国に選手権のネットワークが拡がっていきました。今日で

写真１　1956（昭和31）年３月29日に〝大鉄傘〟との異名を持つ国際スタヂアムで行われた東洋選手権。三迫仁志（左）がフィリピンのダニー・キッドを破りフライ級王座を獲得した＝三迫仁志氏提供

は、名称を東洋太平洋ボクシング連盟＝ＯＰＢＦ（Oriental and Pacific Boxing Federation）と変え、アジア・環太平洋地域で一五の国と地域が活動しています。[3]

東洋選手権は、戦後まもない時期から積極的にスポーツの振興に努めました。王座決定戦だけでも一九五〇年代に八九回、一九六〇年代に一六二回も行われました。とりわけ、日本とボクシング先進国フィリピンのタイトルマッチは、この選手権の目玉でした。両国の間で行われた選手権は、一九五〇年代に四五回と過半数を占め、一九六〇年代には全試合の四割に当たる六一試合が行われました。[4] とくに、一九五〇年代初めにフィリピンから日本に移り住んで、多くの日本人選手と拳を重ねたダニー・キッドやレオ・エスピノサ、フラッシュ・エロルデなどは、娯楽に飢えた日本のファンを魅了しました（**写真１**）。

植民地支配の落とし子

ところで、フィリピンがアジアきってのボクシング大国であった理由は、三〇〇年にも渡る欧米植民地支配の影響と考えられます。一五七一（元亀二）年にミゲル・ロペス・デ・レガスピのマニラ拠点化によってスペインの植民地となったフィリピンは、ヨーロッパの生活・文化様式を取り入れつつ、アジアでいち早く近代化を果たしました。その後、スペインからの独立を図った「フィリピン革命」に介入したアメリカがフィリピンを再び植民地化すると、良き植民地人に教化するための手段としてボクシングが導入されます。面白いことに、ボクシングはその目論見に反して、フィリピン各地にできた米軍基地がきっかけで普及しました。コレヒドール島やスービック湾の基地周辺では賭けの対象となる地下興行が盛んに行われ、第一次世界大戦に出征した米軍兵士に代わって地元の若者も選手として参加するようになったのです。

白井義男がGHQ軍属であったアルビーン・カーン博士の協力を得て、日本で初めて世界王者になったのが一九五二（昭和二七）年です。それに対して、フィリピンでは、パンチョ・ビラが一九二三（大正一二）年にイギリスのジミー・ワイルドを倒し世界王座を奪取しました。ボクシングにおいて、日本はフィリピンに三〇年程遅れを取っていた計算になります。白井義男が世界王者になったことは、敗戦後の日本において明るいニュースになりましたが、実際のところ、彼は早生のチャンピオンだったと言えます。なぜならば、白井が一九五四（昭和二九）年にアルゼンチンのパスカル・ペレスに王座を奪われた後、ファイティング原田が世界のベルトを取り戻す一九六二（昭和三七）年まで八年もの月日がかかったからです。日本人選手が世界のトップランカーに加わるようになるまでの間、東洋選手権は世界選手権と肩を並べるほど高い人気を誇りました。

フィリピンの反日感情

しかし、当時の日本─フィリピン外交の行き詰まりを考えると、この東洋選手権は国際情勢にそぐわない場違いなスポーツ大会であったと言えます。なぜならば、第二次世界大戦後、フィリピンは他のアジア諸国にもまして、激しい反日感情を持っていたからです。わが国は一九四二（昭和一七）年一月から一九四五（昭和二〇）年七月までフィリピンを軍事占領しました。さらに、日米間の戦闘によって、一一一万人ものフィリピン国民が戦没しました。フィリピンに送られた日本将兵六〇万人のうち、約五〇万人が命を落とした事実を考えれば、いかにフィリピンでの戦闘が凄惨を極めたか、容易に想像できると思います。(5) 日米に対するそれぞれの支持者がゲリラに身を投じて殺し合った結果、戦後の国民統合に大きな課題を残したことはフィリピンが被った受難を物語っています。当然のことながら、全土が焦土と化したフィリピンは、経済復興も困難を極め、独立はおろか米国経済への依存を深めることになりました。

戦後のフィリピン国民の対日感情を示すエピソードが、外務省外交史料館に残っています。賠償交渉の全権大使を務めた元駐比大使の湯川盛夫によれば、デモの度に在フィリピン日本国大使館の公邸や乗用車に投石されるなど、一九五七（昭和三二）年の反日感情は手がつけられないほどひどかったといいます。(6) また、一九五八（昭和三三）年に外国元首として初めて日本の国会で演説をしたカルロス・ガルシア大統領は、「十一年の歳月をもってしても、あの一大悲惨事によって作られた傷が完全にいえ、悪意が完全に清算された、とはいえない。しかしながら、静かに反省することにより、フィリピン国民は対日友好関係を回復することが現在とるべき最も賢明な道であることを確信する」と発言しました。(7) 日本とフィリピンの間で国交が回復されるのは、日比賠償協定と対日平和条約が批准発効される一九五六（昭和三一）年です。しかし、事件や事故などのトラウマ経験がそう簡単には消え去らないように、一九五〇年代後半になっても日本による占領や戦争被害の記憶は、両国の間に深い影を落としていたのです。

端的に言って、戦後の日本にとって、フィリピンは振り返りたくない〝過去〟であったと言えます。なぜならば、外地から命からがら逃げ帰った引き揚げ体験や戦争犯罪人に対する軍事裁判の厳しさ、連日、報道される賠償交渉の経緯など、フィリピンはアジア諸国の怒りを体現していたからです。フィリピンの話題が出る度に、日本人は戦時中に犯した自らの〝加害性〟に直面せざるを得ませんでした。管見の限り、この時代に両国の関係を描いた先行研究は、賠償交渉や戦犯釈放問題にしぼられています。いわば、戦後の日本―フィリピン関係は戦後処理の文脈で語られることがほとんどであったわけです。

プロレス神話を超えて

その一方で、敗戦によって傷ついた日本のナショナリズムは、スポーツによって癒されることになります。戦後のスポーツとは何か、と問われて直ぐに思い浮かぶのは、おそらくプロレスでしょう。力道山がシャープ兄弟をはじめとする〝アメリカ人レスラー〟を伝家の宝刀、空手チョップでなぎ倒す姿に、戦後の日本人が溜飲を下げたという物語は、誰しも一度は耳にしたことがあると思います。力道山の活躍は、テレビ放送と相性の良いコンテンツとなったため、国民の集合的な記憶として繰り返し語られています。

しかし、日本人の意識はなにも対米関係においてのみ作られたわけではありません。専ら、プロレスが戦後スポーツの申し子であるかのように語ることは、ボクシングを通したアジアとの繋がりを見えにくくさせます。ここで注意していただきたいのは、日本初のボクシングテレビ中継は、プロレスのそれより九カ月ほど早かったという事実です。NHKが一九五三（昭和二八）年五月一九日と二〇日の二日間にわたって、白井義男とタニー・カンポの世界フライ級タイトルマッチを録画放送したのに対して、NHK大阪放送局が山口利夫率いる全日本プロレス協会の興行をエリア限定で試験放送したのが、翌年二月六日のことでした(8)。テレビはこの世界戦を皮切りに、強い反日感情を抱いているはずの国の選手が日本人と拳を交える様子を映し出していくのです。

三　外交とボクシングの交わり

同床異夢としての東洋選手権

それでは、なぜ数多くのスポーツの中でも、ボクシングが日本人をアジアに結びつけるきっかけとなったのでしょうか。それは、東洋選手権が掲げた金看板である〝東洋一〟が大きく関係しています。よく考えていただきたいのですが、東洋選手権のいう東洋とは一体どこからどこまでを指すのでしょうか。例えば、サッカーのアジアカップにおいて、日本代表がイランなど中近東のチームと同じアジアという枠組みでくくられることに違和感を覚えた方はいらっしゃらないでしょうか。〝日本一〟あるいは〝世界一〟は、それが何を意味するのか容易に想像できます。東洋選手権は一九五〇年代後半まで、日本、フィリピン、タイ、韓国の四カ国に過ぎませんでした。もっと踏み込んで言うならば、その主役は日本とフィリピンでした。この興行の仕掛け人たちは、わずか数カ国が参加する国際大会に、伸縮自在な東洋の称号を与えたのです。

実際のところ、件《くだん》の〝東洋一〟はかなり作為的に用いられた感があります。戦後初の日本―フィリピン戦を東洋選手権と称したのは、他ならない大戦の戦災国フィリピンの国際プロモーター、ロッペ・サリエルでした。日本が主権を回復してわずか半年後、ロッペはボクシング大国であったフィリピンからエース級の選手を引き連れて来日します。彼は不慣れな日本で興行を成功させるため、戦前に数回開催されていた東洋選手権を装いも新たに復活させたのです。

さらに、この東洋一の看板は、戦前の右翼の大立者によっても利用されました。その人物こそ、後楽園スタヂアム（現在の株式会社東京ドーム）社長の田辺宗英《そうえい》でした。この田辺は、宝塚歌劇団を創設し阪急電鉄を率いた小林一三や、立憲政友会の幹事長まで上り詰めた田辺七六を兄に持つ財界の実力者でした。事実、田辺は日本テレビ社長、正力松太郎との蜜月関係の下、戦後のテレビ放送を成功へと導きます。(9) 今となっては全く信じられませんが、設備投資に多額の外貨を必要とするテレビは、時の首相吉田茂が猛反対するほど、その前途が危ぶまれていました[10]。この正力の海のものとも山のものともつかぬ構想を陰から支え、黎明期のテレビ放送を成功に導いたのが、後楽園スタヂアムで催されるスポーツイベントの数々だったわけです。

しかし、ボクシングを戦後の一大娯楽にまで成長させた田辺は、単なるスポーツ好きのやり手経営者ではありませんでした。彼は戦前、濱口雄幸首相や若槻礼次郎民政党総裁を襲撃した愛国社で社員を務めていたことが明らかになっています。彼の主張で興味深いのは、満洲事変のきっかけとなる一九三一（昭和六）年の柳条湖事件より前から、ボクシングの敢闘精神を通して国家に尽くす〝拳闘報国〟を主張していたことです[11]。もちろん、第二次世界大戦も末期になれば、誰しもが報国の志を唱えるようになるのですが、日中戦争以前にはそうした動きは見られませんでした。

生涯、尊皇主義を貫いた田辺が、日本古来の武道ではなく、欧米の近代スポーツに国士の育成を夢見ていたことは大変面白い事実です。その田辺が戦後、公職追放を解かれて真っ先に取り組んだことのひとつが、東洋選手権のコミッション機関である東洋ボクシング連盟の設立でした。彼は日本代表として、一九五四（昭和二九）年にタイやフィリピンと交渉し「ボクシングを通じて加盟国相互の親善と協力の確立」（連盟憲章第三条）を謳った連盟の創設に尽力したのです[12]。

ボクシングと外交の接合点

ここでもうひとつ、ボクシングが戦後のアジア外交と交錯した事例をご紹介します。**写真2**は、フィリピン・ボクシング界の重鎮であるラウラ・エロルデ氏が保管していたものです。行李の中に収められていた無数の史料から偶然見つけたこの一枚には、ボクシングが日比関係の緊張緩和に一役買った事実が示されています。写真中央の吊り看板には、「戦犯釈放感謝記念　日比交歓ボクシング大会前夜祭」と書かれています。スポーツの試合には似つかわしくない名称が付けられたこの大会は、エルピディオ・キリノ大統領がモンテンルパ刑務所に服役中だった日本人戦犯釈放を表明したことを受けて、一九五三（昭和二八）年に兵庫の甲子園プールで開催されました。写真では分かりづらいですが、壇上には日本側から金子繁治や中西清明、風間桂二郎、大塚昌和が、フィリピン側からフラッシュ・エロルデやベビー・ゴステロ、スター・ゴニー、ジーン・ガルシアが上がりました。

写真 2　1953（昭和28）年8月8日に行われた日比交歓ボクシング大会前夜祭の様子。フィリピン人選手の技術には定評があり、5千人のファンが試合会場に集まった＝ラウラ・エロルデ氏提供

　日比間の国交が正常化していなかったにもかかわらず、両国の新旧スター選手が顔を揃えた背景には、それだけ戦犯釈放が社会的に大きなインパクトをもたらしたことを物語っています。首都を灰燼に帰したマニラ市街戦で妻子を失ったキリノがよもや特赦を発表す

るとは、誰も想像だにしなかったでしょう。当時、日本ボクシングコミッショナーの職にあった田辺はこの大会の開催に先立ち、キリノに向けて「比国戦犯釈放感謝のメッセージ」をいち早く発信しました。[13] フィリピンの国技に相当するボクシングを通して謝意を示したことは、日本に対するフィリピンの強い国民感情を配慮したものと考えられます。日比交歓ボクシング大会も東洋選手権と同様、歴史の中に埋もれていたもののひとつですが、一種の〝贖罪〟の形を取りながら日本がアジアへ接近する道を示したのです。

四　〝東洋一〟の行方

敗戦の雪辱を果たすために

ここまでくれば、なにゆえ日本とフィリピンの間でダブルスタンダードが可能になったのか、見えてくるのではないでしょうか。戦後の日本社会においてアジアへの眼差しは、ボクシングという大衆スポーツによって生まれたと指摘できます。なかでも東洋選手権は、戦前に日本が果たせなかった大東亜の夢を引き継ぐ形で発展しました。東洋選手権の加盟国が大東亜共栄圏と部分的に重なっていたことは、このスポーツ大会が友好や親善という言葉だけで片付けられない政治的な意味合いを含んでいたことを示しています。

敗戦によって、確かに帝国日本は崩壊しましたが、あれほど多くの犠牲を払いながらアジアの盟主にこだわり続けた日本人の意識はそんなに簡単に雲散霧消したのでしょうか。戦後、ボクシング興行の基礎を作った人物が、田辺宗英のような右翼の大物であったことが戦前と戦後の連続性を裏付けています。ましてや、アメリカ文化を色濃く残し、アジアにおけるボクシング大国であったフィリピンを凌ぐことができれば、スポーツ興行という虚構の世界において、先の大戦の雪辱を果たしたと言えなくもないわけです。無論、スポーツファンを含めて、東洋選手権に関わった全ての人間が大東亜という未完のプロジェクトの実現を望んでいたわけではありません。しかし岸信介のように、海外市場を求めてアジアへの再進出を目論み、東洋選手権に近づいた政治家がいたこともまた事実です(14)。

田辺は一九五七(昭和三二)年に、東洋選手権が描く物語の結末を見ることなく他界します。彼が中心となって描いた大東亜の夢は一九六〇年代も後半、科学的トレーニングを身につけた日本人選手が宿敵フィリピンを打ち負かすことによって成就されました。〝精密機械〟と呼ばれた沼田義明が一九六七(昭和四二)年六月に、世界ジュニア・ライト級王者、フラッシュ・エロルデを破り、わずか半年後に小林弘と日本人同士による初の世界選手権を行ったのが、その象徴的な出来事となりました。同時期には、ファイティング原田がバンタム級を、藤猛がジュニア・ウエルター級のベルトを腰に巻き、一一ある世界タイトルのうち三つを日本が手にしました。三〇年とも言われた両国ボクシング界の実力差は、ここにおいて乗り越えられたのです。興味深いことに、その過程は日本が高度経済成長を迎え、科学技術立国としての自負を得る時期と重なり合っています。

やがて、日本が〝ジャパン・アズ・ナンバーワン〟の掛け声とともに世界経済を席巻していく過程で、アジアは見事に忘却されていきました。戦災国として国際社会に強い発言力を持ち、戦後のある時期までアジアのボクシング界をリードしていたフィリピンへの関心は、日本社会から静かに、しかし確実に消えていったのです。

今、再び存在感を増すアジア

日本経済が低迷し豊かさが必ずしも当たり前でないと気づくまで、私たちは国際競争力を根拠に日本がアジアをリードしているという優越感に浸ってきました。ごく最近まで日本においては、近代化が直ちに欧米化を意味すると信じられたきらいがあり、反対にアジアは援助の必要な発展途上国に過ぎませんでした。

しかしながら、アジア諸国は今日、様々な分野でその存在感を増しています。一九九〇年代初頭にバブルが崩壊し、わが国は失われた二〇年を経験しました。その間、中国は〝世界の工場〟の地位を揺るぎないものとし、世界第二位の経済大国に成長しました。さらにＩＴ企業に目をやれば、グーグルやマイクロソフト、アドビなどの企業のトップは軒並みインド出身者で占められています。一方、日本は韓国や中国から申し立てられた「歴史認識問題」に落としどころを見つけられぬまま、近隣諸国との関係を著しく悪化させました。また近年では、核開発や拉致問題を巡って北朝鮮とどう向き合っていくのかという新たな難問にも直面しています。

今日、私たちは大きな時代の転換点に立っています。アジアにおけるパワーバランスが再編成されたことで、日本は新たな覇権闘争の渦中に放り込まれようとしているのです。前述したように、東洋一は過去の遺物として一度は後景に退きましたが、その価値は政治や経済、軍事などにおけるアジア諸国の台頭によって再び見直されるかもしれません。私見ながら、ボクシングを通して戦後の日比関係を検証する拙著にある程度の注目が寄せられたのは、日本を取り巻く環境がめまぐるしく変わり、私たち自身のアジアに対する意識が徐々に変化してきたことの表れだと感じます。

（1）乗松優『ボクシングと大東亜――東洋選手権と戦後アジア外交』（忘羊社、二〇一六年）。第三三回大平正芳記念賞受賞。

（2）乗松・前掲書二六六頁。

（3）二〇一八（平成三〇）年一〇月二日に改定された規則では、米国領サモアやオーストラリア、フィジー、グアム、ハワイ、香港、インド、インドネシア、日本、韓国、モンゴル、ニュージーランド、ウクライナ＝ＰＡＭＡ（Professional Association of Martial Arts）、パプアニューギニア、フィリピン、中華民国、タイ、トンガ、サモア独立国が加盟している。Oriental and Pacific Boxing Federation. 2016. *Oriental and Pacific Boxing Federation Amended Rules and Regulations.* 8 (http://www.opbf.info/info/rules_2016new3.pdf, October 20, 2018).

しかし、二〇一八（平成三〇）年二月よりＯＰＢＦ本部国を担当する日本ボクシングコミッション（安河内剛事務局長）によれば、加盟国の活動状況は一様ではない。例えば、コミッション機能を持ち明確に連盟へ加盟している国は、日本やフィリピン、タイ、韓国、インドネシア、オーストラリア、ニュージーランドに限られる。その一方で、当事国にコミッション機能はないがＯＰＢＦがその役割を代替している国・地域は、中国や台湾、ベトナム、香港、マカオである。さらに、マレーシアやシンガポール、モンゴルは、コミッションに相当する機関から加盟要請がなされ、そのうちモンゴルが承認されている。米国領サモアやフィジー、グアム、ハワイ、インド、ウクライナ、パプアニューギニア、トンガ、サモア独立国に至っては活動実績が全くない。

以上のことからも明らかなように、一国家一コミッション、もしくはOPBF加盟国が承認したコミッション組織による運営という前提は見直しを迫られている。また近年、中国などのボクシング新興国をターゲットにしたWBAアジアやWBCアジア、IBFパンパシフィック、IBFシルクロードトーナメント、WBOオリエンタル、WBOインターナショナルが次々と乱立し、群雄割拠の様相を呈している。OPBFに課せられた新たな使命は、今後もリージョナル・タイトルが権威を保つべく、競技の平等性を保証するコミッション制度の普及を加盟各国に働きかけていくことである。

（4）「東洋タイトルの変遷～一九五〇年から始まる～（1）～⑥」The Boxing 三四巻一号一一－一四頁、同巻二号八頁、同巻三号七－九頁、同巻四号一四頁、同巻五号一八－一九頁、同巻六号一〇－一二頁（以上いずれも一九七二年）、BoxRec Boxing Records（http://boxrec.com）［二〇一四年一二月一三日閲覧］をもとに筆者が集計。
（5）中野聡「フィリピン戦後体制の形成」細谷千博・入江昭・後藤乾一・波多野澄雄編『太平洋戦争の終結――アジア・太平洋の戦後形成』（柏書房、一九九七年）三五四頁。
（6）外務省記録「岸総理訪比に関する件」三七〇－三七五頁（一九九四年公開）。
（7）「ガルシア・比大統領　国会で演説　アジアの平和へ団結」読売新聞一九五八年一二月二日夕刊一面。
（8）増田俊也『木村政彦はなぜ力道山を殺さなかったのか』（新潮社、二〇一一年）五〇〇頁。
（9）橋本一夫『日本スポーツ放送史』（大修館書店、一九九二年）二一八頁。日本テレビ放送網株式会社社史編纂室『大衆とともに二五年〈沿革史〉』（日本テレビ放送網株式会社、一九七八年）四六頁。
（10）参議院事務局「第一三回国会予算委員会会議録第二七号　昭和二七年三月二五日」一一－一二頁（一九五二年三月二七日）。
（11）田辺宗英の〝拳闘報国〟を掲載した「拳闘」巻数不明六号（拳闘社、一九三一年）は、資料保存の問題もあり今日までに散逸している。しかし幸いにも、彼が書き残した文章は、株式会社後楽園スタヂアム社史編纂委員会編『後楽園の二五年』（後楽園スタヂアム、一九六三年）二二五‐二三一頁と田辺宗英伝刊行委員会編『人間田辺宗英』（後楽園スタヂアム、一九六九年）九八‐一〇一頁に転載されている。

（12）「東洋ボクシング連盟発足」The Boxing 一六巻一二号（一九五四年）一八頁。

（13）「比国戦犯釈放感謝のメッセージ（日本ボクシング・コミッショナー　田辺宗英）」The Boxing 一五巻一〇号（一九五三年）二〇‐二一頁。

（14）岸政権のアジア進出については、林茂・辻清明編、『日本内閣史録5』（第一法規、一九八一年）三八九‐三九八頁を、岸信介とボクシング界の関わりについては、「東洋チャムピオン・カーニバルと東洋連盟年次総会の盛観」The Boxing 一九巻一二号（一九五七年）四‐五頁を参照。一九五七（昭和三二）年一一月に行われたボクシングの「東洋チャンピオン・カーニバル」には、外務省後援が与えられただけでなく、岸総理自身による関係者への接待や石井光次郎副総理の総会挨拶が行われた。外貨準備高の減少により国際競技大会の実施が苦慮される中、当時の日本円で一四〇〇万円（現在の価値で五億円以上）はかかると言われたカーニバルに政府からの支持を取り付けたことは、どのような手段をもってしても東南アジアへ足がかりをつけたいとする岸の意志が感じられる。ボクシング界と政界が接点を持った背景には、岸信介と第一次岸改造内閣で閣僚を務めた正力松太郎、後楽園スタヂアム五代目取締役社長眞鍋八千代、田辺宗英の甥で、衆議院議員や山梨県知事を務めた田辺国男との繋がりがある。岸によるスポーツの政治利用については、拙著一四三‐一六九頁を参照されたい。

講義を終えて　スポーツ資料保全が直面する危機

二〇二〇年東京五輪・パラリンピック開催の陰で、ひとつの史料館が消えようとしています。東京新聞の二〇一八（平成三〇）年四月一六日朝刊において、「五輪資料貸し出し・閲覧休止　旧国立内のスポーツ博物館・図書館」という記事が報じられました。これによれば、スポーツ関連資料約六万件と図書約一六万五千冊を有する秩父宮記念スポーツ博物館・図書館が、本年四月から無期限で貸出や閲覧サービスを休止しました。さらに、日本スポーツ振興センター（ＪＳＣ）への予算削減の結果、今年度から両館の人員が半減されたそうです。

秩父宮記念スポーツ博物館・図書館は、昭和天皇の弟で〝スポーツの宮様〟として親しまれた秩父宮《ちちぶのみや》雍仁《やすひと》親王を記念して、一九五九（昭和三四）年に旧国立競技場内に設立されました。この旧国立競技場は、一九六四年東京五輪の主会場となった場所です。この施設は、国立国会図書館にすら所蔵されていない貴重な文献のほか、選手やその関係者が寄贈した歴史的価値の高い史料が収められていることで有名でした。しかし、現在急ピッチで建設が進められている新国立競技場に、スポーツ博物館・図書館の構想は含まれておりません。現時点で、ミュージアムの存続はかなり厳しいと言えるでしょう。

端的に言って、スポーツ専門史料館の閉鎖は、ふたつの大きな損失を招くと指摘できます。

ひとつは、今後、スポーツを通した歴史の検証が困難になるという点です。個人が書き残した日記やメモ、証言といった私文書は史料批判が必要です。逆に、公文書が必ずしも事実を示しているわけではないことは、森友問題で財務省による文書改ざんが発覚した件で容易にお分かりいただけると思います。そもそも人間が作成した文書には間違いがつきものです。思い違いをしたり、自分や自らの組織をより良く見せようと、必要以上に筆が走ったりすることは誰でも経験があるはずです。史料批判は事実関係を明らかにするだけでなく、なぜ事実と違う記載が私文書や公文書に残されているのかという興味深い疑問を私たちに与えます。その意味において、スポーツ関係資料を専門に扱う施設の閉鎖は、ジャーナリズムや学問が大きく後退することを意味します。

もうひとつは、博物館・図書館における人員削減に伴って、利用者の水先案内人ともいうべき学芸員や司書を数多く失った点です。それはすなわち、コレクションの内容や史料の来歴を知る専門家がいなくなったことを意味します。今日、ITインフラの整備によって取材・研究活動は考えられないほど便利になりました。ともすれば、私たちはインターネットで得た情報が全てであるかのように錯覚しがちです。しかしながら、世の中に残る全ての史料がオンライン・カタログ化されているわけではありません。膨大なコレクションの中から、目的の史料に到達するには、熟練した専門家の知識と経験が必要不可欠なのです。

東京五輪・パラリンピック関連経費は当初の試算から増額を重ね、ついに三兆円を突破しました（「東京都　五輪関連経費八一〇〇億円　新規計上、計三兆一六〇〇億円」毎日新聞二〇一八年一月二七日朝刊三〇面）。血税が湯水のように使われる中で、皮肉にも知の拠点であるスポーツ博物館・図書館が危機に瀕していることは、いかに文化としてスポーツを見る視点が今日の日本社会に欠如しているのかを如実に物語っています。

12　キルギスの誘拐結婚、ヤズディから日本人妻へ

フォトジャーナリスト
林　典子

一　はじめに

私はフリーランスのフォトジャーナリストとして活動しています。フリーランスの仕事は大きく分けて二種類、一つはアサインメントといって、主に海外の雑誌や新聞社から取材の依頼を受けて写真を撮る仕事です。そしてもう一つが、パーソナル・プロジェクトです。テーマも、場所も、期間も、予算もすべて自分で企画して、自分が納得いくまでとことん取材します。私はこのパーソナル・プロジェクトのほうを大切にしています。これから私がパーソナル・プロジェクトとして取材したテーマを紹介しながら、「フォトジャーナリストは『真実』を伝えることができるか」、そして「SNS時代のフォトジャーナリズムが目指すもの」について、お話をさせていただきたいと思います。

二　フォトジャーナリストは真実を伝えることができるか

誘拐した男性側の親族の女性たちに自宅へ連れて行かれる、女子大生のファリーダ。（2012年９月、キルギスにて著者撮影）

キルギスの誘拐結婚

二〇一二年から、中央アジアの小国キルギスで「アラカチュー」（Ala Kachuu）と呼ばれる習慣について取材を続けています。キルギスは日本の半分ほどの面積の小国で、六〇〇万人ほどの人々が暮らしています。このアラカチューとは、日本語では誘拐結婚と訳されていますが、男性が気に入った女性を誘拐して、家に連れていき、結婚を強制するという慣習です。キルギスでは、女性の合意がない誘拐結婚は一九九四年から法律で禁止されています。ですが、現地のＮＧＯスタッフによると、今でも年間一万人近い女性たちがこの方法で結婚させられているということです。

キルギスで取材を始めて二カ月後、女性が連れ去られる現場に遭遇しました。連れ去られたのはファリーダという女子大生でした。男性の家に連れていかれて、「僕と結婚してほしい」と結婚を迫られます。しかし、ファリーダにはフィアンセがいましたので、「なんであなたなんかと結婚しなきゃいけないのか」と拒否しました。

実はこの男性はファリーダに昔から気があったのです。そこで町なかを歩いているファリーダを車に押し込んで、自分の家に連れていきました。男性の身内の女性たちも交えた説得が続きましたが、彼女は結婚したくない、結婚したくないとずっと拒否しました。結局、一〇時間後にファリーダのお兄さんがファリーダを助けに来て、自宅に帰ることができました。

ファリーダは自宅に帰ることができた幸運なケースですが、多くの場合、誘拐された女性は相手の男性との結婚を選択しています。アラカチューの問題を研究しているフィラデルフィア大学のラッセル・クラインバック名誉教授を取材しましたが、教授はキルギスで誘拐された女性の約八割が相手男性の家に残っていると推測をしていました。

多くの女性が相手男性との結婚を選択している理由は、キルギスでは一歩でも相手男性の家に入ったら純潔が失われたと見なされてしまうからです。そうなると、拒否をして自宅に帰ることができても、いろいろな噂が広がってしまうので、諦めてその男性の家に残る、つまり結婚するという選択をせざるを得ないわけです。

複雑なものを複雑なまま伝える

取材を基に、『キルギスの誘拐結婚』[1]という写真集を出版しました。このテーマは日本のメディア、特にテレビのバラエティー番組などではセンセーショナルに報道されました。誘拐結婚という言葉が非常にキャッチーで、「キルギスの男は最低だ」といった扱われ方をしやすいのですが、実際はキルギスの誘拐結婚はとても複雑な問題です。

例えば、誘拐結婚は男性だけが悪いわけではありません。男性側の親族の女性が誘拐結婚に加担しているケースも多くあり、単なる男尊女卑ではないのです。その地域独特の人間関係、社会・文化的背景など、様々なものがまじり合って行われている問題です。それに、一つの家庭の中で、お兄さんは誘拐結婚だけれど弟は恋愛結婚だという家庭もたくさんありますし、誘拐結婚で幸せに暮らしているケースもたくさんあれば、恋愛結婚で離婚するケースもたくさん目にしました。

私は誘拐結婚を「人権侵害」として紹介しています。ですが、彼らの慣習を否定するのか、それとも文化として紹介するのか、非常に迷いました。

これはよく議論になることですが、私は、フォトジャーナリストは必ずしも真実を伝えることができるとは思っていません。メディア関係者などから取材を受けるときも、このことは強く意識していて、「私はこの国の真実を伝えている！」といったことは意図的に言わないようにしています。

それはなぜか。撮られた写真というのはあくまでも私の目線であって、フレームの中に収まっていない景色がたくさんあるわけです。大手のメディアはいろいろな問題を単純に伝えがちですが、複雑なものを複雑なまま伝えることもすごく大事だということをこの取材を通して感じました。

フォトエディティングの大切さ

キルギスの取材では、七〇〇〇枚程の写真を撮りました。その中で発表するのは、雑誌であれば数枚、写真集であれば七〇枚程度、写真展であれば三〇枚程度、と限られています。何でもかんでも、強い写真だけ、分かりやすい写真だけ、いい写真だけを選んで並べるのではなく、どの写真を選んで、どのようなシークエンスで並べるか、この「フォトストーリー」を作るフォトエディティングの作業が非常に大切だと思っています。

壁に落書きされた、キルギス人夫婦の絵。(2012年7月、キルギスにて著者撮影)

このキルギスの誘拐結婚についても、一つのフォトストーリーを作りました。最初に誘拐があり、女性が家の中に連れてこられて、その後、結婚を受け入れて、結婚式があってと、途中までは時系列です。ですが、最後をどの写真で終わるのかということが非常に大切になります。

私の場合は、あえて曖昧な写真を選びました。キルギスで見つけた一枚の壁画、落書きの写真です。キルギスの伝統衣装を身に纏った夫婦の姿が描かれていて、上に「幸せになろう」とロシア語で書かれています。

このストーリーを最後、例えば幸せに暮らしている夫婦のポートレートで終わるのか、または結婚を強いられて自殺してしまった女性の遺族の写真で終わるのか。いろいろ考えた末に、これは非常に複雑な問題なので、最後は見ている人にこの問題はどのような問題なのかを想像してもらおうと考えたのです。

皆さんも、いろいろなところに行って、あるテーマで写真を撮って、それを何枚かにまとめることがあると思います。どの写真を選んで、どの写真で始め、どのような並びにして、どの写真で終わるのかを考えてみることも写真を勉強する上で非常に良い学びのプロセスになると思います。

三　SNS時代のフォトジャーナリズムが目指すもの

ヤズディとの出会い

二〇一四年八月に、当時勢力を拡大していたダーシュ（IS、イスラム国、以下、ダーシュ）が、イラク北西部シンガル山の麓に住むヤズディという少数民族を攻撃しました。現地の報道や、私自身が取材したヤズディの弁護士の話によると、何千人ものヤズディの男性たちが殺害され、六〇〇〇人近い女性たちが拉致されました。拉致された女性たちはダーシュの支配地域に連れ去られ、性的暴力を受けたり、ダーシュの戦闘員との結婚を強制されたりしたのです。

私はこの事件が起きるまで、ヤズディという人々の存在を知りませんでした。当時、トルコで全く別の取材をしていた私は、たまたま具合が悪くなって現地の病院で診察を受けていました。その病院の待合室で流れたテレビで、ダーシュに攻撃されて家を追われたヤズディの人々が国境を越えトルコに逃げてきている、というニュースを見たのです。そのとき初めて思いました。「ヤズディって何だろう」と。

私の看病のために、トルコ人の友人が一緒に病院に来てくれていましたので、彼に「ヤズディって知っている?」と聞きました。すると彼は「ISも悪いけど、ヤズディはもっと汚いし、もっと野蛮で、彼らには同情できない」と言ったのです。

すごく仲のいい、信頼できる友人がこんなに差別的なことを言うのか、とびっくりしました。それと同時に、ヤズディについて取材したい、と思いました。彼のこの言葉がなければ、もしかしたらヤズディの取材はしていなかったかもしれません。

よく「取材テーマはどうやって見つけるのか」という質問を受けますが、私の場合は、昔から知りたい、取材をしたいと思っていたテーマもあれば、今回のようにふとしたある人の一言がきっかけで取材してみようと思うようになったこともあります。

顔を写せない女性

二〇一五年二月からイラク、そして多くのヤズディが難民として逃れたドイツ(2)で、ヤズディたちの取材を始めました。

ヤズディとは少数民族の名前ですが、宗教の名前でもあります。イスラム教徒ともキリスト教とも異なる独自の信仰を持っています。ヤズディは地球を創造した神「ホデ」を信じる一神教で、太陽を崇拝しています。ゾロアスター教やイスラム教、キリスト教など、いろいろな信仰に通じているのです。ダーシュがヤズディを攻撃した背景には、こうしたヤズディの独特な信仰があると言われています。

ですが、私はヤズディが攻撃された理由はそれだけではないと思っています。この地域に昔から根づいていた少数民族に対する差別感情が、ダーシュというグループの「正義」と結びついて、ヤズディへの攻撃が引き起こされた、つまり昔からあった差別感情が影響しているのではないかと思います。

イラクからドイツに移住したサラ。避難先のアパートで。(2016年2月、ドイツにて著者撮影)

サラという女性は、ダーシュに拉致され、性的暴力を受け、何カ月間もダーシュの支配地域内に監禁をされていました。もう二度と両親に会うことができないかもしれないと思ったサラは、たまたま見つけた針で「お父さん、お母さん、愛している」と腕にタトゥーを彫ったそうです。

その後何とか隙を見て逃げ出すことに成功したサラは、イラクの難民キャンプへ逃れ、さらにその後難民としてドイツに避難しました。私はサラがダーシュから逃げ出した後、イラクの難民キャンプで何週間も一緒に暮らしながら取材をし、さらにドイツでも一週間、サラが暮らしているアパートの部屋で一緒に暮らしながら写真を撮らせてもらいました。

私が撮った写真にはサラの顔は一切写っていません。サラ自身は顔を写してもいいと言いました。ですが、取材当時サラの妹三人がまだダーシュに捕まっていたのです（のちに二人は脱出しましたが、二〇一八年六月現在、なお一人は不明のままです）。サラはダーシュに捕まっているときに写真を撮られ、個人情報も全て記録されています。サラが私の取材を受けたということがダーシュ側に分かってしまうと、妹たちに危害が及ぶかもしれません。ですから妹たちを守るために、顔が分からないように撮影しました。サラは指にも自分の名前のタトゥーを彫っていましたので、指も見えないように撮影しなくてはいけません。撮影は非常に大変でした。

何を記録するのか

取材を始めた当初は、ヤズディについて何も分からないまま取材をしていましたから、目の前にあるものすべてに反応して写真を撮っていました。多くのフォトジャーナリストやカメラマンたちが行きたいと思うような派手な現場、一瞬で何が起きているのかが分かるような現場の写真ばかりを撮っていたと思います。

ですが、今はイラクの山奥に暮らしているヤズディの人々も、ほぼ全員、スマートフォンを持っています。自分たちの身に起きたことを、写真や動画に撮ってユーチューブやフェイスブックにアップする、そんな時代なのです。

ですから、五〇年前、六〇年前のフォトジャーナリストがしていたような仕事と同じことを私がやっていては遅いのです。速報性の求められるニュース現場を取材するジャーナリストやカメラマンは既に現場にいます。フリーランスである私は何を伝えるべきなのかと自分に言い聞かせながら取材をしていました。

取材のやり方、方向性が何となく分かってきたのは、取材を始めて一年後、ドイツで三人のヤズディの女性が結婚式を挙げるのを取材したときでした。三人は一度ダーシュに捕まって性的暴力を受け、逃げだすことに成功した女性たちでした。彼女たちはドイツに避難し、ドイツで出会った同じヤズディの男性たちと結婚したのです。

ドイツに避難したヤズディのカップル。結婚パーティの前に控え室で待機をする。(2016年4月、ドイツにて著者撮影)

結婚式には、ドイツ中から二〇〇〇人ものヤズディが集まっていました。結婚する本人たちと面識のない人がほとんどです。ドイツで暮らしていた二〇〇〇人ものヤズディたちが、面識もないのに、同じヤズディの結婚式があるという噂を聞いて駆けつけていたのです。

その人たちがホールに集まってカップルを祝福している姿を見て、「この団結感は何なのだろう」と思いました。そして、この失われていくヤズディのアイデンティティーをどのように守っていくのか、これからヤズディはどうなっていくのか気になり始めたのです。

このときに初めて、今起きていることだけを記録するのではなく、ヤズディという人々がこれまで大事にしてきたもの、彼らに残されてきたものを記録したいと思うようになりました。彼らに残されたものというのは、ヤズディの故郷であるシンガル山の土地と、彼らがダーシュから攻撃されたときに家から持ち出すことができた写真などのわずかな持ち物、そして信仰心のような目に見えないものばかりです。目に見えないものは写真に撮ることはできませんが、彼らに残されたものを写真にまとめて残したいと思うようになったのです。

民族のアルバム

その後取材を重ねて、『ヤズディの祈り』(3)という一冊の写真集を出版しました。

本を作るときにはいろいろなコンセプトがあると思います。例えば私が、二〇一四年八月三日に何が起きたのかを検証する単行本を書くのであれば、たぶんダーシュ側の声も取材しなければいけなかったと思います。

イラクでは、たくさんのダーシュ戦闘員が刑務所に収監されています。そうした人たちの取材をするなどして、ヤズディの目線だけでなく、もう少し視点を広くして取材することもできたはずです。

農園で飼育していた羊とバーフィ、農園の自宅前で2000年に夫婦の長男ハサンが撮影。自宅は空爆により廃墟となった。（避難先の民家の床を背景に、2016年著者撮影）

ですが、この『ヤズディの祈り』という写真集は、あくまでも彼らヤズディの民族のアルバムのような存在の本であってほしいと思ったのです。

ヤズディは口伝で伝承を残してきた民族ですので、彼らの歴史的な文献はほとんど残っていません。彼らの言葉で、彼らの目線で、彼らに残されたものを写真として本に詰めていって、そして彼らに届けたいと思いました。

残されたもの

アショールとバーフィという老夫婦には、イラク取材のときにとてもお世話になりました。私は取材中ホテルには泊まらずに、このお二人が避難していた民家に一緒に泊まらせてもらい、いろいろなことを教えてもらいました。空爆で廃墟となった彼らの自宅の写真と現在の彼らの暮らし、二つの風景を取材して写真に残しました。

二人の息子のうちの一人、ジョージという男の子は、ドイツまで難民として逃れ、その後私のドイツ取材では通訳を務めてくれました。多くのヤズディたちがイラクからドイツへ逃れましたが、陸路で何週間もかけて、それもいくつもの国境を越えての移動になります。過酷な長旅で、当然、スーツケースを持って移動することはできません。ジョージも、時にはアイスクリームを運ぶトラックの中に隠れて国境を越えることもあったといいます。ドイツにたどり着いたころには一〇キロ近く痩せてしまっていました。

ですから、イラクから持ち出せるものは非常に限られていました。GPS機能が付いた携帯電話など、絶対に必要なものがほとんどです。しかし、それでも多くのヤズディは、何か自分の故郷を象徴するものを必ず一つはカバンに忍ばせていました。

ジョージが故郷から持ち出したのは懐中時計でした。イラクを出るときに、親友から「僕のことを忘れないでほしい」と渡されたものです。彼はその時計をリュックの中に入れてドイツまで渡りました。

多くのヤズディたちが持ち出したのは写真でした。彼らに写真を見せてもらいながら、写真を大事にする文化は日本人もヤズディも変わらないなと思いました。東日本大震災のあと私が東北で取材をしているときに、ドロドロになった写真を丁寧に洗っているボランティアの方たちがたくさんいたことを思い出しました。そして、私がこうやって写真にかかわる仕事ができていることは本当にありがたいことだなとつくづく思いました。

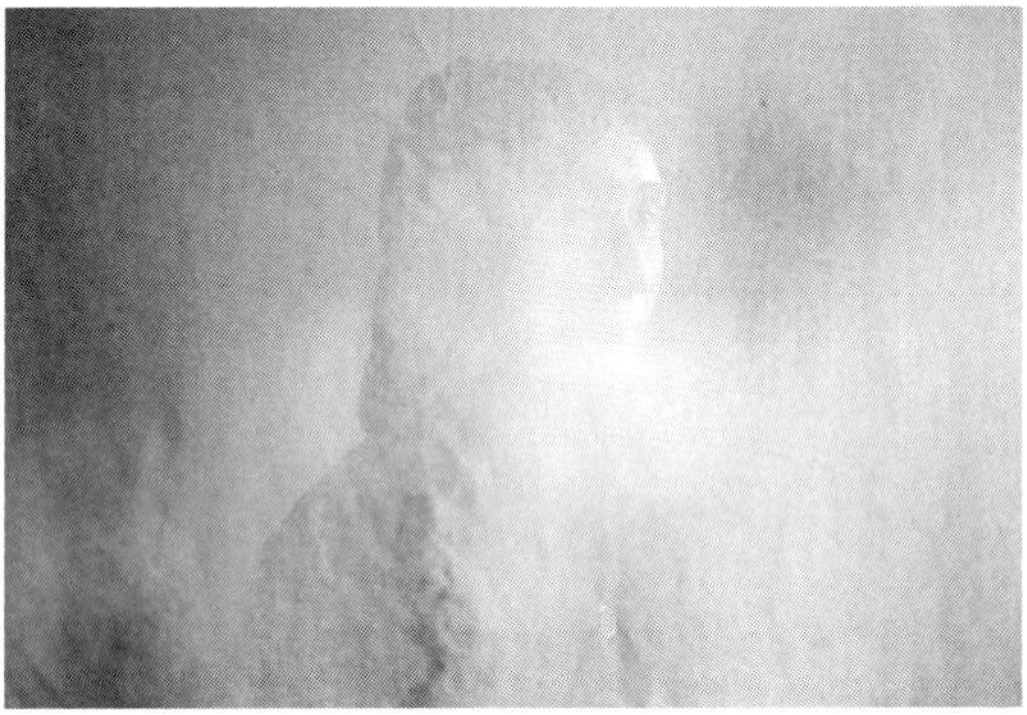
ダーシュの戦闘員に拉致され、数カ月後に脱出したヤズディの女性。伝統のスカーフ越しに撮影。（2015年３月、イラクにて著者撮影）

独自の視点を持って対象に向き合う

『ヤズディの祈り』では、写真集の作り方についても少し特殊な試みをしました。写真と文章を、別々のパートに分けて掲載したのです。

写真のパートでは、写真の下に書いてあるのは地名だけです。写真の近くに文章は載せませんでした。取材してきた私からすると、彼らの言葉がすぐ頭に浮かんできますから、どうしても文章を写真の近くに載せたくなってしまいます。ですがチャレンジで、あえて文章と写真を離しました。最初は写真だけのページが一〇〇ページ以上あって、最後に文章のページをまとめたのです。

文章が近くにあると、どうしても先に文章を読んでしまいます。文章を読んでから写真を見ると、写真に写された人のことを知った気になってしまうのではないか、それでは危ないのではないかと考えました。

そうではなくて、最初に写真のページを目にするときには、何も分からなくていいと思ったのです。「自分はこの人たちのことを何も分からないんだ」ということを実感しながら本をめくっていき、最後に、それぞれの説明を読んで、「ああ、あの写真の子ってこういうことを経験した子だったんだ」

と気づいてもらう。そして、また最初の写真のページに戻って写真を見ると、また違った見方ができるのではないか。それを期待して、あえてこのような本の作りにしました。

写真集の表紙にも独自のコンセプトを込めました。あるヤズディの女性の写真を載せていますが、彼女はサラと同じく顔を出すことができない女性です。カメラのレンズの前に、ヤズディの人々が頭に巻く伝統的な白いスカーフをかざして写真を撮りました。そのスカーフをスキャンして、半透明の薄いカバーにしました。スカーフでヤズディの人々の思いや残されたものを覆う、というコンセプトでこの本を作っています。

イラクでお世話になったアショールとバーフィ夫婦。移住先のアメリカで、手渡した写真集を読んでいる。（2017年３月、アメリカにて著者撮影）

今までにない作り方をしましたので、写真集を作るのは本当に大変でした。ですが、写真集を出版した後に、ヤズディの人々に届けたらすごく喜んでくれました。アメリカに逃れていたアショールとバーフィ夫婦にも届けましたが、もう帰ることができなくなった故郷の写真を見てすごく喜んでくれました。

フォトジャーナリズムがアーティスティックになっていく、と言われる風潮があります。取材テーマにどう向き合うか、それをどう写真で表現するか、そしてどのような形にまとめて伝えるか。現在、世界中のフォトジャーナリストや写真家たちは、様々な手法を取り入れるようになりました。

私はフォトジャーナリズムの世界において、色々な表現方法が受け入れられるようになってほしいと思っています。ただ派手な現場で「衝撃的な」一瞬をばかりを狙ったり、またはとりあえず発展途上国へ出かけて行き、貧困の中で生きている「子どもたちの笑顔」ばかりを撮影すればいいというわけではなく、フォトジャーナリストはその先にある物語を深く伝えなければいけないと思っています。カメラの性能はどんどんよくなっていますので、誰でも「いい写真」「うまい写真」を撮ることができるようになりました。今、フォトジャーナリストにとって大事なことは、「独自の視点、自分らしい視点」を持って対象に向き合っていくことではないかと思います。

四　フォトジャーナリズムの可能性

「フォトジャーナリストには未来がないのではないか」。こうした議論は、何も新しい話ではありません。今から一〇年ほど前、私がフォトジャーナリストになったころにはすでに、「フォトジャーナリストという仕事は二〇年後にはない」と言われていました。

とりわけ今、SNSに代表されるデジタル化の進展によって、フォトジャーナリズムをめぐる環境は大きく変化しています。イラクの山奥やアフリカの砂漠に暮らす人々もスマートフォンを操り、写真や動画をＳＮＳに投稿できる時代です。毎日たくさんの写真が撮られ、さらにそれが瞬時に世界中に発信されるようになりました。その結果、新聞や雑誌などの伝統的なプリントメディアの影響力は以前より小さくなってきています。

そういった中で、今、フォトジャーナリストと呼ばれる人たちはいろいろな取材の方法を模索し始めています。

例えば、リビアやアフガニスタンのような場所で取材をする、いわゆる「戦場カメラマン」と言われる人々。彼らは今までは主に「ナショナルジオグラフィック」や「タイム」などで作品を発表してきました。ですが今、海外のフォトグラファーたちの中には「インスタグラムフォトグラファー」となって、戦地の写真を撮影してインスタグラムを通して発表する人々が現れています。

また、その一方で、こうしたデジタル時代にあえて手触り感のある立体的な写真集を作る、そうした試みをするフォトグラファーも増えてきました。

「フォトジャーナリスト」「フォトグラファー」といった肩書きで呼ばれてきた人々の中には、最近では「ビジュアルアーティスト」「ストーリーテラー」といったふうに肩書を変えた人たちもたくさんいます。世界的に有名なアメリカのフォトジャーナリストと七年程前に一緒に仕事をしたときに、彼の名刺を見たら、フォトグラファーやフォトジャーナリストではなく、「フォトコンサルタント」と書かれていました。

それでも、写真というものが世の中で必要とされていくことは確かです。ですから、フォトジャーナリズムも、形を変えながら様々な方法論や視覚表現など時代と共に進化していくのではないかと思います。

（1）林典子『キルギスの誘拐結婚』（日経ナショナル ジオグラフィック社、二〇一四年）。

（2）ドイツにはヤズディのコミュニティがあり、中東で迫害されてきたヤズディがドイツへ渡ってきていた。そのため二〇一四年のダーシュによる攻撃で行き場を失ったヤズディの多くは、すでにコミュニティのあるドイツへ難民として渡った。

（3）林典子『ヤズディの祈り』（赤々舎、二〇一六年）。第一七回「石橋湛山記念 早稲田ジャーナリズム大賞」文化貢献部門大賞受賞。

講義を終えて　継続中の取材　日本人妻について

今回、授業の最後に朝鮮民主主義人民共和国で取材を続けている、日本人妻の女性たちについて話をした。一九五九年一二月に始まった在日朝鮮人の帰国事業により、約九三〇〇〇人が朝鮮半島北部に渡り、そのうちの約一八〇〇人が在日朝鮮人と結婚をした「日本人妻」と呼ばれる日本人女性たちだった。それから約六〇年の月日が流れ、現在高齢となった彼女たちの日本への思い、海の向こうで築いてきた家族との暮らしを二〇一六年から取材している。

これまでに首都平壌や東部の都市元山《ウォンサン》、咸興《ハムン》で暮らす八人の女性たちを二年間に渡って取材し続けている。今回の講義では元山市に暮らす宮崎県出身の井手多喜子さん（享年八九歳）と北海道出身の皆川光子さん（七九歳）の取材をしたときの映像と写真を紹介した。

「お母さん、やっと来てくれたわよ」。二〇一七年四月二五日、井手喜美子さん（六四歳）は私を自宅に招き入れると、こぼれる涙をハンカチで拭きながら、居間に安置された母親、多喜子さんの骨壺に向かって静かにこう語りかけた。井手さんのご自宅を訪れるのは三回目。生前最後に多喜子さんにお会いしたのは二〇一六年八月だった。取材を終え、帰ろうとする私の右手を両手で強く握りしめたまま「あなたは私の孫みたい。また必ず来てね」と言い暫く離そうとしなかった、温かい手の感触が今でも忘れられない。それから三週間後の九月一日、多喜子さんは自宅で息を引き取った。火葬の際、日本の友人と担任の先生から貰った、緑色の着物を着せてあげたという。宮崎県生まれの井手多喜子さんは、バスの運転手をしていた一〇代半ばで同僚だった在日朝鮮人の夫に出会い、恋愛結婚をした。

「お母さん、死ぬ前にもう一度ふるさとに行きたかったと言っていたんです。私のお父さんはね、元々は南の人なんです 。亡くなる前に『朝鮮が統一したら、自分を故郷に埋めてくれ』って、私たちに頼んでいたんです。この、故郷を思う感情というのは日本人も朝鮮人もみな同じだと本当に思うわ」。娘の喜美子さんはこう私に語った。

在日朝鮮人の夫と一六歳で出会い恋愛結婚した多喜子さんが「お転婆だったから〜」と、子ども時代を振り返っていたときのお茶目な表情が忘れられない。

これまで「日本人妻」と一言で表現され、日本のメディアで報道されてきた日本人女性たち。帰国者や日本人と触れ合う機会の多かった都市で暮らしてきた女性たちもいれば、田舎の村で日本語を話す機会はほとんどなく何十年も過ごしてきた女性たちなど、さまざまな境遇の中で生きてきた女性たちと出会った。彼女たちと日本語で会話をし、日本での思い出話や彼女たちの朝鮮の家族と触れ合うと、その一人ひとりの人生がいかにかけがえのないものであるかを実感した。一度の取材では十分ではないため、何度も積み重ねて同じ女性を訪れることで、ようやく一人の人間性や個性を引き出すことが出来るようになった。さまざまな政治的問題を抱え、ミサイルや制裁強化などのニュースが飛び交い、日朝関係が緊迫する中で、埋もれていく海の向こうの日本人女性一人ひとりの存在。すでに高齢化し、いつしか忘れ去られて行くかもしれない彼女たちの人生の軌跡と個人の記憶を記録し、遺していきたい。「北朝鮮」の固まったイメージが先行し、特に大手メディアはセンセーショナルな報道を繰り返すが、フリーランスである私自身は現場で感じた感覚を大切に冷静に取材を続けていきたいと思っている。

終章　いま求められる「検証のジャーナリズム」

早稲田大学政治経済学術院教授
（本賞選考委員）
瀬川至朗

一　真偽不明情報が飛び交った沖縄県知事選

二〇一八年九月の沖縄県知事選挙。翁長知事の逝去をうけて前倒しとなった同選挙では、ネット上で真偽不明の情報や明らかな虚偽情報が飛び交った。中でも、候補者を誹謗中傷するネガティブな情報が目立った。

沖縄の地元紙である琉球新報は、検索サービス企業の協力を得てネットの情報を取材・分析し、「SNS、政策よりも中傷拡散　沖縄県知事選　一般投稿者『落選運動』に利用[1]」という記事を書いた。一般ユーザーの候補者関連ツイートのうち約九割が玉城デニー候補に否定的な内容だったという（告示日から五日間が対象）。さらに調査を進め、「真偽不明情報が大量拡散　沖縄県知事選巡りネットに　国会議員、首長経験者も発信[2]」という記事を発信した。もう一つの地元紙である沖縄タイムスもネット情報に注目し、「1票惑わす偽情報　ネットで拡散　検証[3]」という見出し（一部省略）の検証記事を掲載した。

真偽不明の情報や偽情報がネットの至る所から発せられる。その内容を確かめないまま、国会議員がリツイートする。ツイッターで「沖縄県知事選」を検索すると、めまいを覚えるような世界が待っていた。誹謗中傷やデマ。一見してそれとわかるものも多い。しかし、根拠は示されていなくても、激しい内容の個人攻撃を含む情報であればあるほど、ネット上で好んで共有される現実があった。

客観的な事実よりも感情や個人的信条に合う情報が好まれる。そんな「ポスト真実」の風景に不安を覚える方も多いと思う。たしかに、フェイクニュースが世界の注目を一気に集めるようになったのは、トランプ大統領が誕生した二〇一六年のアメリカ大統領選からである。単語の検索数を時系列的に調べることができるGoogle Trendによると、「fake news」の検索数が一気に増えたのは二〇一六年一〇月が境となっている。

二　フェイクニュースを生む土壌

しかし、フェイクニュースは一九世紀末のアメリカでも知られた存在だったようである。「世紀末の新聞経営者（The fin de siècle newspaper proprietor）」という風刺画（次頁）には、それぞれの手に

「フェイクニュース」「馬鹿馬鹿しいニュース」「離婚裁判の詳報」「くだらないゴシップ」といったニュース原稿を手にした人たちが、新聞社のデスクに向かっていっせいに駆け寄る姿が描かれている。デスクの隣には印刷機がみえる。絵の中央には、金庫の大金を前にして、立派なカイゼル髭とあご髭を生やした、眼鏡をかけた面長の男性が椅子に座って葉巻を吸っている。センセーショナルな大衆紙が大いに売れ、その経営者が成金になる時代状況を風刺した一枚である。当時の新聞界の状況と顔形などの特徴を考えると、風刺の対象になっているのは大衆紙「ワールド」を経営していた新聞王のジョセフ・ピュリツアーだと推察される。

世紀末の新聞経営者

F. Opper “The fin de siècle newspaper proprietor” published by Keppler & Schwarzmann, 1894 March 7, Library of Congress Prints & Photographs Online Catalog（http://www.loc.gov/pictures/item/2012648704/）［最終閲覧2018年10月22日］.

ピュリツアーはその後、自身の新聞経営のあり方を反省し、真のジャーナリズムとは何かについての思索をかさねた。そして、ジャーナリスト教育に資するためにとコロンビア大学に二〇〇万ドルの寄付をした。コロンビア大学にジャーナリズム大学院が誕生し、同大学を事務局にピュリツアー賞が創設されるきっかけとなったのは、極論すれば、フェイクニュースなどのセンセーショナルな記事で稼いだお金だったのである。

もちろん昔からあるのだから、今のフェイクニュースの問題は深刻に考えなくていいと主張したいわけではない。

認知心理学の知見によると、人は経験に基づいて短時間で物事に対処しようとする。日常的には、一つ一つ事実かどうかを確かめる分析的なプロセスではなく、新しい事実にもステレオタイプなど過去に得たパターンを適用して理解しようとする。また、自分が正しいと思っていることに反する情報よりも、自説を補強するような情報に注目しやすい「確証バイアス」があると指摘されている。事実よりも感性という特性は、何も今日、急に生まれた状況ではない。

ただ、ネットの世界のなかでは、「エコーチェンバー」[4]、「フィルターバブル」[5]という集団分極化や閉鎖世界が生まれ、自分が見たいものしか見えなくなる傾向がますます強くなるとの警告がなされている。ネットの普及は、人間特有の認識方法の弱みに着目し、大量の真偽不明な情報の共有・拡散とともに成長してきているようにみえる。一九世紀末の新聞中心の時代と比べると、今日のネット中心の時代の情報流通の特徴は次のように言えるのではないか。

①報道機関だけでなく市民も情報を容易に発信できる
②情報（テキスト・写真・映像）の加工が容易である
③流通する情報が断片化している

④拡散のスピードが速い
⑤情報の真偽検証は一九世紀末に比べて速くできる

①〜③の特性は、情報の発信者や情報そのものの信頼性を受け手が判断しにくい状況が生まれていることを意味する。④の拡散スピードの高速化により、そうした真偽不明の情報が急速にネットの世界に広がっていく。一方、ネット上に多くのデータが蓄積されているため、怪しい情報の真偽を検証する作業も速くなったといえる（⑤）。ネット時代のポジティブな側面であり、きわめて重要な要素である。

三 「事実確認」から「真偽検証」へ

冒頭の沖縄県知事選挙は、真偽不明な情報の大量流通という点では、皮肉な言い方をすれば、こうしたネット時代の選挙にふさわしい展開をみせた。

どうすれば、偽情報や誤情報の流通に対抗できるのか。その有力な対策の一つとして世界的に進められているのが、ファクトチェックという取り組みである。

ファクトチェックとは何か。

定義として述べれば、それは①事実に関する言明の、②真偽・正確性を調査・検証し、③証拠等の判断材料を提供する――ということである。ファクトチェックをそのまま日本語に訳せば「事実確認」ということになる。

たとえば、安倍首相が「××××」と発言したとする。事実確認という言葉の一般的な使い方では、安倍首相が本当にそう発言したかどうかが確認のポイントになる。従来のメディアはこのレベルの「事実確認」を重視してきた。しかし、ファクトチェックの実際からすると、それでは不十分である。安倍首相の「××××」という発言は正しいのかどうか、という検証をする必要がある。これが現在行われているファクトチェックである。その点からすると、ファクトチェックは「真偽検証」と呼ぶのが適切である(6)。

沖縄県知事選では、NPO法人ファクトチェック・イニシアティブ(以下、FIJ)が沖縄県知事選プロジェクトを実施し、メディアや一般市民に参加を呼びかけ、ファクトチェックに取り組んだ。FIJは、日本におけるファクトチェックの推進を目的に、二〇一七年六月に発足した。この問題に関心を持つジャーナリストやネットメディア、大学関係者が中心となっており、私が理事長を務めている。引き受けたのは、誤報やフェイクニュースの問題に関心をもっており、ファクトチェックという営みが、ジャーナリズムの実践と研究という両面において、きわめて重要だと考えたからである。

FIJの設立目的は、①誤報・虚報の拡散防止、②ジャーナリズムの信頼性向上、③言論の自由の基盤強化――という三点である。「民主主義の土台として、ファクトチェックというジャーナリズムが必要だ」というのが私の考えである。

以下、本章ではＦＩＪの活動を通して、ファクトチェックの意義と課題について考えていきたいと思う。

ＦＩＪは二〇一七年一〇月の衆議院選挙でファクトチェック・プロジェクトを実施し、沖縄県知事選が二つめのプロジェクトであった。衆議院選挙のときは、バズフィードジャパン（以下、バズフィード）、ニュースのタネ、日本報道検証機構、ジャパン・インデプス（Japan In-depth）といった四つのネットメディアが参加した。計二二本のファクトチェック記事が掲載され、ＦＩＪのファクトチェック基準を満たしているとしてＦＩＪのサイトに記事のサマリーを掲載したのは一八本だった。沖縄知事選では、より広く参加メディアを呼びかけ、一般市民にもファクトチェックに参加してもらおうという方針でのぞんだ。

結果的には琉球新報とワセッグ（Wasegg＝私が政治経済学部で担当しているゼミのウェブマガジン）の二つが新たに加わり、六メディアからファクトチェック記事が出された。ＦＩＪのサイトには基準を満たす一三本が掲載された。

主要な地元紙である琉球新報の参加表明は画期的なことであった。強力な取材力を有し、新聞やニュースサイトへの沖縄県民のアクセスも多いからだ。東京に本拠をおくバズフィードは、選挙戦終盤に記者を沖縄に派遣し、沖縄に密着した取材活動をした。

本稿では琉球新報の取り組みを少しくわしく紹介したい。同社は紙面上、及びウェブ上に「ファク

トチェック　フェイク監視」[7]というコーナーを設け、随時の掲載を試みた。ファクトチェック記事として「安室さんが特定候補者支援は偽情報　支持者が投稿、陣営は否定」[8]（見出しはネット記事のもの）など四本を掲載した。これ以外にも、本章の冒頭で触れた、ネット情報の分析記事を出している。琉球新報が、ネットに飛び交う真偽不明の情報が選挙戦にリアルに影響することを予想し、ネット情報を主な取材対象の一つとしたことは、時代の流れに応えたものだった。

じつは、琉球新報が掲載した四本のファクトチェック記事のうち、ＦＩＪのサイトにサマリーが載ったのは先ほどの「安室さんが特定候補者支援は偽情報」という記事の一本だけである。ＦＩＪでは、ファクトチェックの基本方針として、国際ファクトチェックネットワーク（以下、ＩＦＣＮ）の原則を遵守したうえで、ファクトチェック記事の構成として、ＦＩＪが作成したガイドラインを満たすことを求めている。ＩＦＣＮの原則と、ＦＩＪのファクトチェック記事のガイドライン（ファクトチェック記載事項）を示しておく。

［ＩＦＣＮの原則］[9]（ＦＩＪの訳をもとに、一部筆者が手を加えた）

①非党派性・公正性（A commitment to Nonpartisanship and Fairness）
②情報源の透明性（A commitment to Transparency of Sources）
③財源・組織の透明性（A commitment to Transparency of Funding & Organization）
④方法論の透明性（A commitment to Transparency of Methodology）

⑤公開された誠実な訂正（A commitment to an Open & Honest Corrections Policy）

［FIJのガイドライン（ファクトチェック記事の記載事項）[10]］

①ファクトチェック記事であることの表示
②対象言説の特定
③事実認定と結論の明示
④根拠・情報源の明示
⑤ファクトチェックと論評・解説の峻別
⑥誤解を与えない見出し
⑦記事の公開日・作成者の明記
⑧訂正履歴の開示

たとえば、あるファクトチェック記事の見出しに「誤解を与えるおそれ」があると考えられる場合は、その記事の内容に問題はなくても、ファクトチェック記事としての基準を満たさないことになる。新聞やネットの記事としては、いかに読者に届けるかという視点もあるだろう。読者に関心を持ってもらうように、ストーリーや切り口を重視することも必要になってくる。バズフィードも、やはりストーリー性を考えているようで、今回の沖縄県知事選でファクトチェックをした記事は三本あったが、ＦＩＪがサマリーを掲載したのはそのうち一本だった[11]。

ＦＩＪのガイドラインは、ある意味、取材調査した内容を各項目に沿ってそのまま埋めていけば、記事が自動的にできる形である。論理的構成を重視しており、論文に近い考え方である。私のゼミのファクトチェックでは、そうした論理的構成を重視して書かせている。しかし、それでは多くのアクセスを得られないのが実情である。論理的構成を重視しつつ、魅力的なストーリーを展開していく。そのようなファクトチェック記事の新しい書き方が模索されることになるだろう。

四　ファクトチェックの意義と課題

一つ指摘させていただきたいのは、琉球新報の「ファクトチェック　フェイク監視」が大変にパワフルだったことである。佐喜真淳候補を支援する公明党の遠山清彦衆議院議員のツイートを偽情報と判定した記事[12]は、当の遠山議員がブログで反論を公開する事態となった[13]が、琉球新報はその後、遠山議員に直接取材をし、「候補者（玉城氏のこと＝筆者注）を『ゆくさー』（うそつき）と表現したのは『少し感情が入って強い表現だったかもしれない』」という釈明を得て、その取材内容も記事化した[14]。遠山議員は、真偽が不確かな情報をもとに玉城デニー候補を攻撃するツイートを他にも流していたが、選挙戦終盤では、そうした攻撃ツイートをしなくなった。

ファクトチェック記事やネットの虚偽情報を取り上げた記事はネットでよく読まれており、選挙終盤には、琉球新報のネットアクセス数のトップ5の記事がすべて、そうしたテーマの記事になっていたことも少なくなかった。

もう一つの地元紙である沖縄タイムスも、法政大学藤代裕之研究室の協力のもと、フェイク情報のチェックに取り組んだ。沖縄のメディアが、ファクトチェックやフェイクニュースに関心を持つのは、近年の沖縄が、ヘイトやデマに晒されている現実に危機感を有しているからである。琉球新報は『これだけは知っておきたい　沖縄フェイク（偽）の見破り方』（琉球新報社編集局編、高文研、二〇一七年）、沖縄タイムスは『これってホント!?　誤解だらけの沖縄基地』（沖縄タイムス社編集局編著、高文研、二〇一七年）という本を出版している。

今回のプロジェクトでは、ファクトチェックという取り組みが抱える課題も明らかになってきたように思う。

一つめは、ネットの世界にあふれる問題情報のなかで、ファクトチェックの手法であつかえる範囲は限られているということである。たとえば、告示前に、一見すると公式の「沖縄県知事選挙二〇一八」にみえるサイトが複数出現し、玉城候補を批判する情報を流していた。これをバズフィードが取材し、問題サイトとして記事化した(15)。報道後、そのサイトは削除された。サイトを対象とした検証といえるが、ＦＩＪのガイドラインが定めるファクトチェック記事は「事実に関する言説」を対象としており、サイトの真偽を調べることはその範疇に入らない。また、バズフィードは公職選挙法（投票の秘密保持）違反のおそれがある「期日前投票報告書」を入手し、それが陣営から配布された本物であるかどうかを検証して報道をしたが[16]、これもファクトチェックという範疇にはない。

二つめは、効果の限定性である。ファクトチェックの対象にするのは、すでに流布している、真偽不明の言説である。調査が必要で、検証に時間がかかることが少なくない。その結果、「誤り」だと判定できても、すでに言説がさらに広まっている可能性がある。対象としたフェイクな言説よりも、ファクトチェック記事の方が拡散しにくいというのは、よく知られた傾向である。

三つめは、ファクトチェックに本格的に取り組むためには、積極的な調査・取材が必要なことである。もちろん、ネット上の情報・資料や紙の文献の調査で明らかにできるファクトチェックも少なくない。しかし、鍵となる情報が、東京にいては得られないこともある。影響が大きいと思われるフェイク情報ほど、現地での調査や当事者への取材が必要になるケースが多いという印象を受けた。

また、ファクトチェックの対象を選ぶときに、ＩＦＣＮの原則が定める公正さを保つことができたか、選定の基準は統一的で非党派の原則を貫けたのか、という点は、ファクトチェックに関して必ず問われる課題である。プロジェクト終了後に検証する必要がある。ただし、これは両陣営を等しい数でファクトチェックするという意味ではなく、当然、両陣営から発信される言説の質が影響してくる。

五　鍵を握る「調査報道＋ファクトチェック」の実践

以上の課題を考えると、現行のファクトチェックの枠を超えて求められるのは「調査報道」だということがわかる。調査報道の対象を「権力などの不祥事・隠蔽」に限定する考え方もあるが、広くとらえれば、次のように定義できる。「ジャーナリストが自らの問題意識に基づいて課題を設定して取材・調査活動を続け、それまで市民に知られていなかった事実や出来事を明らかにしていく報道」である。政府や企業などの記者会見をそのまま伝える「発表報道」とは真逆の報道スタイルである。

ファクトチェックだけでも足りない。調査報道だけでも足りない。求められるのは、「調査報道＋ファクトチェック」という、総合的な報道である。

今回のような選挙報道に限らない。日常的なメディアの営為として必要となる報道スタイルである。

調査報道とファクトチェック。この二つの異同は何であろうか。調査報道が、自らの問題意識に基づく「能動的なジャーナリズム」であることに対し、ファクトチェックは既存の言説を対象とする点において「受動的なジャーナリズム」と呼ぶことができる。その点を除けば共通点の方が多い。両者ともに、調査や取材により、根拠となるデータを収集しながら検証を進めるという取り組みが重要になる。どちらも「検証のジャーナリズム」といえるだろう。ジャーナリズムにおける検証の重要性は、序章で触れた「ジャーナリズムの一〇原則」の一つ（検証の規律）として明記されていることでわかっていただけると思う。

もう一つ付け加えれば、調査報道においても、▽何をなぜ取材するか、▽どう調査して実証するか、▽どう記述するか——という点を常に意識しておくことが大切である。そういう意味では、論理的構成を強く求めるファクトチェックの考え方は、調査報道においても「核」になるものと思う。

調査報道では、能動的な問題意識がもとになると書いたが、それは好き勝手に問題を設定できるということではない。ファクトチェックもそうだが、調査・取材対象の重要性や影響度、関心度などが選択の基準になる。なぜ、この問題を取材対象に選んだのか、という理由が求められる。客観性は、調査・取材のプロセスを透明化することで得られる。こう考えてくると、ファクトチェックは、広い意味における調査報道の一形態とみなすことができるかもしれない。

いずれにせよ、「調査報道＋ファクトチェック」という検証のジャーナリズムが、序章で提案した「より精緻な『歴史の第一稿』」という、今日的な使命に大いに貢献することは、論を俟たないであろう。

（1）「SNS、政策よりも中傷拡散　沖縄県知事選　一般投稿者『落選運動』に利用」琉球新報二〇一八年九月二〇日（https://ryukyushimpo.jp/news/entry-805333.html）〔最終閲覧二〇一八年一〇月二一日〕。

（2）「真偽不明情報が大量拡散　沖縄県知事選巡りネットに　国会議員、首長経験者も発信」琉球新報二〇一八年九月二六

日（https://ryukyushimpo.jp/news/entry-808148.html）［最終閲覧二〇一八年一〇月二二日］。

（3）「1票惑わす偽情報　誤り　翁長氏　米面会出来ず　政策文字数　候補で差　ネットで拡散　検証」沖縄タイムス二〇一八年九月二七日（http://www.okinawatimes.co.jp/articles/-/321208）［最終閲覧二〇一八年一〇月二二日］。

（4）キャス・サンスティーンが著書『インターネットは民主主義の敵か』（石川幸憲訳、毎日新聞社、二〇〇三年）で集団分極化を促進する要素として紹介。

（5）イーライ・パリサーが著書『フィルターバブル――インターネットが隠していること』（井口耕二訳、早川書房、二〇一六年）で提案した造語。

（6）立岩陽一郎・楊井人文『ファクトチェックとは何か』（岩波ブックレット、二〇一八年）三頁やＦＩＪの発表資料を参考にした。

（7）「ファクトチェック　フェイク監視」琉球新報二〇一八年九月一二日（https://ryukyushimpo.jp/special/entry-799530.html）［最終閲覧二〇一八年一〇月二二日］。

（8）「安室さんが特定候補者支援は偽情報　支持者が投稿、陣営は否定」琉球新報二〇一八年九月二四日（https://ryukyushimpo.jp/news/entry-807209.html）［最終閲覧二〇一八年一〇月二二日］。

（9）IFCN "The commitments of the code of principles"（https://ifcncodeofprinciples.poynter.org/know-more/the-commitments-of-the-code-of-principles）［最終閲覧二〇一八年一〇月二二日］。

（10）ＦＩＪファクトチェックのガイドライン（http://fij.info/factcheck_guideline）［最終閲覧二〇一八年一〇月二二日］。

（11）籏智広太・瀬谷健介「沖縄知事選めぐり拡散『給食無償化を掲げて値上げした』は本当か？」BuzzFeed News. 2018.9.28 (https://www.buzzfeed.com/jp/kotahatachi/okinawa-fc2-new)［最終閲覧二〇一八年一〇月二二日］。

（12）「一括交付金導入で『候補者関与はうそ』は偽情報　民主政権時に創設」琉球新報二〇一八年九月二一日（https://ryukyushimpo.jp/news/entry-805893.html）［最終閲覧二〇一八年一〇月二二日］。

（13）遠山清彦「私のツイッター発言に対する沖縄地元紙の偽情報批判に反論する」（https://toyamakiyohiko.com/know/bl

og/2018/09/6630)［最終閲覧二〇一八年一〇月二二日］。

（14）「『ゆくさー』、強い表現だった」遠山議員、投稿を釈明」琉球新報二〇一八年九月二七日（https://ryukyushimpo.jp/news/entry-808731.html)［最終閲覧二〇一八年一〇月二二日］。

（15）籏智広太・貫洞欣寛「玉城デニー氏を批判する『沖縄知事選サイト』が複数出現　管理者は同一人物？」BuzzFeed News. 2018.9.12（https://www.buzzfeed.com/jp/kotahatachi/okinawa-fc1)［最終閲覧二〇一八年一〇月二二日］。

（16）籏智広太・瀬谷健介「沖縄知事選、自民系陣営が『期日前投票報告書』を配布　選管も把握」BuzzFeed News. 2018.9.25（https://www.buzzfeed.com/jp/kotahatachi/okinawa-fc3)［最終閲覧二〇一八年一〇月二二日］。

あとがき

一八八二年（明治一五年）に創設された早稲田大学も、この十年近くの間にモダンで綺麗なキャンパスになってきた。一方で、古い建物もその趣を保っている。二〇一八年三月には、現存する教室棟としては最も古い一号館（一九三五年創建）の一階に「早稲田大学歴史館」が開館した。

校歌にうたわれる「久遠の理想」「進取の精神」「聳ゆる甍」という言葉を指標とする三つの常設エリアなどから成り、早稲田大学の過去と現在、そして校友の苦闘と努力の姿を、豊富な資料や多彩なデジタルコンテンツを用いて展示している。

なかでも私が注目したのは、早稲田の源流と建学の精神を記した「久遠の理想」エリアである。早稲田大学の創設者である大隈重信を中心に、時の政府による迫害や弾圧に抗しながら、いかに早稲田が誕生したかがパネル展示によって語られている。

当時、「明治一四年の政変」によって政府から追放された大隈は、立憲改進党の結成と学校の設立（後進の育成）を目指していた。学校の方は、政府の人となることを好まない高田早苗ら東京大学卒業生を教員として迎え、東京専門学校（早稲田大学の前身）を開校した。言論や集会の自由に対する政府の統制には批判的な姿勢を示していた。パネルには「政府から『謀反人の学校』と警戒され、様々な圧力がかけられた」と記されている。

建学の理念である「学問の独立」に「政府からの独立」が含まれていたことはまぎれもない事実であり、言論の自由を唱える精神と在野の姿勢は早稲田設立の当初から意図されていたことが窺える。ここにジャーナリズムの理念との親和性をみることができる。

実際に当初から、卒業生には新聞記者になる人が多かったようである。早稲田の発展に寄与した田原栄（一八五八—一九一四）は東京専門学校創立十周年祝典で、「千百九十名の卒業生のうち、新聞記者が八十七名、官吏公吏が五十七名、教員が三十九名、会社銀行員が五十八名、府県会議員が十六名……」と述べている（島善高『早稲田大学小史〔第三版〕』〔早稲田大学出版部、二〇〇八年〕四九頁）。

早稲田大学はその後も、「早稲田といえばジャーナリズム」と形容されるほどに多くの人材を輩出してきた。石橋湛山はその一人である。本書の終章で、アメリカのピュリツアー賞創設の経緯に触れたが、早稲田大学が二〇〇〇年に石橋湛山の名を冠する早稲田ジャーナリズム大賞を創設したのは、歴史の必然だったとも言えるのではないだろうか。

現在に目を転じてみよう。二〇一七年に発覚した森友学園・加計学園問題や防衛省の南スーダン日報隠蔽問題など、「政府の記録」が「隠蔽」され、「消去」され、さらには「改竄」されるケースは枚挙に暇がない。これまでの流れをみると、政府は「記録」と「公開」に全く反するかのような消極的な姿勢をみせており、公文書管理が大きな課題となっている。民主主義の礎をなすのは、市民の自主的、自立的な判断である。その市民の判断を適切なものとするために「知る権利」がある。真偽不明の情報や政府の意図的な情報操作により、市民の判断が歪められるようなことがあってはならない。

ジャーナリズムの果たすべき役割が、一層重要性を増してきているといえる。

では、改めてジャーナリズムの役割とは何なのだろうか。そのことが本書全体の問いであり、『ジャーナリズムは歴史の第一稿である。』というタイトルを掲げた理由である。本書の中に、幾許かの答えが示されているものと自負している。

本書は「石橋湛山記念 早稲田ジャーナリズム大賞」の受賞者やファイナリストを中心に、第一線で活躍する方々を講師にお招きし、二〇一八年春学期に早稲田大学で学生向けに開講したジャーナリズム大賞記念講座（「ジャーナリズムの現在」）での講義内容が元になっている。学生の質問に対する答えを文章として追加してもらったり、話の流れが自然になるよう再構成してもらったりしている。業務の傍ら、熱意を持ってご協力いただいた講師の方々には厚くお礼を申し上げたい。

また、講座の運営と本書の作成にあたっては多くの方にお世話になった。とりわけ、早稲田ジャーナリズム大賞事務局長の湯原法史氏、早稲田大学広報室の猪俣亮介氏、宮田園子氏、そして成文堂編集部の小林等氏に、深く感謝申し上げる。

二〇一八年一〇月一五日

瀬川至朗

石橋湛山記念
早稲田ジャーナリズム大賞

建学以来、早稲田大学は「学問の独立」という建学の理念のもと、時代に迎合せず、野にあっても進取の精神で理想を追求する多数の優れた人材を、言論、ジャーナリズムの世界に送り出してきました。

先人たちの伝統を受け継ぎ、この時代の大きな転換期に、自由な言論の環境を作り出すこと、言論の場で高い理想を掲げて公正な論戦を展開する人材を輩出することは、時代を超えた本学の使命であり、責務でもあります。

このような趣旨にのっとり「石橋湛山記念 早稲田ジャーナリズム大賞」を創設しました。

本賞は広く社会文化と公共の利益に貢献したジャーナリスト個人の活動を発掘し、顕彰することにより、社会的使命・責任を自覚した言論人の育成と、自由かつ開かれた言論環境の形成への寄与を目的としています。

賞の名称には、ジャーナリスト、エコノミスト、政治家、また本学出身の初の首相として活躍した石橋湛山の名を冠しました。時代の流れにおもねることなく、自由主義に基づく高い理想を掲げて独立不羈の精神で優れた言論活動を展開した湛山は、まさに本学の建学の理念を体現した言論人であるといえます。

（本賞制定の趣旨より）

編著者紹介

瀬川　至朗（せがわ　しろう）……………………………………………………序章・終章

岡山県生まれ。東京大学教養学部教養学科（科学史・科学哲学）卒。毎日新聞社でワシントン特派員、科学環境部長、編集局次長、論説委員などを歴任。現在、早稲田大学政治経済学術院教授。本賞選考委員、本賞記念講座コーディネーター、早稲田大学ジャーナリズム大学院（大学院政治学研究科ジャーナリズムコース）プログラム・マネージャー。ファクトチェック・イニシアティブ（FIJ）理事長。専門はジャーナリズム研究、科学技術社会論。著書に『科学報道の真相――ジャーナリズムとマスメディア共同体』（ちくま新書、2017年〔科学ジャーナリスト賞2017を受賞〕）などがある。

ジャーナリズムは歴史の第一稿である。
「石橋湛山記念 早稲田ジャーナリズム大賞」記念講座2018

2018年12月5日　初　版　第1刷発行

編著者　瀬　川　至　朗

発行者　阿　部　成　一

〒162-0041　東京都新宿区早稲田鶴巻町514番地

発行所　株式会社　成　文　堂

電話 03(3203)9201(代)　Fax 03(3203)9206
http://www.seibundoh.co.jp

製版・印刷・製本　藤原印刷

ISBN 978-4-7923-3382-9 C1030
定価（本体1800円＋税）　検印省略

執筆者紹介（掲載順）

吉田　好克（よしだ　よしかつ）……………………………………… 1

1995年 NHK 入局、鳥取放送局、広島放送局、報道局社会部、沖縄放送局放送部副部長を経て、現在報道局社会部副部長。「防衛省『日報』保管も公表せず」の特報で2017年度新聞協会賞受賞。主な作品に「日本海軍400時間の証言」「沖縄戦　全記録」「変貌する PKO　現場からの報告」（いずれも NHK スペシャル）等がある。

奥山　俊宏（おくやま　としひろ）…………………………………… 2

岡山県出身。東京大学工学部卒。朝日新聞入社。水戸支局、福島支局、東京社会部、大阪社会部などを経て特別報道部、現在朝日新聞編集委員。『法と経済のジャーナル Asahi Judiciary』の編集も担当。早稲田大学大学院政治学研究科ジャーナリズムコース非常勤講師。『秘密解除　ロッキード事件』で第21回司馬遼太郎賞を受賞。

三村　忠史（みむら　ただし）…………………………………………… 3

1996年 NHK 入局。主に「NHK スペシャル」を担当。主な番組に「SARS と闘った男」（放送文化基金賞本賞ほか）、「ある文民警察官の死」（「石橋湛山記念　早稲田ジャーナリズム大賞」ほか）、「戦慄の記録　インパール」（「石橋湛山記念　早稲田ジャーナリズム大賞」ほか）、2015年に放送文化基金賞・個人賞を受賞。

宮﨑　知己（みやざき　ともみ）………………………………………… 4

大阪府生まれ。神戸大学経済学部卒。住友銀行、朝日新聞社を経て、ファクタ出版入社。現在月刊「FACTA」編集人。主な調査報道に「偽装請負追及キャンペーン」「プロメテウスの罠」「東京電力テレビ会議記録の公開キャンペーン」など。「石橋湛山記念　早稲田ジャーナリズム大賞」、新聞協会賞など受賞歴多数。

島袋　夏子（しまぶくろ　なつこ）…………………………………… 5

琉球大学法文学部卒。山口朝日放送を経て、2007年琉球朝日放送入社。2017年早稲田大学大学院政治学研究科ジャーナリズムコース修了。現在、報道制作局報道部ニュースデスク兼調査報道担当記者。「枯れ葉剤を浴びた島２」で「石橋湛山記念　早稲田ジャーナリズム大賞」奨励賞、日本民間放送連盟賞テレビ報道部門最優秀賞受賞。

砂沢　智史（すなざわ　さとし）……………………………… 6

富山県生まれ。2003年チューリップテレビ入社。営業、編成を経て、2015年より報道記者（現在に至る）。取材班の一員として「富山市議会の政務活動費不正をめぐるスクープおよび調査報道」で2017年度日本記者クラブ賞特別賞、第65回菊池寛賞、第54回ギャラクシー賞報道活動部門大賞、2017年度 JCJ 賞など受賞。

坂本　信博（さかもと　のぶひろ）……………………………… 7

福岡県生まれ。創価大学法学部卒。日馬プレス（マレーシア邦字紙）記者、商社勤務を経て1999年西日本新聞社入社。社会部デスク・遊軍キャップとして、長期連載企画「新 移民時代」で「石橋湛山記念 早稲田ジャーナリズム大賞」など受賞。共著に『医療崩壊を超えて』（ミネルヴァ書房）、『安保法制の正体』（明石書店）など。

豊島　浩一（とよしま　こういち）……………………………… 8

鹿児島県出身。鹿屋体育大学体育学部卒。1992年南日本新聞入社。運動部、文化部、社会部、種子島支局などを経て、現在編集委員兼論説委員。「精神障害とともに」で2017年度日本医学ジャーナリスト協会賞大賞受賞。著書に『燃える父魂（とうこん）　ファイティング育児エッセー』（南日本新聞社）。

石貫　謹也（いしぬき　きんや）……………………………… 9

熊本県生まれ。熊本大学法学部卒。1993年、熊本日日新聞社入社。社会部、八代支社、編集本部、菊池支局などを経て2018年３月から熊本総局次長。2013年、「平和・協同ジャーナリスト基金賞」で特別賞を受賞した連載企画「水俣病は終わっていない」に参加。

古田　大輔（ふるた　だいすけ）……………………………… 10

福岡県出身。早稲田大学政治経済学部卒。2002年朝日新聞社入社、社会部を経て海外特派員としてアジア総局（バンコク）、シンガポール支局長を歴任、13年の帰国後は朝日新聞デジタル版などの編集に携わる。2015年、朝日新聞を退社し、BuzzFeed Japan の創刊編集長に就任、現在に至る。共著に『フェイクと憎悪』（大月書店）。

乗松　　優（のりまつ　すぐる）…………………………………… 11

愛媛県出身。九州大学大学院比較社会文化学府修了。博士（比較社会文化）。現在関東学院大学兼任講師。『ボクシングと大東亜―東洋選手権と戦後アジア外交』（忘羊社）で第33回大平正芳記念賞受賞。せりか書房より「『フジヤマのトビウオ』とブラジル日系コロニアの戦後」（有元健・山本敦久編著『「日本代表」論』）を刊行予定。

林　典子（はやし　のりこ）………………………………………… 12

フォトジャーナリスト（Panos Picture 所属）。『ヤズディの祈り』（赤々舎）で「石橋湛山記念 早稲田ジャーナリズム大賞」受賞。その他、フランス世界報道写真祭金賞、全米報道写真家協会Best of Photojournalism 現代社会の問題部門１位など受賞。著書に『フォトジャーナリストの視点』（雷鳥社）などがある。

「石橋湛山記念 早稲田ジャーナリズム大賞」受賞者

第1回　2001年度

【公共奉仕部門】

受賞者　　三木 康弘(故人)と神戸新聞論説委員室
作品名　　阪神・淡路大震災からの復興に向けての論説、評論活動
発表媒体　神戸新聞

【草の根民主主義部門】

受賞者　　曽根 英二
作品名　　「島の墓標」
発表媒体　山陽放送

【文化貢献部門】

受賞者　　毎日新聞旧石器遺跡取材班　代表 真田 和義(渡辺 雅春、山田 寿彦、高橋 宗男、早川 健人、山本 健、本間 浩昭、西村 剛、ほか取材班)
作品名　　旧石器発掘ねつ造問題の一連の企画ならびに『発掘捏造』の出版
発表媒体　毎日新聞

第2回　2002年度

【公共奉仕部門】

受賞者　　田城 明
作品名　　「21世紀　核時代　負の遺産」
発表媒体　中国新聞

【公共奉仕部門】

受賞者　　広河 隆一
作品名　　『パレスチナ　新版』並びに雑誌などへの発表
発表媒体　書籍(岩波新書など)

第3回　2003年度

【公共奉仕部門】

受賞者　　鈴木 哲法
作品名　　「鉄路　信楽列車事故」の長期連載を中心とした鉄道の安全を考える一連の報道
発表媒体　京都新聞

【公共奉仕部門】

受賞者　　C型肝炎取材班　代表 熱田 充克
作品名　　一連の「C型肝炎シリーズ」及びその特別番組
発表媒体　フジテレビ「ニュースJAPAN」及び特別番組

【文化貢献部門】

受賞者　　佐藤 健(故人)、生きる者の記録取材班　代表 萩尾 信也
作品名　　「生きる者の記録」
発表媒体　毎日新聞

＊奨励賞
【草の根民主主義部門】
受賞者　「ずく出して、自治」取材班　代表 畑谷 広治
作品名　「ずく出して、自治〜参加そして主役へ〜」
発表媒体　信濃毎日新聞
【文化貢献部門】
受賞者　塚田 正彦
作品名　「さんばと12人の仲間〜親沢の人形三番叟の一年〜」
発表媒体　長野放送

第4回　2004年度

【公共奉仕部門】
受賞者　琉球新報社地位協定取材班　代表 前泊 博盛
作品名　日米地位協定改定キャンペーン「検証　地位協定〜不平等の源流〜」
発表媒体　琉球新報
【公共奉仕部門】
受賞者　NHK「東京女子医科大学病院」取材班　代表 影山 博文
（山元 修治、北川 恵、落合 淳、竹田 頼正、山内 昌彦、角 文夫）
作品名　NHK スペシャル「東京女子医科大学病院〜医療の現場で何が起きているか〜」
発表媒体　NHK 総合テレビ
【草の根民主主義部門】
受賞者　「わしも‘死の海’におった〜証言・被災漁船50年目の真実〜」取材班
代表 大西 康司
作品名　「わしも‘死の海’におった〜証言・被災漁船50年目の真実〜」の報道
発表媒体　南海放送
＊奨励賞
【公共奉仕部門】
受賞者　鹿沼市職員殺害事件取材班　代表 渡辺 直明
作品名　「断たれた正義」－なぜ職員が殺された・鹿沼事件を追う－
発表媒体　下野新聞
【文化貢献部門】
受賞者　赤井 朱美（プロデューサー兼ディレクター）
作品名　石川テレビ放送ドキュメンタリー「奥能登　女たちの海」
発表媒体　石川テレビ放送

第5回　2005年度

【公共奉仕部門】
受賞者　「少年事件・更生と償い」取材班　代表 田代 俊一郎
作品名　「少年事件・更生と償い」シリーズ
発表媒体　西日本新聞

【公共奉仕部門】
受賞者　「沖縄戦新聞」取材班　代表 宮城 修（国吉 美千代、志良 堂仁、小那覇 安剛、宮里 努、高江洲 洋子）
作品名　沖縄戦新聞
発表媒体　琉球新報
【文化貢献部門】
受賞者　「沈黙の森」取材班　代表 棚田 淳一（朝日 裕之、片桐 秀夫、村上 文美、谷井 康彦、浜浦 徹）
作品名　キャンペーン企画「沈黙の森」
発表媒体　北日本新聞
＊奨励賞
【草の根民主主義部門】
受賞者　永尾 俊彦
作品名　『ルポ諫早の叫び～よみがえれ 干潟ともやいの心～』
発表媒体　書籍（岩波書店）

第6回　2006年度

【公共奉仕部門】
受賞者　「検証　水俣病50年」取材班　代表 田代 俊一郎
作品名　「検証　水俣病50年」シリーズ
発表媒体　西日本新聞
【公共奉仕部門】
受賞者　古居 みずえ
作品名　ドキュメンタリー映画「ガーダ～パレスチナの詩～」
発表媒体　映画
【草の根民主主義部門】
受賞者　「地方発 憲法を考える」取材班　代表 山口 和也
作品名　連載「地方発 憲法を考える」
発表媒体　熊本日日新聞

第7回　2007年度

【公共奉仕部門】
受賞者　朝日新聞編集局特別報道チーム　代表 市川 誠一
作品名　「偽装請負」追及キャンペーン
発表媒体　朝日新聞および書籍（朝日新書）
【草の根民主主義部門】
受賞者　朝日新聞鹿児島総局　代表 梶山 天
作品名　鹿児島県警による03年県議選公職選挙法違反「でっちあげ事件」をめぐるスクープと一連のキャンペーン
発表媒体　朝日新聞

【文化貢献部門】
受賞者　RKB毎日放送報道部　代表 竹下 通人
作品名　「ふるさとの海～水崎秀子にとっての祖国にっぽん～」
発表媒体　RKB毎日放送
＊奨励賞
【公共奉仕部門】
受賞者　「同和行政問題」取材班　代表 東田 尚巳
作品名　検証「同和行政」報道
発表媒体　毎日放送
【草の根民主主義部門】
受賞者　「お産SOS」取材班　代表 練生川 雅志
作品名　連載「お産SOS～東北の現場から～」
発表媒体　河北新報

第8回　2008年度
【公共奉仕部門】
受賞者　「新聞と戦争」取材班　キャップ 藤森 研
作品名　連載「新聞と戦争」
発表媒体　朝日新聞
【草の根民主主義部門】
受賞者　「やねだん」取材班　代表 山縣 由美子
作品名　「やねだん～人口300人、ボーナスが出る集落～」
発表媒体　南日本放送
【文化貢献部門】
受賞者　「探検ロマン世界遺産」取材班　代表 寺井 友秀
作品名　探検ロマン世界遺産スペシャル「記憶の遺産～アウシュビッツ・ヒロシマからのメッセージ～」
発表媒体　NHK総合テレビ

第9回　2009年度
【公共奉仕部門】
受賞者　土井 敏邦（ジャーナリスト）
作品名　ドキュメンタリー映画「沈黙を破る」
発表媒体　映画
【公共奉仕部門】
受賞者　斉藤 光政（東奥日報社社会部付編集委員）
作品名　①「在日米軍基地の意味を問う」一連の記事
②『在日米軍最前線～軍事列島日本～』
発表媒体　①東奥日報
②書籍（新人物往来社）

【文化貢献部門】
受賞者　大西 成明(写真家)
作品名　写真集『ロマンティック・リハビリテーション』
発表媒体　書籍(ランダムハウス講談社)

第10回　2010年度
【公共奉仕部門】
受賞者　NHK スペシャル「日本海軍 400時間の証言」取材班　藤木 達弘(日本放送協会 大型企画開発センターチーフ・プロデューサー)
作品名　NHK スペシャル「日本海軍 400時間の証言」全３回
発表媒体　NHK 総合テレビ
【草の根民主主義部門】
受賞者　生活報道部「境界を生きる」取材班　丹野 恒一
作品名　「境界を生きる」〜性別をめぐり苦しむ子どもたちを考えるキャンペーン〜
発表媒体　毎日新聞
【文化貢献部門】
受賞者　国分 拓(日本放送協会　報道局　社会番組部　ディレクター)
作品名　『ヤノマミ』
発表媒体　書籍(日本放送出版協会)
＊奨励賞
【公共奉仕部門】
受賞者　笠井 千晶(中京テレビ放送　報道部　ディレクター)
作品名　NNN ドキュメント2009「法服の枷〜沈黙を破った裁判官たち〜」
発表媒体　NNN(Nippon News Network)

第11回　2011年度
【公共奉仕部門】
受賞者　ETV 特集「ネットワークで作る放射能汚染地図　福島原発事故から２か月」取材班　代表 増田 秀樹(日本放送協会 制作局文化・福祉番組部チーフ・プロデューサー)
作品名　ETV 特集「ネットワークで作る放射能汚染地図　福島原発事故から２か月」
発表媒体　NHK　E テレ
【公共奉仕部門】
受賞者　大阪本社社会部・東京本社社会部「改ざん事件」取材班　代表 板橋 洋佳
作品名　「大阪地検特捜部の主任検事による押収資料改ざん事件」の特報および関連報道
発表媒体　朝日新聞
【草の根民主主義部門】
受賞者　三上 智恵(琉球朝日放送　報道制作局　報道制作部　ディレクター)
作品名　報道特別番組「英霊か犬死か－沖縄靖国裁判の行方－」
発表媒体　琉球朝日放送

＊奨励賞

【文化貢献部門】

受賞者　　鎌仲 ひとみ（映画監督）

作品名　　ドキュメンタリー映画「ミツバチの羽音と地球の回転」

発表媒体　渋谷ユーロスペース他劇場と全国約400ヶ所の自主上映

第12回　2012年度

【公共奉仕部門】

受賞者　　「プロメテウスの罠」取材チーム　代表 宮崎 知己（朝日新聞東京本社報道局特別報道部次長）

作品名　　連載「プロメテウスの罠」

発表媒体　朝日新聞

【草の根民主主義部門】

受賞者　　渡辺 一史

作品名　　『北の無人駅から』

発表媒体　書籍（北海道新聞社）

【文化貢献部門】

受賞者　　NHK プラネット九州　制作部　エグゼクティブ・ディレクター　吉崎健

作品名　　ETV 特集「花を奉る　石牟礼道子の世界」

発表媒体　NHK　E テレ

＊奨励賞

【草の根民主主義部門】

受賞者　　三陸河北新報社　石巻かほく編集局　代表 桂 直之

作品名　　連載企画「私の3.11」

発表媒体　石巻かほく

【文化貢献部門】

受賞者　　「阿蘇草原再生」取材班　代表 花立 剛（熊本日日新聞社編集局地方部次長）

作品名　　連載企画「草原が危ない」と阿蘇草原再生キャンペーン

発表媒体　熊本日日新聞

第13回　2013年度

【草の根民主主義部門】

受賞者　　「波よ鎮まれ」取材班　代表 渡辺 豪（沖縄タイムス社特別報道チーム兼論説委員）

作品名　　連載「波よ鎮まれ～尖閣への視座～」

発表媒体　沖縄タイムス

【文化貢献部門】

受賞者　　ETV 特集「永山則夫100時間の告白」取材班　代表 増田 秀樹（日本放送協会 大型企画開発センター　チーフ・プロデューサー）

作品名　　ETV 特集「永山則夫100時間の告白～封印された精神鑑定の真実～」

発表媒体　NHK　E テレ

＊奨励賞
【公共奉仕部門】
受賞者　木村 英昭(朝日新聞東京本社報道局経済部)
　　　　宮﨑 知己(朝日新聞社デジタル本部デジタル委員)
作品名　連載「東京電力テレビ会議記録の公開キャンペーン報道」
発表媒体　朝日新聞
【公共奉仕部門】
受賞者　林 新(「原子力“バックエンド”最前線」取材チーム　日本放送協会　大型企画開発センター　プロデューサー)
　　　　酒井 裕(エス・ヴィジョン代表)
作品名　BSドキュメンタリーWAVE「原子力“バックエンド”最前線～イギリスから福島へ～」
発表媒体　NHK　BS1

第14回　2014年度
【公共奉仕部門】
受賞者　NNNドキュメント取材班　代表 大島 千佳(NNNドキュメント取材班ディレクター)
作品名　NNNドキュメント'14「自衛隊の闇～不正を暴いた現役自衛官～」
発表媒体　日本テレビ
【草の根民主主義部門】
受賞者　下野新聞社編集局子どもの希望取材班　代表 山﨑 一洋(下野新聞社編集局社会部長代理)
作品名　連載「希望って何ですか～貧困の中の子ども～」
発表媒体　下野新聞
【文化貢献部門】
受賞者　与那原 恵
作品名　『首里城への坂道～鎌倉芳太郎と近代沖縄の群像～』
発表媒体　書籍(筑摩書房)
＊奨励賞
【草の根民主主義部門】
受賞者　伊藤 めぐみ(有限会社ホームルーム ドキュメンタリー・ディレクター)
作品名　ドキュメンタリー映画「ファルージャ～イラク戦争　日本人人質事件…そして～」
発表媒体　映画

第15回　2015年度
【公共奉仕部門】
受賞者　新垣 毅(琉球新報社編集局文化部記者兼編集委員)
作品名　沖縄の自己決定権を問う一連のキャンペーン報道～連載「道標求めて」を中心に～
発表媒体　琉球新報

【草の根民主主義部門】
受賞者　堀川 惠子
作品名　『原爆供養塔～忘れられた遺骨の70年～』
発表媒体　書籍(文藝春秋)
【文化貢献部門】
受賞者　朴 裕河
作品名　『帝国の慰安婦～植民地支配と記憶の闘い～』
発表媒体　書籍(朝日新聞出版)
＊奨励賞
【公共奉仕部門】
受賞者　NHK スペシャル「水爆実験60年目の真実」取材班　代表　高倉 基也(NHK 広島放送局 チーフ・プロデューサー)
作品名　NHK スペシャル「水爆実験60年目の真実～ヒロシマが迫る“埋もれた被ばく”～」
発表媒体　NHK 総合テレビ

第16回　2016年度
【公共奉仕部門】
受賞者　日本テレビ報道局取材班　代表 清水 潔(日本テレビ報道局特別報道班)
作品名　NNN ドキュメント'15「南京事件 兵士たちの遺言」
発表媒体　日本テレビ
【草の根民主主義部門】
受賞者　「語り継ぐハンセン病 ～瀬戸内３園から～」
取材班　阿部 光希、平田 桂三(ともに山陽新聞社編集局報道部)
作品名　「語り継ぐハンセン病 ～瀬戸内３園から～」
発表媒体　山陽新聞
＊奨励賞
【公共奉仕部門】
受賞者　新潟日報社原発問題取材班　代表 仲屋 淳(新潟日報社編集局報道部次長)
作品名　長期連載「原発は必要か」を核とする関連ニュース報道
発表媒体　新潟日報
【草の根民主主義部門】
受賞者　菅野 完
受賞作品　『日本会議の研究』
発表媒体　書籍(扶桑社)

第17回　2017年度
【公共奉仕部門】
受賞者　NHK スペシャル「ある文民警察官の死」取材班　代表 三村 忠史(日本放送協会 大型企画開発センター　チーフ・プロデューサー)
作品名　NHK スペシャル「ある文民警察官の死～カンボジア PKO 23年目の告白～」
発表媒体　NHK 総合テレビ

【草の根民主主義部門】
受賞者　「新 移民時代」取材班　代表 坂本 信博(西日本新聞社編集局社会部デスク・遊軍キャップ)
作品名　「新 移民時代」
発表媒体　西日本新聞
【文化貢献部門】
受賞者　林 典子
作品名　『ヤズディの祈り』
発表媒体　書籍(赤々舎)
＊奨励賞
【公共奉仕部門】
受賞者　「枯れ葉剤を浴びた島２」取材班　代表 島袋 夏子(琉球朝日放送記者)
作品名　「枯れ葉剤を浴びた島２～ドラム缶が語る終わらない戦争～」
発表媒体　琉球朝日放送

本賞選考委員（第18回）　　　　（50音順）

秋山耿太郎（朝日新聞社元社長）、瀬川至朗（早稲田大学政治経済学術院教授：ジャーナリズム研究）、高橋恭子（早稲田大学政治経済学術院教授：映像ジャーナリズム論）、武田　徹（ジャーナリスト、専修大学文学部教授）、中谷礼仁（早稲田大学理工学術院教授：建築史、歴史工学研究）、中林美恵子（早稲田大学社会科学総合学術院教授：政治学、国際公共政策）、広河隆一（フォトジャーナリスト、「DAYS JAPAN」発行人）、アンドリュー・ホルバート（城西国際大学招聘教授、元日本外国特派員協会会長）、山根基世（アナウンサー）、吉岡　忍（作家、日本ペンクラブ会長）

過去に選考委員を務められた方々　　　　（50音順、職名は委員在任時）

新井　信（編集者、元文藝春秋取締役副社長、第１回～第15回）、内橋克人（評論家、第１回～第８回）、江川紹子（ジャーナリスト、第１回～第３回）、岡村黎明（メディア・アナリスト、第１回～第10回）、奥島孝康（早稲田大学総長、早稲田大学法学学術院教授、第１回～第３回）、鎌田　慧（ルポライター、第１回～第15回）、河合隼雄（心理学者、文化庁長官、第１回）、黒岩祐治（元フジテレビジョンキャスター、第11回）、小池唯夫（元パシフィック野球連盟会長、元毎日新聞社社長、元日本新聞協会会長、第１回～第10回）、後藤謙次（ジャーナリスト、元共同通信編集局長、第12回～第17回）、小山慶太（早稲田大学社会科学総合学術院教授、第１回～第10回）、佐藤　滋（早稲田大学理工学術院教授、第15回～第16回）、佐野眞一（ノンフィクション作家、ジャーナリスト、第１回～第12回）、清水功雄（早稲田大学理工学学術院教授）、下重暁子（作家、第５回～第13回）、竹内　謙（日本インターネット新聞社代表取締役社長、第１回～第13回）、谷藤悦史（早稲田大学政治経済学術院教授、第１回～第14回）、田沼武能（写真家、日本写真家協会会長、第１回～第10回）、坪内祐三（評論家、第13回～第17回）、永井多恵子（世田谷文化生活情報センター館長、元 NHK 解説主幹、第１回～第４回）、箱島信一（朝日新聞社顧問、元日本新聞協会会長、第11回～第13回）、長谷川眞理子（早稲田大学政治経済学部教授、第１回～第５回）、花田達朗（早稲田大学教育・総合科学学術院教授、第６回～第13回）、林利隆（早稲田大学教育・総合科学学術院教授、第１回～第５回）、原　剛（毎日新聞客員編集委員、早稲田環境塾塾長、早稲田大学名誉教授、第１回～第15回）、原　寿雄（ジャーナリスト、元共同通信社長、第１回～第３回）、土方正夫（早稲田大学社会科学総合学術院教授、第14回～第16回）、ゲプハルト・ヒールシャー（ジャーナリスト、元在日外国報道協会会長、元日本外国特派員協会会長、第１回～第９回）、深川由起子（早稲田大学政治経済学術院教授、第８回～第13回）、松永美穂（早稲田大学文学学術院教授、第14回～第16回）、八巻和彦（早稲田大学商学学術院教授、第４回～第17回）、山崎正和（劇作家、東亜大学学長、第１回～第４回）、吉永春子（ドキュメンタリープロデューサー、現代センター代表、元 TBS 報道総局専門職局長、第１回～第８回）

報道が社会を変える
石橋湛山記念 早稲田ジャーナリズム大賞記念講座講義録 1
コーディネーター　原　剛　早稲田大学出版部　2005年　本体価格1800円

ジャーナリズムの方法
石橋湛山記念 早稲田ジャーナリズム大賞記念講座講義録 2
コーディネーター　原　剛　早稲田大学出版部　2006年　本体価格1800円

ジャーナリストの仕事
石橋湛山記念 早稲田ジャーナリズム大賞記念講座講義録 3
コーディネーター　原　剛　早稲田大学出版部　2007年　本体価格1800円

「個」としてのジャーナリスト
石橋湛山記念 早稲田ジャーナリズム大賞記念講座2008
コーディネーター　花田達朗　早稲田大学出版部　2008年　本体価格1800円

「可視化」のジャーナリスト
石橋湛山記念 早稲田ジャーナリズム大賞記念講座2009
コーディネーター　花田達朗　早稲田大学出版部　2009年　本体価格1800円

「境界」に立つジャーナリスト
石橋湛山記念 早稲田ジャーナリズム大賞記念講座2010
コーディネーター　花田達朗　早稲田大学出版部　2010年　本体価格1800円

「対話」のジャーナリスト
石橋湛山記念 早稲田ジャーナリズム大賞記念講座2011
コーディネーター　花田達朗　早稲田大学出版部　2011年　本体価格1800円

「危機」と向き合うジャーナリズム
石橋湛山記念 早稲田ジャーナリズム大賞記念講座2012
コーディネーター　谷藤悦史　早稲田大学出版部　2013年　本体価格1800円

ジャーナリズムの「可能性」
石橋湛山記念 早稲田ジャーナリズム大賞記念講座2013
コーディネーター　谷藤悦史　早稲田大学出版部　2014年　本体価格1800円

ジャーナリズムの「新地平」
石橋湛山記念 早稲田ジャーナリズム大賞記念講座2014
コーディネーター　谷藤悦史　早稲田大学出版部　2015年　本体価格1800円

「今を伝える」ということ
石橋湛山記念 早稲田ジャーナリズム大賞記念講座2015
編著者　八巻和彦　成文堂　2015年　本体価格1500円

日本のジャーナリズムはどう生きているか
石橋湛山記念 早稲田ジャーナリズム大賞記念講座2016
編著者　八巻和彦　成文堂　2016年　本体価格1500円

「ポスト真実」にどう向き合うか

石橋湛山記念 早稲田ジャーナリズム大賞記念講座2017

編著者　八巻和彦　成文堂　2017年　本体価格2000円